Table des matières

Introduction

Pourquoi vos clients sont-ils devenus si difficiles à convaincre ?

La croissance économique se ralentit, et l'offre devient donc de plus en plus importante par rapport à une demande qui augmente peu. Vos clients se retrouvent ainsi, depuis plusieurs années, dans une situation assez confortable, qui consiste à choisir, parmi un grand nombre de fournisseurs possibles, la solution qui leur paraît la plus adaptée.

C'est évidemment une bonne chose lorsqu'on achète, mais cette forte concurrence impose une bien plus grande efficacité aux professionnels de la vente (quels que soient les domaines : grande consommation, haute technologie, biens d'équipement, etc.) qui doivent chaque jour remporter des *compétitions de haut niveau.* Pourquoi utiliser le terme de «compétition» ? Parce qu'il devient aujourd'hui extrêmement rare d'être l'unique fournisseur consulté. Vous êtes sans doute systématiquement comparé à vos concurrents, et tout comme les sportifs de haut niveau, il vous faut faire la différence pour pouvoir l'emporter. La ressemblance entre les sportifs de haut niveau et les commerciaux s'arrête là, car il existe une différence essentielle. Cette différence, c'est l'entraînement. Alors qu'un sportif de haut niveau s'entraîne tous les jours pour être performant le jour du match, le vendeur participe à des matches tous les jours mais s'entraîne très peu. Or, si vous assistez à l'entraînement d'une équipe de football professionnelle, vous verrez bien entendu des exercices collectifs classiques, mais également des séances individuelles qui permettent à chacun de parfaire sa spécialité et de combler ses difficultés. En outre, des exercices spécifiques sont définis en fonction du jeu du prochain adversaire rencontré.

L'objet de cet ouvrage est de vous permettre de rentrer dans cette logique, en vous aidant à travailler sur les compétences clés à maîtriser pour remporter davantage de parties.

Tout comme le sportif de haut niveau qui doit être capable de réaliser de nombreux gestes différents pour être globalement efficace dans la discipline, le commercial doit pouvoir s'appuyer sur des ressources. Huit ressources essentielles sont décrites dans cet ouvrage. Pour en faciliter la lecture et surtout l'acquisition, elles sont présentées au sein d'un échiquier, dont *chaque case peut faire l'objet d'une lecture indépendante*.

Cimenter la relation	Adapter sa stratégie d'entretien	Préparer sa vente par un bon diagnostic
Désamorcer les litiges		Influencer ses interlocuteurs
Booster la conclusion	Vendre son prix	Surmonter les objections

L'échiquier de la vente

Vous trouverez au sein de ces cases des *recommandations* et surtout des *méthodes* qui vous permettront de «travailler le geste» afin d'être le plus à l'aise possible, face au client, au plus fort de la mise en concurrence.

Les lignes qui suivent vous décrivent succinctement le contenu des différentes cases. Après en avoir pris connaissance, il ne vous restera plus qu'à déterminer votre *chemin de lecture* en fonction de vos priorités du moment.

Les cases de l'échiquier

Cimenter la relation

Comment donner envie de travailler avec soi ? Voilà le thème de cette case. Vous y trouverez des idées de comportements et d'actions à entreprendre pour *séduire dès le premier contact* et *fidéliser* votre clientèle.

Les idées présentées sont en fait des propositions de réponses aux questions que se posent vos clients sans pour autant toujours oser vous les formuler. De la qualité de vos réponses à ces nombreuses interrogations (vingt questions sont recensées), dépend grandement l'impression favorable que vous transmettez à vos interlocuteurs.

Adapter sa stratégie d'entretien

Quelle stratégie d'entretien avez-vous prévue pour votre prochain rendez-vous ?

Comment l'avez-vous préparée ? La réponse à ces deux questions dépend bien sûr de la situation.

- S'agit-il d'un client qui a été lui-même à l'initiative du rendez-vous en vous contactant spontanément ?
- Est-ce plutôt un entretien que vous avez provoqué chez un prospect qui a priori n'est pas «demandeur» … ?
- Allez-vous revoir un de vos client déjà acquis pour lui proposer une offre particulière ?

Des stratégies d'entretien adaptées à ces trois situations sont présentées dans cette case. Elles vous permettront de préparer une tactique en fonction du client et de la concurrence déjà en place, le cas échéant.

Préparer sa vente par un bon diagnostic

Les spécialistes du recrutement constatent que *la grande majorité des candidats* commence la présentation de leur parcours professionnel par l'affirmation suivante : «J'ai un parcours très atypique !» Nous sommes tous convaincus d'être des cas très particuliers, et vos clients difficiles le sont encore plus. L'assurance que leur spécificité a bien été prise en compte sera un point fondamental dans leur décision finale. Quelle que soit la qualité intrinsèque de votre prestation, c'est son adaptation aux caractéristiques de votre clientèle qui la mettra le plus en valeur.

Cette case de l'échiquier vous permettra :

– de vous constituer un aide-mémoire des points fondamentaux à

explorer avant de faire une proposition. Vous pourrez choisir, parmi de nombreuses idées, les thèmes adaptés à votre secteur d'activité ;
– de renforcer votre maîtrise des techniques de questionnement. On ne peut pas vendre avec efficacité sans maîtriser cet aspect. Là encore, de nombreuses pistes de transposition vous seront livrées.

Influencer ses interlocuteurs

Tous vos entretiens donnent lieu à argumentation. Tous les jours, vous vantez les mérites de votre produit. Votre argumentation est-elle uniquement basée sur votre enthousiasme et sur votre connaissance technique ou complétez-vous déjà ces deux points essentiels par d'autres «leviers» ?

Si vous souhaitez parfaire votre capacité à convaincre, cette case vous proposera plusieurs idées que vous pourrez mettre en œuvre dès votre prochain entretien. Ces pistes sont présentées de deux façons :

– certaines portent sur les *comportements persuasifs* qui s'appuient sur «l'autorité» du vendeur et sur le besoin de cohérence du client ;
– d'autres sont plutôt des *techniques oratoires* qui sont autant d'atouts dans le jeu du vendeur pour faire la différence.

Surmonter les objections

Pensez à votre prochain entretien. Quelles sont les principales objections qui risquent d'être formulées par votre client ? Comment comptez-vous y répondre ? Si les réponses à ces deux questions sont parfaitement claires dans votre esprit, réservez la lecture de cette case pour plus tard. En revanche, si vous pensez que le traitement des objections sera un des facteurs déterminants dans la réussite de cet entretien, alors commencez votre lecture par cette partie.

Ce thème est également développé autour de deux axes :

1. Comment gérer une *opposition de principe*. Il s'agit d'une situation particulièrement délicate, puisque le client dans ce cas s'arc-boute davantage sur un a priori négatif que sur la constatation de faits concrets. Cette partie du chapitre vous aidera à mieux comprendre votre interlocuteur pour ensuite tenter de le convaincre.
2. La deuxième partie de cette case sera consacrée au *traitement des objections* que vous rencontrez sans doute tous les jours ; «vous êtes

trop loin», «j'ai déjà un fournisseur», «c'est trop compliqué», etc. Plutôt que de vous présenter plusieurs techniques différentes, *une méthode* qui peut s'adapter à quasiment toutes les objections vous est proposée. Ainsi, vous pourrez réellement la transposer à toutes les objections qui vous sont exprimées quotidiennement, et ainsi acquérir les réflexes nécessaires pour ne pas être pris au dépourvu par une objection inopinée du client.

Vendre son prix

Vos tarifs sont-ils acceptés sans difficulté par vos clients, ou au contraire devez-vous franchir là un cap difficile pour réaliser vos ventes ? Selon les secteurs d'activité la réponse à cette question est variée. Si ce point est important pour vous, alors vous trouverez dans cette case des idées pour :

– préparer la présentation de votre prix ;
– annoncer votre prix ;
– gérer les objections relatives au prix : «c'est cher», «c'est trop cher», «c'est plus cher qu'un tel» ;
– réagir à une demande d'effort sur le prix.

Booster la conclusion

S'il y a assurément un point commun à tous les commerciaux, quel que soit le secteur d'activité, c'est qu'ils doivent tous savoir conclure leur vente pour être efficaces. Pour beaucoup cependant ce point reste délicat et redouté. Si vous jouez au tennis, quelle méthode utilisez-vous pour conclure un point à la volée ? La plupart des joueurs attendent la première balle courte de leur adversaire pour avancer vers le filet tout en jouant un coup très long afin de déborder l'adversaire, et être ainsi dans les meilleures conditions pour finir le point à la volée.

Tout comme le joueur de tennis, disposez-vous d'une méthode pour conclure vos entretiens de vente ? C'est en tout cas ce que vous propose d'acquérir ce chapitre. Il s'agit là encore de vous donner une méthode logique et rassurante, qui vous permettra d'aborder cette phase déterminante de la vente dans les meilleures conditions.

Désamorcer les litiges

L'idéal est de ne jamais avoir de litiges à régler avec ses clients, mais l'idéal n'est pas de ce monde et il est quasiment impossible que tout soit toujours parfait. Certains litiges peuvent provenir d'une défaillance de votre entreprise, d'autres peuvent être imputables à un comportement indélicat de votre client. Dans les deux cas, c'est au commercial qu'il appartient de gérer ce moment difficile s'il souhaite fidéliser son client. Ceci étant, cette bonne volonté n'est pas toujours facile à mettre en œuvre lorsque la tension monte. Plusieurs recommandations et un plan d'entretien adapté à ce genre de situations vous aideront à gérer avec efficacité la prochaine situation «délicate» que vous rencontrerez.

*

* *

Vous connaissez maintenant les grandes lignes de cet ouvrage. Sachez encore que chaque case de l'échiquier se terminera par des recommandations pour mettre en œuvre les principes qui y sont décrits. Certaines recommandations s'adressent au vendeur qui cherche à progresser sans pouvoir s'appuyer sur une équipe ; d'autres sont destinées au manager commercial qui souhaite entraîner son équipe collectivement.

Il ne vous reste plus qu'à déterminer votre *chemin de lecture*. Le chemin idéal pour vous sera celui qui vous permettra de répondre le mieux possible à l'objectif de la «partie» que vous allez jouer lors de votre prochain entretien commercial. Comme dans une partie d'échecs, le joueur doit choisir la case sur laquelle il va déplacer ses pions pour atteindre le plus efficacement possible son objectif : améliorer le relationnel ? Surmonter une objection de fond ? Mieux expliquer le prix ? Approfondir le diagnostic des besoins du client ? etc.

Quelles que soient les techniques utilisées, la stratégie de mise en œuvre dépend de votre vision de la partie et des zones de l'échiquier dans lesquelles vous devez diriger le jeu. Cette vision doit être claire et globale, et la maîtrise des ressources proposées au sein de chaque case vous aidera à l'acquérir.

Je vous souhaite une excellente lecture, et de nombreuses réussites dans la mise en œuvre des principes présentés, en espérant que ce livre soit pour vous un outil de travail efficace pour progresser dans *la vente à vos clients difficiles*.

CHAPITRE 1

Cimenter la relation

- Les questions que se posent vos prospects avant le premier contact.
- Les questions que se posent vos prospects lors des premiers entretiens.
- Les questions que se posent vos clients.
- Quelques idées complémentaires pour fidéliser vos clients.

Cimenter la relation	Adapter sa stratégie d'entretien	Préparer sa vente par un bon diagnostic
Désamorcer les litiges		Influencer ses interlocuteurs
Booster la conclusion	Vendre son prix	Surmonter les objections

La concurrence est telle que vos clients ont probablement l'embarras du choix pour déterminer quel produit ou service ils vont choisir. Que ce soit au niveau des qualités de prestations ou même au niveau des tarifs, une certaine convergence entre les offres qui leur sont proposées est souvent de mise.

Contrairement au processus de recensement des offres, qui est principalement rationnel, l'étape de sélection finale est essentiellement intuitive, personnelle et fondée sur des impressions. Aujourd'hui plus que jamais, c'est l'Homme qui fait la différence, bien plus que le produit. Aussi, le prospect choisira-t-il son fournisseur sur la qualité des relations interpersonnelles que le vendeur aura su créer. Tous les chapitres de cet ouvrage soulignent ce point en insistant sur le fait qu'il faut rassurer, démontrer son expertise que ce soit en posant les bonnes questions ou en argumentant avec efficacité.

Nous allons nous concentrer dans ce chapitre sur des aspects moins tangibles. En effet, il y a beaucoup de choses différentes qui permettent de cimenter la relation par un bon relationnel. Mais contrairement aux autres chapitres de ce livre, on s'apercevra *qu'il s'agit plus de comportements que de techniques*. Afin de faciliter l'acquisition et la mise en œuvre de ces comportements, il faut que le vendeur puisse s'appuyer sur des repères. Ces repères seront les questions que se posent ses clients... *Il devra savoir répondre aux questions que se pose le client sans toujours oser les formuler.*

Lorsque vous rencontrez un prospect pour la première fois, il peut légitimement se poser des questions du type «Est-ce que ce vendeur est à la hauteur ?», «Est-ce que je vais perdre mon temps ?». Bien entendu, les règles de courtoisie qui régissent la plupart de nos relations sociales empêcheront probablement vos prospects de vous les poser directement. Par contre, ils chercheront certainement des réponses à ce type d'interrogations. Vous devez donc être particulièrement attentif et précis puisqu'il vous faut répondre à des questions qui ne vous seront pas posées.

Pour vous aider, nous vous proposons de recenser parmi les vingt questions suivantes, celles qui peuvent vous concerner. Nous distinguerons trois séries de questions :

- les questions que peuvent se poser vos prospects lorsqu'après un contact téléphonique initial, *ils attendent le premier rendez-vous* ;
- les questions que peuvent se poser vos prospects, *lors d'un premier*

entretien. Vos réponses à ces questions conditionneront la fameuse première impression qui s'avère souvent définitive ;
– les questions que peuvent se poser vos clients, *pendant la suite de vos relations*. Leur apporter des réponses satisfaisantes vous permettra de *consolider ces bonnes relations*, et donc de fidéliser votre clientèle. Bien entendu, nous nous concentrerons sur les actions que le vendeur peut mettre en œuvre, et non sur celles qui relèvent du marketing.

Nous vous invitons à prendre connaissance des questions que nous avons recensées dans les tableaux suivants, et *à réfléchir quelques instants aux réponses que vous y apportez habituellement*. Le reste du chapitre vous donnera ensuite des pistes à suivre pour compléter vos réponses.

1. Les questions de votre prospect avant le premier rendez-vous

Ses questions	Vos réponses habituelles
Est-ce que ma demande les intéresse ?	
Est-ce qu'ils connaissent leur sujet ?	
Est-ce qu'ils ont l'air sérieux ?	
Est-ce qu'ils ont l'air sympa ?	

2. Les questions que se pose votre prospect pendant les premiers entretiens

Ses questions	Vos réponses habituelles
Est-ce qu'il a préparé son entretien ?	
Est-ce qu'il est sympa ?	
Est-ce qu'il me ressemble ?	
Est-ce qu'il s'intéresse réellement à moi ?	
Est-ce qu'il est à la hauteur ?	
Est-ce qu'il dit la vérité ?	
Est-ce qu'il me prend pour un imbécile ?	
Est-ce que je pourrai compter sur lui ?	
Est-ce que je prends un risque personnel en travaillant avec lui ?	
Est-ce qu'il a compris à quel point mon cas est particulier ?	

3. Les questions que se pose votre client pendant la suite de vos relations

Ses questions	Vos réponses habituelles
Est-ce que j'ai fait le bon choix ?	
Est-ce qu'il respecte ses promesses ?	
Est-ce que je suis toujours un client important ?	
Est-ce qu'il m'aide à me valoriser ?	
Est-ce qu'il va au-delà du contrat ?	
Est-ce que je peux compter sur lui en cas de problèmes ?	
Que se passera-t-il s'il s'en va ?	

Les questions que se posent vos prospects avant le premier contact

Il s'agit de «fidéliser» dès le premier contact, et mieux vaut ne pas attendre pour essayer de se démarquer de la concurrence. Avant même le premier rendez-vous, votre prospect s'interroge...

> Des expériences ont démontré que les a priori que l'on a sur une personne conditionnent considérablement la perception que l'on va avoir lors de la rencontre.
>
> Une de ces expériences consistait à faire intervenir une personne, spécialiste dans un domaine particulier, devant des groupes d'étudiants. Cette personne avait pour consigne de reproduire à chaque séance une présentation identique.
>
> Avant chaque intervention, et avant que l'intervenant ne soit dans la salle, un comparse de l'expérience présentait les grandes lignes du sujet qui allait être traité. L'annonce du sujet traité était toujours faite de la même façon, seule la présentation de l'intervenant variait selon les groupes. Ainsi, on présentait l'intervenant soit comme «un expert dont les interventions sont de très grande qualité», soit comme «un intervenant qu'on ne connaît pas encore très bien».

> À la fin de chaque intervention, les étudiants devaient remplir une fiche d'évaluation. Bien que le discours ait toujours été le même, il était bien plus apprécié dans la bouche d'un «expert» ...

Cette expérience devrait nous inciter à rechercher les façons de conditionner positivement ses interlocuteurs avant même qu'ils ne nous reçoivent pour la première fois. Même lorsqu'une entreprise vous contacte spontanément, vous n'êtes sans doute pas la seule société qu'elle contacte. *La compétition est déjà lancée* ! Dès ce premier contact, vous devez donc songer à vous démarquer de vos concurrents. Vous produirez une plus forte impression en répondant aux questions qu'on ne vous a sans doute pas posées...

Est-ce que ma demande les intéresse ?

Conseils aux vendeurs

Écoutez votre interlocuteur avec attention

Votre interlocuteur a certainement envie de vous décrire ce dont il a besoin. Montrez dès le premier contact téléphonique une certaine disponibilité, ou alors ne répondez pas. Mieux vaut encore proposer de rappeler son interlocuteur que de bâcler un premier contact.

S'il s'agit d'un appel «entrant», votre interlocuteur a sans doute envie de vous décrire exactement ce qu'il recherche. Vous avez peut-être compris immédiatement ce qui pourrait le satisfaire, mais ne brûlez pas les étapes. Écoutez jusqu'au bout, demandez des précisions, et prenez soin de valider votre compréhension par des reformulations régulières. Paradoxalement, plus l'expérience du vendeur est grande, plus ce conseil est difficile à mettre en œuvre, car la tentation est grande de devancer l'expression des besoins lorsqu'il ne faut que quelques secondes pour les identifier.

Exprimez votre intérêt pour le projet du client

Si vous trouvez que le projet est intéressant, exprimez votre intérêt et votre envie d'en savoir plus. Il est quand même plus agréable de travailler avec une personne que l'on sent concernée et intéressée par sa demande qu'avec une personne plus distante.

Est-ce qu'ils connaissent leur sujet ?

Conseils aux vendeurs

➤ *Démontrez votre professionnalisme*

La meilleure façon de démontrer son expertise lors d'un premier contact téléphonique, sans pour autant donner une impression d'arrogance, est encore de poser les bonnes questions. Les questions à poser dépendent étroitement de votre métier et de ses spécificités.

> *Elles peuvent par exemple traduire votre intérêt pour :*
> – les objectifs poursuivis par le client et pas seulement la solution technique.
> – les détails qui font que la demande est particulière (Que recherchez-vous exactement ?) ;
> – les raisons qui ont déclenché la demande (Pourquoi maintenant ?) ;
> – le degré d'urgence ? ;
> – les éléments qui gravitent autour du projet ;
> – la situation actuelle du client.

Est-ce qu'ils ont l'air sérieux ?

Conseils aux vendeurs

➤ *Rassurez votre interlocuteur sur la compréhension de la demande*

Ceci peut être fait en reformulant en quelques mots les objectifs exprimés par le client. Les quelques secondes que vous y consacrerez rassureront votre client sur l'utilité des quelques minutes qu'il vient de vous consacrer.

➤ *Fixez la durée de votre rendez-vous*

Ne vous contentez pas de fixer la date et l'heure de votre futur rendez-vous. Proposez une durée d'entretien minimum à votre interlocuteur. D'une part, cela vous évitera des mauvaises surprises quant à la disponibilité de votre prospect, d'autre part cela traduit une certaine forme de rigueur professionnelle.

➤ *Demandez des conseils pour être efficace*

Vous allez rencontrer un prospect pour évoquer avec lui dans le détail les objectifs de son projet. La connaissance de certains éléments pourrait peut-être vous rendre plus efficace lors du premier entretien. Vous pouvez bien sûr faire des recherches vous-même, mais rien ne vous interdit de demander également à votre interlocuteur des conseils pour obtenir des précisions préalables sur son secteur ou sur son entreprise[1]. Le minimum sur ce point peut être de demander de recevoir la plaquette de l'entreprise ou des brochures descriptives des produits vendus.

Il est évident que le fait de manifester cette préoccupation compte plus que l'information obtenue en tant que telle. Si sur cinq fournisseurs contactés par un prospect, un seul a pris soin de lui demander ce type d'informations, il y a de grandes chances que ce dernier se soit déjà démarqué par rapport aux autres.

➤ *Confirmez votre rendez-vous par écrit*

Ce n'est pas une règle d'or, mais dans beaucoup de métiers cette façon de procéder peut être utile pour exprimer une certaine rigueur.

Dans sa *version la plus simple*, vous vous contenterez de confirmer l'heure, la date et le lieu de votre rendez-vous. Dans une *version un peu plus élaborée*, vous suggérerez un «ordre du jour» de votre entretien. La lecture des points que vous proposerez d'aborder lors du rendez-vous à venir démontrera à votre prospect qu'il a affaire à un professionnel et lui permettra de préparer efficacement son entretien. C'est donc également un moyen pour vous de vous assurer d'un entretien constructif.

Est-ce qu'ils ont l'air sympa ?

■ *Conseils aux vendeurs*

Si vous êtes content de pouvoir rencontrer prochainement votre interlocuteur, dites-le lui. Démontrez immédiatement que votre client ne va pas être en relation avec une institution impersonnelle et froide, mais avec un interlocuteur qui est content de le rencontrer. Prenez donc soin de soigner la fin de votre entretien téléphonique pour tra-

1. Le terme «précision» n'est pas choisi au hasard. Il s'agit bien de demander des précisions et non des informations basiques que vous seriez censé connaître.

duire la meilleure impression possible, et n'hésitez pas à manifester votre plaisir de le rencontrer prochainement.

☞ ***Sérieux et professionnel ne sont pas synonymes de triste et ennuyeux.***

Les questions que se posent vos prospects lors des premiers entretiens

Après les premiers contacts téléphoniques qui ont eu pour but de sélectionner les fournisseurs potentiels, suivent généralement un ou plusieurs entretiens. Les réponses aux questions évoquées plus haut vous auront permis de transmettre un a priori favorable, mais il vous reste maintenant à le confirmer en répondant aux nombreuses questions que n'osera toujours pas vous poser votre client, et pourtant elles mobilisent une grande partie de son attention...

Est-ce qu'il a préparé son entretien ?

■ *Conseils aux vendeurs*

➤ *Préparez des questions personnalisées*

Vous connaissez sans doute vos clients, faites l'effort de connaître vos prospects. C'est un moyen simple et efficace de transmettre une bonne impression lors d'un premier entretien. Le vendeur qui commence son entretien en demandant des renseignements de base sur l'entreprise oblige son interlocuteur à répéter pour la nième fois les mêmes choses.

Bien entendu, les gens adorent parler d'eux, de leur situation et de leur contexte. Il ne s'agit surtout pas de les priver de ce plaisir, mais plutôt de leur permettre de rentrer plus rapidement dans le détail. Les rapports annuels, les banques de données, les publications spécialisées débordent d'informations qui vous permettront de vous distinguer d'entrée, par la qualité de vos questions.

> Le magazine *L'Entreprise* [1] citait l'exemple des vendeurs de chez Rochas, qui sont équipés de terminaux reliés à une base de données centrale qui

1. *L'Entreprise*, janvier 1995.

leur donne les informations importantes à connaître avant de prospecter une entreprise.

Rares sont les entreprises qui ne disposent pas de fichiers commerciaux. Si vous êtes pourtant dans ce cas, alors concentrez-vous sur les informations, *qu'à votre demande*, votre prospect vous aura envoyées avant l'entretien... Le but est de vous distinguer de la concurrence par la pertinence de vos premières questions.

Exemples

- «J'ai remarqué dans votre rapport annuel que vous avez récemment acquis une petite société de négoce. Comment s'est passée l'intégration de cette nouvelle activité ?»
- «Dites-moi si je me trompe, mais avec trois nouveaux produits lancés dans le secteur des cosmétiques en moins d'un an, cette activité est en passe de devenir aussi importante que votre métier d'origine ?»

➤ *Présentez des supports personnalisés*

Si vous devez montrer des visuels à votre prospect, essayez si vous le pouvez de lui présenter des documents personnalisés, *constitués pour lui*, plutôt qu'une plaquette standard. Un dossier ou des transparents personnalisés seront beaucoup plus impressionnants qu'une superbe plaquette en quadri. Au-delà de l'aspect visuel, vous démontrez surtout que vous avez déjà travaillé pour lui pendant que vos concurrents se contentaient de lui promettre de beaucoup s'investir...

Est-ce qu'il est sympa ?

Il paraît évident que l'on est plus disposé à se rallier à la cause de quelqu'un pour qui l'on éprouve de la sympathie. Des psychologues se sont penchés sur ce point pour convaincre ceux qui auraient pu en douter. Leurs recherches ont abouti notamment au modèle de l'équilibre de Heider (1946). Ce modèle démontre que si un sujet apprécie une autre personne, mais que cette dernière a une opinion divergente sur un objet en particulier, il y a un déséquilibre cognitif. Le sujet va donc chercher à lutter contre ce déséquilibre, et l'un des moyens utilisés est de changer son opinion sur l'objet[1].

1. Voir l'ouvrage *Psychologie sociale*, sous la dir. de Serge Moscovici, Paris, PUF Fondamental, 1992 ; en particulier le chapitre 3 relatif au changement d'attitude.

■ *Conseils aux vendeurs*

➤ *Émettez des «ondes positives»*

Hervé Sérieyx[1] prétend qu'un des rôles du manager est d'inspirer du stress et d'expirer de la bonne humeur. L'expression est amusante et tout à fait pertinente. Elle pourrait également s'appliquer aux vendeurs. Certes, le client n'est pas obligatoirement de bonne humeur lorsque l'entretien démarre. Ce n'est pas pour cela qu'il faut en rajouter et s'engager dans des discussions austères et négatives sur la difficulté de faire des affaires aujourd'hui.

Exemples

- «Alors, ces grèves ne vous ont pas trop perturbé ?»
- «Comment vont les affaires en ce moment ?»
- «Vous avez vu le prix de l'essence ? Mis à part nous taxer tous les jours un peu plus, on se demande ce qu'ils font…»

Ces exemples sont caricaturaux, mais sont tout de même inspirés de cas bien réels. En effet, le manque de maîtrise des premiers instants de l'entretien peut pousser le vendeur à «meubler». Sans le vouloir, il crée ainsi un climat morose peu propice à l'objectif poursuivi, qui est de donner envie de travailler avec soi…

> Un acheteur de produits frais de la centrale d'achat de Système U, à qui le magazine *L'Entreprise* demandait de citer les trois conseils qu'il donnerait à un vendeur, citait notamment le suivant : «Soyez vous-même». Il complétait son conseil par ces commentaires : «Les commerciaux d'expérience sont plus naturels, plus professionnels, et plus enjoués. Les jeunes vendeurs sont sur le qui-vive et croient qu'un commercial doit être austère pour être pris au sérieux, ce qui leur nuit.»

➤ *Soignez votre apparence physique*

Une des façons de juger les autres est de se fier à leur apparence physique.

Nous ne sommes pas tous égaux sur ce point, mais il faut bien admettre que c'est important. John F. Kennedy a sans doute battu Richard M. Nixon grâce à son look.

1. Voir, entre autres, l'ouvrage intitulé *Du Management panique à l'entreprise du XXI*e siècle, Paris, Maxima, 1994.

En 1961, un sondage avait été fait juste après un face-à-face entre les deux hommes. Pour les *auditeurs* du débat retransmis à la radio, il ne faisait aucun doute que Nixon l'avait emporté, compte tenu de la qualité de ses arguments. Par contre, aux yeux des *téléspectateurs*, Kennedy avait été le meilleur. Or, Nixon n'était pas en forme, il semblait pâle et mal rasé, alors que Kennedy était bronzé et respirait la santé et la vitalité[1].

C'est quasiment une lapalissade, mais il est important de soigner son look si l'on veut mieux convaincre. La prudence impose d'éviter les apparences trop tape-à-l'œil, sans pour autant rivaliser avec la garde-robe des Deschiens.

Une amie spécialisée dans le recrutement de cadres de haut niveau me confiait avoir vu son meilleur candidat pour un poste de direction générale ne pas être retenu à cause de la couleur de ses chaussettes. Cette personne avait beau être la plus à même de réussir à ce poste, les chaussettes blanches avaient complètement occulté le reste aux yeux du président.

➤ *Respectez son «territoire»*

Nous considérons tous l'espace qui nous entoure comme notre propriété privée, notre territoire. Selon les personnes, ce territoire est plus ou moins important. Cela ne dépend pas du prix du mètre carré, mais plutôt des personnalités et des cultures. Si l'on avance trop à l'intérieur de cette zone, on peut être perçu comme gênant, et inversement si on reste trop à l'extérieur, on risque parfois d'être considéré comme distant et la communication peut en pâtir. Il convient donc de profiter du premier contact pour jauger la distance que souhaite préserver autour de lui votre interlocuteur. La façon dont il vous serre la main (bras tendu ou plutôt replié) peut vous donner une première indication.

Est-ce qu'il me ressemble ?

Du premier coup d'œil, un jugement est déjà porté, et nous venons de voir qu'il s'appuie notamment sur l'apparence physique. Si on rentre un peu plus dans le détail, on découvre que l'impression que

1. Des expériences faites dans le monde éducatif ont même démontré que les professeurs considèrent les actes agressifs avec plus d'indulgence lorsqu'ils sont commis par un enfant qui est beau que par un enfant qui est laid.

l'on dégage est plus ou moins appréciée en fonction des propres critères de l'interlocuteur. La *similarité* est un des moyens (certainement inconscient) qui nous aide à juger une personne.

> Pour se sentir bien dans un groupe, les gens ont tendance à s'habiller en respectant une certaine conformité. Ceci est vrai à l'école (essayez donc de convaincre vos enfants de porter une cravate au lycée), mais également dans l'entreprise. Naturellement, après son arrivée dans une entreprise, le nouvel embauché va adopter les «codes» de l'entreprise pour mieux s'intégrer. C'est ce que les psychologues appellent la «pression de conformité».

La similarité ne porte naturellement pas seulement sur l'apparence physique mais touche également les centres d'intérêts, hobbies et convictions. On trouve plus sympathique quelqu'un qui partage les mêmes goûts que soi.

> Certaines compagnies d'assurances ont cherché à déterminer les caractéristiques communes des vendeurs qui ont réalisé des opérations spectaculaires, c'est-à-dire la vente de contrats très importants (contrats de plusieurs dizaines de millions de francs).
>
> Elles ont observé que les contrats hors du commun étaient vendus par des vendeurs qui ressemblaient à leur client. Ils partageaient les mêmes goûts, leur âge était souvent comparable, ainsi que leur opinion politique...

■ *Conseils aux vendeurs*

➤ *Adaptez le rythme de votre voix à celui de votre interlocuteur*

Si vous êtes d'un tempérament vif et si vous parlez plutôt rapidement, n'avez-vous pas été agacé la dernière fois que vous avez discuté avec quelqu'un qui parlait lentement et de façon très posée ? La réciproque est également valable ! Les gens qui parlent lentement ont tendance à juger les gens qui parlent vite comme des excités, qui ne réfléchissent sans doute pas assez avant de s'exprimer. De même les gens qui parlent vite considèrent généralement que les gens plus posés sont mous, lents et incapables de faire avancer les choses. Il est donc utile de réduire le décalage entre les rythmes de voix. Il ne s'agit pas de faire un concours d'imitation, mais tout simplement de se caler au niveau du rythme de son interlocuteur. C'est une première façon de pratiquer ce que l'on appelle la synchronisation.

➤ *Adaptez votre posture à celle de votre interlocuteur*

Profitez d'un prochain passage dans un lieu public pour observer des personnes qui discutent. Elles sont détendues, et leur conversation n'a rien de stratégique. Vous remarquerez sans doute qu'elles ont tendance à synchroniser leur comportement non verbal, c'est-à-dire les grandes lignes de leur posture ainsi que leurs gestes. Ce mimétisme n'est absolument pas volontaire et calculé, encore moins conscient. Par contre, il traduit un certain climat de confiance.

Si deux personnes qui sont en confiance se synchronisent naturellement, un vendeur qui veut créer un climat de confiance aura donc intérêt à se synchroniser en adaptant sa posture à celle de son client. Attention, il ne s'agit pas de singer son interlocuteur, mais simplement d'accorder les grandes lignes de sa posture à la sienne. C'est important pour lui renvoyer une image qui lui ressemble.

> Pour s'en convaincre, il suffit d'imaginer un acheteur très détendu, en arrière sur son siège face à un vendeur raide comme un piquet, la mallette posée sur ses genoux, lesquels sont collés contre le bureau du client. Il est évident que le client ne s'identifiera pas à un tel interlocuteur.

Les réflexes de synchronisation sont intéressants à acquérir, car au-delà du climat de confiance qu'ils aident à créer dans l'entretien, ils incitent surtout le vendeur à se concentrer sur l'autre, et par conséquent à développer une écoute particulièrement active.

Est-ce qu'il s'intéresse réellement à moi ?

Les gens aiment parler d'eux et les vendeurs ne font pas exception à la règle. Ainsi, beaucoup de commerciaux ont encore le réflexe de commencer leur entretien par la traditionnelle présentation de leur entreprise, de ses points forts et des nombreuses raisons qui expliquent la légendaire qualité de son service.

Ce genre d'approche présente deux défauts principaux :

- le premier est qu'il ne permet pas vraiment de se distinguer par rapport aux concurrents ;
- le deuxième est que le client est surtout intéressé par ce qui le concerne, lui en particulier, et ceci prime sur l'historique de la société du vendeur. Bien sûr, un moment viendra dans l'entretien

où le client voudra en savoir plus sur l'entreprise, et il sera bien temps à ce moment-là de lui présenter les détails.

Si vous décidez néanmoins de dire quelques mots sur votre entreprise dès le début de l'entretien, respectez les deux principes suivants :

- faites court ;
- adaptez votre présentation au profil de votre prospect. Selon que vous vous adressez à une multinationale ou à une PME régionale, votre présentation devra être différente.

■ *Conseils aux vendeurs*

➤ *Centrez-vous sur votre client*

C'est le meilleur moyen de démontrer à votre interlocuteur que vous êtes vraiment concerné par ce qu'il vous dit. Les principes de synchronisation vus plus haut vous aideront à y parvenir. Il y a moyen d'aller plus loin en faisant l'effort de chercher à comprendre quels sont les critères de l'autre et en mettant de côté ses propres critères.

S. Johnson et L. Wilson, dans leur célèbre ouvrage *Bien vendre : la minute du succès*[1] proposent de respecter le principe suivant : «Oublier ce que je veux pour rechercher ce que les autres veulent».

Telle est selon ces deux experts la clé du plaisir de la vente et de la réussite. C'est en tout cas *la clé du plaisir de l'achat pour le client.* Mettre en œuvre ce principe impose de :

- ne pas être trop directif dans ses entretiens. Il est bon de garder la maîtrise de l'entretien, mais ceci ne doit pas se transformer en carcan trop étroit ;
- s'attacher réellement à remonter au «pourquoi» de la demande. Se contenter de la demande exprimée ne permet pas d'obtenir les informations stratégiques utiles à une meilleure compréhension du contexte, étape indispensable si l'on veut se démarquer de la concurrence ;
- s'astreindre à éviter autant que possible les ventes standards. Les argumentaires et le traitement de texte ont du bon, mais à l'oral comme à l'écrit, l'option «copier-coller» est parfois utilisée de façon trop évidente.

1. Paris, InterEditions, 1985.

> Cette approche est devenue un thème utilisé par les publicitaires. Par exemple, le CIC mettait récemment en valeur son attachement à se concentrer d'abord sur le client par l'affichage de slogans du type :
> • «Le PEL, cela ne se vend pas au mètre !»
> • «Un bon produit, je ne sais pas ce que c'est. Par contre un produit bon pour vous, ça je sais».

➤ *Prenez des notes*

Beaucoup de vendeurs s'interrogent sur ce point. Faut-il ou non prendre des notes lors d'un entretien ? La réponse est oui, sans aucun doute. D'une part, votre proposition s'appuiera sur des points précis, et d'autre part vous démontrerez ainsi que vous prenez vraiment en considération ce que dit votre interlocuteur.

Par contre, il faut veiller à ne pas adopter une attitude d'écolier face au maître d'école, mais continuer à regarder son interlocuteur plus souvent que son bloc. Et, sur des sujets essentiels, pour inciter le client à se dévoiler encore davantage, posez votre stylo pour montrer que vous passez d'un entretien d'entreprise à entreprise, à un dialogue de personne à personne.

➤ *Respectez les temps de parole*

Plus votre interlocuteur s'exprimera, plus il se sentira en confiance et plus il vous trouvera sympathique. Dans la pratique, si l'on chronométrait les temps de parole respectifs dans un entretien de vente, il serait souvent de 80 %/20 % en faveur du vendeur. Sans tomber pour autant dans l'excès inverse, il est utile de viser un certain équilibre. Si votre client a la possibilité de parler de lui et de vous décrire dans le détail ce qui compte pour lui, il aura alors véritablement le sentiment que vous vous intéressez à lui et que vous ne le considérez pas simplement comme un «carnet de chèques à deux pattes».

Est-ce qu'il est à la hauteur ?

Si c'est l'homme ou la femme qui fait aujourd'hui la différence, il est important que le vendeur rassure sur ses compétences.

> Il y a des domaines dans lesquels la compétence de la personne qui reçoit est la première chose mise en évidence. C'est le cas par exemple de la médecine. Les diplômes des médecins sont inscrits noir sur blanc sur les ordonnances qu'ils remettent à leurs patients. De même lorsqu'une per-

sonne conseille un médecin à une autre personne, l'argument-clé est toujours la compétence du praticien.

Les vendeurs dont le métier est de valoriser leur offre oublient assez régulièrement de rassurer leur interlocuteur sur leur propre compétence. Vous-même, préférez-vous avoir affaire à un vendeur compétent ou à un débutant sans expérience ? Beaucoup de vendeurs, qui ont une remarquable connaissance de leur métier, sont réellement susceptibles d'apporter une valeur ajoutée par leur conseil, mais ne le disent pas et perdent ainsi une occasion de faire la différence par rapport à leurs concurrents.

Il ne s'agit pas d'écraser son interlocuteur par un discours égocentrique sur l'étendue de ses connaissances encyclopédiques, mais simplement de répondre aux questions qu'immanquablement votre client se pose lors d'un premier entretien.

- Quelle est la compétence du vendeur que j'ai en face de moi ?
- Est-il capable de me conseiller efficacement ?
- Vais-je devoir tout lui expliquer dans le détail, ou connaît-il déjà les grandes lignes de mon métier ?
- Va-t-il me faire perdre mon temps où au contraire vais-je bénéficier de son expérience ?

Conseils aux vendeurs

➤ *Rappelez votre expérience*

Votre présentation personnelle doit être adaptée à votre interlocuteur.

Cette attitude paraît parfaitement naturelle dans le contexte de la recherche d'emploi. Il est clair qu'un candidat à un poste cherche toujours à augmenter ses chances en mettant en valeur tel ou tel aspect de son expérience afin de démontrer son adéquation avec le poste.

Or, l'acte commercial est finalement assez proche des entretiens de recrutement. L'offre est tellement importante aujourd'hui que les moindres détails peuvent faire la différence. Or, l'adéquation de l'expérience du «candidat» avec l'objet de l'entretien est loin d'être un détail. N'hésitez donc jamais à démontrer votre «autorité» dans votre domaine de compétence.

➤ *Traitez d'emblée d'égal à égal*

Se mettre en position d'infériorité n'apporte strictement rien du point de vue commercial. On ne respecte pas les faibles… Certains commerciaux se sentent pourtant redevables du simple fait que le prospect les reçoivent. Ils démarrent donc leur entretien par des expressions qui peuvent les mettre en position d'infériorité :

- «Merci beaucoup de m'accorder un peu de votre temps.»
- «Je ne vous dérangerai pas longtemps.»
- «Je n'abuserai pas de votre temps.»

Préférez manifester votre satisfaction de rencontrer votre interlocuteur en disant tout simplement : «Je suis ravi de vous rencontrer».

➤ *Prenez la maîtrise de l'entretien*

Votre client sera rassuré sur votre compétence s'il sent que vous êtes capable de mener l'entretien. Ce point est développé dans la case relative à la gestion des entretiens[1]. Rappelez dès le départ l'objectif de l'entretien et proposez un «ordre du jour» précis.

Est-ce qu'il dit la vérité ?

Tous les vendeurs font des promesses. La plupart de vos concurrents aussi. Le client qui se pose cette question a probablement été échaudé par des beaux parleurs qui ont pris des engagements qu'ils n'ont finalement pas respectés. «Chat échaudé craint l'eau froide», il ne faut donc pas en vouloir au client qui cherche à découvrir les moindres indices susceptibles de le convaincre de la sincérité du vendeur ou du contraire.

■ *Conseils aux vendeurs*

➤ *Prouvez ce que vous avancez*

Il est important de rapidement apporter des preuves de ce que vous avancez. Citer des références, présenter des exemples de réalisation, faire toucher des échantillons… nombreux sont les moyens de concrétiser ses promesses aux yeux du client.

1. Voir la première phase d'un entretien face à un client demandeur.

Même dans les métiers de conseil, il est important de matérialiser les exemples de réalisation pour donner l'occasion au prospect de constater lui-même les résultats. Dans ce dernier cas en particulier, comme dans les autres métiers «immatériels», il est judicieux de réfléchir à la constitution de «preuves» :

- Principales références.
- Lettres de remerciements de clients.
- Articles de presse flatteurs.
- Présentation d'outils réalisés.
- Présentation de résultats atteints.
- Normes de qualité respectées.
- Présentations de procédures internes qui assurent le succès des missions.

➤ *Surveillez votre langage non-verbal*

Juste avant la réunion du G7 qui intervint en pleine «crise de la vache folle», John Major, Premier ministre britannique rendit visite à son homologue italien pour tenter de préparer le terrain aux discussions qui s'annonçaient très difficiles.

> À la sortie de leur entrevue, les deux chefs de gouvernement s'adressèrent à la presse. Leur courte allocution était à peu près identique sur le fond. L'un et l'autre exprimaient la qualité de l'entretien qu'ils venaient d'avoir. On aurait presque pu les croire si le contraste entre les attitudes non verbales n'avait pas été aussi important. Le sourire, la position avancée, le mouvement des bras et des mains étaient parfaitement en accord avec le message exprimé par le Britannique. Les bras croisés et la position un peu plus en recul de l'italien démontraient qu'il n'était pas aussi convaincu qu'il voulait bien le dire…

Ainsi, l'argumentaire le plus puissant perdra quasiment toute son efficacité s'il est développé sans enthousiasme et sans cohérence avec le langage non verbal.

Lorsqu'il y a discordance entre ce que l'on dit (langage verbal), et son comportement (langage non verbal) le message dominant est celui transmis par le langage non verbal. Il faut absolument qu'il y ait une concordance entre ce que l'on dit et ce que son corps exprime. Si ce n'est pas le cas, l'interlocuteur peut légitimement se poser la question de la véracité des propos.

Quelles que soient les compétences de l'orateur, s'il n'y a pas de cohérence entre le fond du message et la forme qu'on lui donne, la confiance est difficile à instaurer. Or, en cas de doute, ce sont les indices portant sur la forme qui priment.

➤ *Vendez ce qui est utile pour votre client*

La meilleure façon d'être crédible est encore de dire la vérité et de s'obliger à ne vendre que ce qui est utile pour l'autre et rien d'autre. Une vente forcée est très vite perçue par l'acheteur en tant que telle ! Les retombées que vous tirerez de la satisfaction de vos clients seront bien plus importantes que celles tirées d'une vente inadaptée.

Est-ce qu'il me prend pour un imbécile ?

Autant la plupart des gens sont prêts à recevoir des conseils de la part d'un spécialiste, autant ils auront du mal à laisser quelqu'un leur faire la leçon. Si le ton ou l'attitude sont plus proches du maître d'école que du conseiller, le client peut avoir la désagréable sensation d'être considéré comme un incapable.

■ *Conseils aux vendeurs*

➤ *Faites preuve de tact*

Un client réagira toujours mal à un vendeur lui demandant sans préambule : «Quels sont vos problèmes ?» C'est trop direct et même s'il y a effectivement des problèmes à résoudre, le réflexe naturel sera de prétendre le contraire.

> «Chez Speedy, on montre au client ce qui fonctionne dans sa voiture avant de lui suggérer les réparations.»[1]

Ne sous-estimez pas les capacités de votre interlocuteur. Demandez-lui de vous parler de ce qu'il a réussi et pas seulement de ce qui ne va pas, et si vous devez mettre l'accent sur des points d'insatisfaction, procédez davantage par questions que par affirmations.

➤ *Demandez-lui son avis*

- Votre client a sans doute un domaine de compétence où il excelle. Une fois découvert, faites-le s'exprimer sur ce point. Il aura ainsi

1. *L'Entreprise*, janvier 1985.

l'occasion de vous démontrer son expertise et trouvera là un moyen de se rassurer sur la vision que vous avez de lui.

- Intéressez-vous au fonctionnement actuel de son organisation. Si votre intervention a pour objet de remplacer une solution déjà en place, demandez des informations sur les raisons qui ont motivé sa mise en place. Si la solution actuelle n'est pas satisfaisante, votre client appréciera sans doute de pouvoir sauver la face en annonçant lui-même les raisons de l'échec.
- Ne vous contentez pas non plus de lui fournir une seule solution. À chaque fois que c'est possible, préférez présenter plusieurs options, ne serait-ce que pour impliquer votre interlocuteur dans la prise de décision et lui démontrer ainsi que son opinion est importante et sera respectée lors du choix final.

Est-ce que je pourrai compter sur lui ?

Une des angoisses du client sur le point d'acheter porte sur ce qui se passera après avoir signé : «Une fois signé, il va sans doute disparaître, je n'entendrai plus parler de lui.»

> Un des gros clients de la Cegos nous a confié récemment la formation commerciale de 2 200 personnes. Bien entendu, pour un tel projet, le client avait fait un large appel d'offres. Quelques mois plus tard, nous avons demandé à la personne qui avait mené le processus de sélection d'intervenir à l'occasion d'un séminaire interne de début d'année.
> Bien entendu, parmi les nombreuses questions que les consultants du département posèrent à la fin de la présentation, l'une d'entre-elles porta sur les raisons qui avaient fait que nous avions été retenus.
> La première chose que répondit notre intervenant fut : «J'ai tout de suite compris que l'objectif de notre interlocuteur était de nous fidéliser, et qu'il serait donc prêt à s'impliquer à fond pour nous donner toute satisfaction, quitte à aller au-delà du contrat si nécessaire [1]»

Cet exemple est frappant, car il démontre bien qu'au-delà de tous les arguments que nous pouvons développer, l'image que nous dégageons en tant qu'individu est fondamentale. Convaincre votre client

1. Le consultant en question était Philippe Korda, aujourd'hui directeur de la division marketing et commercial de la Cegos.

de votre capacité à aller au-delà du contrat en cas de problème est un objectif à atteindre aussi important que celui qui consiste à lui démontrer la qualité de votre produit.

David H. Maister affirme : «Les professionnels ne sont jamais choisis pour leurs capacités techniques. Des capacités excellentes sont essentielles pour vous permettre de faire partie de la liste finale des candidats à considérer, mais ce sont d'autres choses qui vous permettent d'être retenus. Ils doivent surtout convaincre l'acheteur de travailler avec eux, en tant qu'individus.[1]»

■ *Conseils aux vendeurs*

➤ *Donnez pour recevoir*

Acheter n'est pas un acte facile parce que la décision est toujours prise avec une grande part d'intuitif. Or le raisonnement intuitif n'est pas le plus rassurant pour quelqu'un qui doit tout faire pour ne pas se tromper.

Le prospect ne pourra être que reconnaissant vis-à-vis du vendeur qui prendra soin de l'aider à prendre sa décision. Il ne s'agit évidemment pas uniquement de valoriser sa solution, mais surtout de l'aider à définir les critères de choix importants dont il faut tenir compte. Si vous pouvez lui apporter des informations stratégiques importantes sur son secteur d'activité, c'est encore mieux.

➤ *Aidez votre interlocuteur à revendre en interne*

Intéressez-vous à la fonction de votre interlocuteur, ses contraintes internes, ses impératifs. Vous lui montrerez ainsi que vous vous préoccupez également des exigences qu'implique sa position, et pas seulement de son pouvoir d'achat. Une autre façon de donner pour recevoir consiste à aider votre interlocuteur à justifier son choix en interne. Les discussions avec ses responsables hiérarchiques seront certainement plus directes que celles qu'il aura eues avec vous. On lui demandera certainement : «qu'est-ce qu'ils ont de plus que les autres» ou «qu'est-ce qu'ils t'ont offert pour que tu sois aussi convaincu...». Il faut que votre interlocuteur puisse répondre sans problème et sans

1. David H. Maister est reconnu comme un expert de la gestion des cabinets de services professionnels. Il a publié de nombreux articles sur la commercialisation des activités de conseil dans *The American Lawyer*.

gêne à ces questions. Il compte sur vous pour l'aider. Si vous ne savez pas quoi lui proposer pour l'aider, demandez-lui tout simplement : «Quels sont les éléments dont vous aimeriez disposer pour présenter notre offre en interne ?».

> Le meilleur ingénieur commercial d'une grande société de service informatique proposait systématiquement à ses interlocuteurs de leur préparer des transparents pour assurer la présentation de ses projets en interne.

Si vous décidez de procéder de la sorte, prenez garde à bien montrer que la démarche n'est pas standard, qu'elle nécessite un investissement de votre part, sans quoi elle aura beaucoup moins de valeur aux yeux du client. Il vaut donc mieux envoyer un dossier personnalisé ou un jeu de transparents par la poste, que de sortir de sa mallette un document déjà rédigé.

➤ *Impliquez-vous personnellement*

Un vendeur débutant qui commercialisait des produits d'épargne salariale fit un jour l'expérience suivante. Il s'agissait de mettre en place un plan d'épargne d'entreprise chez un important notaire de la place de Paris.

> Il avait présenté les aspects administratifs et financiers de ses produits et le moment de la conclusion approchait. D'ailleurs, ce fut le notaire qui engagea le processus final en posant une question sur un point de détail.
>
> *Notaire* : «Bon, j'ai compris le principe. Concrètement comment tout cela va s'organiser ?»
>
> *Vendeur* : «Eh bien c'est très simple. Je vais demander dès cette après-midi à Mademoiselle Benard qui est notre responsable informatique, de se mettre en contact avec votre responsable administratif pour assurer la transmission des informations nécessaires dans de bonnes conditions.»
>
> *Notaire* (manifestement stupéfait) : «Pardon ? Je ne vous connais que depuis une heure, et vous commencez déjà à me parler d'une autre personne ? Pour le moment vous êtes mon seul interlocuteur et si vous n'êtes pas capable d'assurer la mise en œuvre vous-même, nous nous adresserons à une autre société de gestion.»

Ce vendeur débutant se souvient encore de cette expérience, en tout cas suffisamment pour vous la décrire dans ce livre... La leçon à en tirer est qu'en phase de sélection, il est impératif de parler à la première personne du singulier : «je». N'hésitez pas à vous impliquer personnellement. C'est vous qui êtes en train de le séduire ; ne le laissez pas imaginer que vous allez disparaître le lendemain des fiançailles.

➤ *Dites que vous serez heureux de le compter parmi vos clients*

Si vous le pensez, pourquoi ne pas le dire ? Il est plus rassurant de confier un projet à quelqu'un qui se montre enthousiaste qu'à quelqu'un qui semble indifférent.

Est-ce que je prends un risque personnel en travaillant avec lui ?

Un cauchemar d'acheteur… La scène se déroule lors du comité de direction d'une société importante.

> Le responsable des achats présente la nouvelle société d'informatique qui assurera la maintenance et le renouvellement des systèmes de communication de l'entreprise. Après avoir rappelé à l'ensemble des membres de la direction le sérieux de la procédure de sélection mise en œuvre, l'acheteur donne la parole au représentant commercial pour qu'il se présente.
> C'est là que le rythme cardiaque de l'acheteur s'accélère. En effet, contre toute attente, la présentation de la société est faite assez vite, et le vendeur se concentre rapidement sur ce qui fera sans doute le plus d'effet : *les considérables économies générées par cette nouvelle façon de travailler.*
> C'est lorsqu'il entend dans la bouche du vendeur que la maintenance approximative des dernières années a sans doute fait perdre pas mal d'argent à la société, que l'acheteur desserre sa cravate fébrilement.
> La syncope est provoquée par les derniers mots du vendeur que l'acheteur entend avant de tomber à la renverse : «Mais ce n'est rien, puisque maintenant tout va enfin être rationalisé…».

■ *Conseils aux vendeurs*

➤ *Ne remettez pas tout en cause*

Vous devez rassurer votre interlocuteur sur votre sens du discernement. Bien entendu, tout n'est pas parfait. C'est une évidence sinon on ne ferait pas appel à vous. N'enfoncez pas le clou trop loin. N'oubliez pas que l'acheteur que vous avez en face de vous doit également entretenir une *crédibilité en interne.* S'il s'est trompé, aidez-le à trouver une solution pour sauver la face. La clé est souvent de montrer «qu'à l'époque», le client avait de bonnes raisons de faire ce qu'il a fait, mais qu'aujourd'hui les choses ont changé...

Dans les autres cas, sachez vous montrer prudent et ne cherchez pas à tout remettre en cause. Vous avez sans doute d'excellentes idées d'amélioration, mais attendez d'être définitivement retenu sur le projet pour les exprimer.

➤ *Rassurez votre interlocuteur sur son rôle*

Si vous avez affaire à un interlocuteur fonctionnel, alors que votre intervention se réalisera par la suite avec des opérationnels, d'autres préoccupations lui viennent peut-être à l'esprit :

- Comment allez-vous me tenir informé pendant la mise en œuvre ?
- Comment me préviendrez-vous en cas de difficulté ?
- Pourrai-je vous compter parmi mes alliés ?
- Comment me ferez-vous bénéficier des succès ?
- Comment vous assurerez-vous de ne pas me voler le premier rôle ?

Ce sont là également des interrogations auxquelles vous devez répondre avec tact afin de garder toute la confiance de votre interlocuteur.

➤ *Restez discret sur vos clients*

Un moyen très efficace de tester la déontologie d'un nouveau fournisseur consiste à lui demander des informations confidentielles sur ses autres clients. Si vous répondez à une question de ce type à votre prospect, vous êtes tout simplement en train de lui dire que vous ferez exactement la même chose avec les informations confidentielles qu'il devra vous révéler.

Est-ce qu'il a compris à quel point mon cas est particulier ?

Faites l'expérience suivante :

> À l'occasion d'un dîner avec des amis, posez des questions à un des convives sur son métier. À la première occasion, tentez de faire un parallèle entre votre métier et le sien. Vous constaterez quasiment à chaque fois un réflexe d'autodéfense qui traduira en substance l'idée suivante : «Chez moi, c'est différent !»

C'est naturel, nous sommes tous persuadés que notre situation mérite une attention particulière. Vous devez rassurer votre client sur votre parfaite compréhension de son métier et de ses objectifs.

■ *Conseils aux vendeurs*

➤ *Validez votre compréhension*

Pendant l'entretien, n'hésitez pas à valider scrupuleusement votre compréhension. Il n'y a pas de honte à dire : «Je ne comprends pas ce que vous attendez sur ce point». Interrompez votre interlocuteur, faites préciser, validez auprès de lui que vous avez bien compris. En procédant de la sorte, vous l'assurerez de votre prise en compte de ses particularités. Il est moins inquiétant d'avoir affaire à quelqu'un qui vous sollicite pour en savoir plus qu'à quelqu'un qui incline sagement la tête de haut en bas.

➤ *Personnalisez vos propositions écrites*

Si votre métier vous le permet, vous allez tenter de conclure votre vente pendant l'entretien. Dans le cas contraire, vous allez devoir faire un devis ou une proposition écrite. Or, il faut savoir que la plupart des projets sont acceptés au stade de la pré-proposition, c'est-à-dire lors de la présentation faite par le commercial lui-même. La proposition formelle ne fait donc souvent que confirmer ou infirmer une décision déjà prise. Quelques précautions pour la rédiger s'imposent.

- *Privilégiez le langage du prospect.* Rédigez votre proposition avec ses mots et non les vôtres. Votre jargon ne vous aidera pas à convaincre davantage. Idéalement, votre prospect doit avoir l'impression de lire quelque chose qu'il aurait pu formaliser lui-même.
- *Soyez exhaustif.* Votre proposition sera peut-être transmise à des personnes que vous n'avez pas rencontrées. Vous ne devez donc pas faire d'impasse : il s'agit de démontrer que vous avez parfaitement compris le contexte sans vous contenter de décrire votre solution en tant que telle.

Selon les métiers, les points à aborder ne sont pas les mêmes. Les quelques idées suivantes vous permettront de compléter vos propositions actuelles :

- le contexte de la consultation :
  - historique,

  – évolution du métier en question,
  – raisons qui ont motivé la démarche,
  – analyse du problème,
- les objectifs poursuivis,
- les contraintes à prendre en compte,
- votre solution,
- les bénéfices à attendre de la mise en œuvre de cette solution,
- vos engagements,
- les garanties de succès,
- les références.

Les questions que se posent vos clients

Eurêka ! Votre prospect est devenu client. Le plus dur est fait. Enfin presque, car il vous faut maintenant vous préserver de la horde sauvage de vos concurrents qui vont n'avoir de cesse de courtiser votre client pour le convaincre d'aller voir à quel point l'herbe est encore plus verte ailleurs... Déjà, quelques questions lui viennent à l'esprit...

Est-ce que j'ai fait le bon choix ?

Contrairement à ce que les vendeurs pourraient croire, c'est sans doute au tout début de la relation que les risques d'infidélité du client sont les moins grands, et ce même en cas de problème de mise en route. En effet, lorsqu'un acheteur s'est prononcé pour une solution, il lui est très difficile, psychologiquement, de dire qu'il s'est trompé aussi rapidement. Le temps l'aidera à trouver de bonnes raisons d'évoluer, mais revenir sur son choix trop vite revient à avouer à son entourage : «Je me suis trompé !» Par contre, il sera très vigilant, voire pointilleux, ou même très agaçant tant sa préoccupation du résultat sera grande. C'est normal, votre client cherche à se rassurer. Il est d'ailleurs bon de l'aider dans cette voie.

■ *Conseils aux vendeurs*

➤ *Aidez votre client à rationaliser sa décision*

Vous souvenez-vous de votre dernier achat important, vous savez, celui dont vous aviez presque honte tant le budget était important ? Comment avez-vous fait pour vous rassurer ? À chaque fois que vous en avez eu l'occasion, vous avez certainement décrit les nombreux avantages de l'objet en question. Les approbations, renforcées par des «mais oui, tu as eu raison, c'est vraiment de la qualité...», vous ont certainement fait beaucoup de bien.

Il existe donc une manière toute simple d'aider votre client à se rassurer. Elle consiste à lui demander pourquoi il a retenu votre solution parmi toutes celles qu'il avait présélectionnées.

Cette question présente trois avantages :

- D'abord, elle permet au client de se tranquilliser. Cela fait du bien de se répéter que son choix a été parfaitement rationnel, surtout lorsque ce sont les impressions favorables à votre encontre qui ont finalement fait la différence.
- Ensuite, elle met en œuvre le *vaccin de la cohérence*. On peut considérer que lorsqu'un client dit du bien de votre solution, il s'engage et ainsi s'inocule les défenses nécessaires pour résister à l'appel des autres concurrents. Attention, ce vaccin est très puissant mais son efficacité est limitée dans le temps, il doit être renouvelé régulièrement. Nous y reviendrons un peu plus loin.
- Enfin, les réponses à cette question constituent une mine d'or d'arguments dont vous pourrez tirer profit pour vos prochaines actions de prospection.

➤ *Allez au-delà du contrat rapidement !*

On raconte qu'une célèbre marque de photocopieur va jusqu'à provoquer une petite panne un ou deux jours après l'installation, dans l'unique but de rassurer ses clients sur la rapidité du SAV.

Sans aller jusque-là, et si votre métier vous le permet, tentez de provoquer une bonne surprise assez rapidement. Cela peut être un simple appel téléphonique pour savoir si tout est en ordre ou si la prestation s'est bien déroulée. Même si vous savez que tout s'est bien passé, il faut quand même appeler pour le faire dire. Cela prouve qu'un réel suivi du projet est en place et, au passage, une petite dose de *vaccin de la cohérence* est encore injecté, car en exprimant sa satisfaction le client s'engage déjà un peu pour la suite.

Vous pouvez sans doute faire plus. Alors à vous de jouer pour recenser, compte tenu de votre activité, les bonnes surprises de début de collaboration que vous pouvez faire à vos nouveaux clients. Ces actions sont d'autant plus importantes que c'est pendant cette étape, que l'on pourrait qualifier de «lune de miel», que le client est le plus susceptible de parler de vous à ses amis et donc de vous *procurer d'inestimables recommandations.*

Est-ce qu'il respecte ses promesses ?

Les résultats d'une enquête sur la relation client montre que trois des dix premières attentes des clients touchent au comportement du vendeur, avant la performance du produit et de l'entreprise et celle du service client. Ces trois critères sont : le respect des promesses, la connaissance des produits et l'honnêteté.

■ *Conseils aux vendeurs*

➤ *N'oubliez pas vos engagements*

Le vendeur a parfois tendance à oublier les promesses qu'il a faites à son client. Le client, lui, ne les oublie pas, bien au contraire. Il peut être terriblement frustrant de voir que ce qui avait été promis n'est pas respecté. En général, il ne s'agit pas des points fondamentaux de votre offre, car ceux-ci sont certainement prévus dans un contrat. Il s'agit plutôt des «petits plus» que vous vous étiez personnellement engagé à apporter à votre interlocuteur. Ce sont d'ailleurs ces «petits plus» qui ont peut-être fait la différence au moment de la décision finale. On comprend alors d'autant mieux la frustration du client qui ne les voit pas arriver. Bien entendu, il peut vous les réclamer, mais dans ce cas il vivra mal la situation, et ce que vous lui apporterez sera considéré comme un dû, en aucun cas comme un signe distinctif par rapport à vos concurrents.

➤ *Ne prenez pas d'engagements que vous ne pourrez pas tenir*

Il y a les promesses que l'on a faites pour convaincre son prospect ; et celles que l'on fait à son client pendant la relation. Beaucoup de gens ne savent pas dire «non», ou «je ne peux pas» et prennent ainsi le risque de décevoir un espoir.

Si vous ne pouvez pas vous engager sur un point, dites-le clairement et vous éviterez de créer un effet désastreux. Si votre réponse à une requête n'est pas claire, vous prenez le risque que le client interprète votre réponse comme un engagement ferme et soit inévitablement déçu par la suite. D'ailleurs, par l'effet abusif de la généralisation, il est fort possible que votre client dise alors, à qui veut l'entendre, que vous ne tenez *jamais* vos promesses.

Est-ce que je suis toujours un client important ?

Vous-même, préférez-vous être considéré comme un numéro par vos fournisseurs, ou appréciez-vous que l'on vous reconnaisse ?

> *Imaginez la situation suivante* :
> Vous avez votre compte personnel dans une agence bancaire depuis plusieurs années. Vous connaissez bien le directeur de l'agence. D'ailleurs, il vient vous saluer chaque fois qu'il vous aperçoit.
> Un jour le directeur de l'agence change. Voilà un nouveau personnage qui ne vous connaît pas et passe devant vous sans même vous saluer. Dans cette situation, jetterez-vous aussi rapidement au panier les courriers de prospection des autres banques qui vous sollicitent ?

Montrer à son client que l'on tient à sa clientèle, voilà qui n'est pas difficile ! De plus, la démarche est rarement coûteuse et s'avère toujours efficace. On quitte facilement un fournisseur, plus difficilement un ami. La nature humaine est ainsi faite que votre client vous considérera avec d'autant plus de sympathie que vous lui montrerez que vous appréciez sa clientèle[1].

Conseils aux vendeurs

Impliquez vos collègues

> Votre secrétaire connaît-elle vos clients les plus importants, ou les accueille-t-elle simplement comme les autres ?
> Bien sûr, l'accueil téléphonique doit être exemplaire pour tous vos clients, mais dans ce domaine comme dans d'autres, il y des gens qui sont plus égaux que les autres.

Nous avons dit que nous cantonnerions ce chapitre aux actions qui peuvent être maîtrisées par le vendeur et que nous ne traiterions pas

1. Attention, autant il est important de dire à son client qu'on apprécie sa clientèle, autant il est périlleux de laisser croire qu'on en dépend. Il faut donc faire attention à ne pas franchir cette limite.

celles qui sont du ressort du marketing général de l'entreprise, ou de la formation. Cependant, vous-même en tant que vendeur, vous avez intérêt à surveiller vos arrières, c'est-à-dire vous assurer qu'en votre absence tout est fait pour satisfaire vos clients. À quoi bon déployer des trésors de diplomatie et d'enthousiasme pour séduire vos clients si leurs contacts avec d'autres personnes de l'entreprise sont médiocres. Il est parfois bon de faire des *actions commerciales en interne* pour s'assurer que les collaborateurs concernés iront dans le même sens que vous. Au fait, quand avez-vous offert des chocolats à votre secrétaire pour la dernière fois ?

> Le directeur commercial d'une très importante force commerciale, implantée sur toute la France, profitait d'un séminaire sur la négociation pour clôturer la phase d'intégration de jeunes recrues. Parmi les messages développés à cette occasion figurait le suivant : «Votre succès dépend autant de vos qualité que de votre collaboratrice ! Quand vous êtes sur le terrain, c'est elle qui est en contact avec vos autres clients.»

Il est important que vous fassiez en sorte que votre secrétaire, les techniciens ou les responsables administratifs transmettent une bonne image à vos clients. Bien entendu, vous n'avez pas le temps ni la vocation de vous lancer dans un programme de formation, mais vous pouvez déjà faire beaucoup pour motiver les personnes susceptibles d'être en contact avec vos clients.

Exemples

> • Donnez les noms, prénoms et coordonnées et fonctions des principaux interlocuteurs chez le client. Quand votre client se rendra compte que même vos collaborateurs connaissent ses fonctions, il appréciera de ne pas avoir à se présenter.
>
> • Informez des grandes lignes du projet à connaître. Il est plus intéressant et plus motivant de répondre à un client dont on connaît le dossier.
>
> • Faites remonter les échos favorables que votre clientèle peut vous donner sur l'accueil. Si un client vous dit qu'il a été agréablement accueilli, dites-le à la personne concernée, voire à ses responsables hiérarchiques. En reconnaissant ainsi ses qualités, vous renforcerez sa motivation pour la suite.

➤ *Passez des appels de courtoisie*

Il s'agit d'un appel téléphonique émis par le vendeur et qui n'a pas de finalité directement commerciale, le but étant simplement de manifester son intérêt quant à la satisfaction de la solution mise en place, ou de faire part à son client d'une information utile. La règle d'or à respecter est de ne pas tenter de vendre quoi que ce soit.

➤ *Notez tout*

Si vous êtes capable de demander des nouvelles du troisième enfant qui s'était cassé une jambe en faisant du vélo avec le fils de la voisine, vous serez certainement en mesure, là aussi, de montrer que vous vous intéressez vraiment à votre interlocuteur.

Investissez quelques secondes après chacun de vos contacts, même s'il s'agissait d'un appel téléphonique, pour noter les éléments échangés. Que ce soit d'ordre personnel ou professionnel, toutes ces informations sont utiles pour se remettre dans le contexte et faciliter les contacts ultérieurs.

Est-ce qu'il m'aide à me valoriser ?

Votre prospect craignait que vous ne lui voliez la vedette et vous l'aviez rassuré à l'époque. Que faites-vous aujourd'hui pour lui permettre de se valoriser en interne ?

■ *Conseils aux vendeurs*

➤ *Faites des courriers agréables pour sa hiérarchie*

> Une commerciale d'un des premiers fabricants de papier mondiaux citait à l'occasion d'un séminaire de négociation l'anecdote suivante.
>
> L'acheteur d'un de ses clients importants l'a un jour contacté pour la prévenir d'un appel que son propre patron allait passer directement à la direction du papetier. L'acheteur voulait simplement s'assurer qu'aucune concession supplémentaire ne serait faite à cette occasion, car ceci remettrait en cause sa propre compétence à négocier avec efficacité.

Votre interlocuteur a sans doute un patron. Faites en sorte d'illustrer dans vos courriers les concessions qui ont été obtenues afin qu'il puisse en tirer une valorisation en interne. Vous pouvez par exemple rappeler dans la confirmation des conditions tarifaires le prix initial pour mieux mettre en valeur le prix négocié.

➤ *Illustrez les résultats obtenus*

Si votre activité s'y prête, essayez de chiffrer les résultats obtenus pour en faire profiter votre client. Ces informations seront toujours utiles pour confirmer autour de lui que son choix fut le bon.

Exemples

> • Économies générées par rapport à d'autres solutions envisagées au moment de la sélection.
> • Impact sur la rentabilité de l'opération de variables exogènes (prix des matières premières, évolution des taux d'intérêt, évolution d'un marché). Ainsi, un banquier qui a convaincu un client de choisir un emprunt à taux variable consacrera quelques instants à calculer l'impact positif de la baisse des taux et comparera ce gain aux options à taux fixes envisagées à l'origine. Attention, il ne s'agit pas simplement d'envoyer le montant de l'échéance ; ceci est fait automatiquement. Un courrier spécifique s'impose pour illustrer le gain et renforcer la satisfaction du client.

➤ *Organisez des feed-back en interne*

Vous pouvez parfois organiser des retours d'information en provenance des utilisateurs sur la qualité de vos prestations. Si vous organisez une telle démarche, et que vous avez toutes les raisons de penser que les échos seront favorables, faites en sorte que l'acheteur en récolte les lauriers. Privilégiez une organisation du traitement de l'information qui passe par lui, plutôt que de traiter vous-même l'opération en direct.

Dans le même ordre d'idée, si vous êtes sollicité directement par un «utilisateur», faites le savoir à l'acheteur en lui adressant par exemple une copie de votre courrier de réponse.

Est-ce qu'il va au-delà du contrat ?

> Beaucoup de gens qui sont invités à un dîner chez des amis en sortent en se disant «La prochaine fois, c'est à nous de les inviter» …

Le fait de recevoir crée une dette que l'on a du mal à ignorer. C'est ce que les psychologues définissent par le concept de la *réciprocité*. Si quelqu'un fait preuve d'une attention pour une autre personne, cette dernière se sentira donc «obligée» envers la première. C'est notre crainte de passer pour des ingrats qui explique que nous soyons prêts à rendre des services, parfois hors de proportion par rapport au geste initial, à des gens que nous avons un jour sollicités. Ils avaient répondu «présent», on ne peut donc pas leur refuser un «retour».

Les psychologues insistent sur le fait que l'on peut *créer une obligation* de réciprocité en faisant preuve d'attentions pour quelqu'un[1]. C'est donc un extraordinaire moyen de fidéliser sa clientèle, sans évidemment tomber dans le champ de la corruption.

Les idées vues plus haut sont déjà intéressantes à ce titre, celles qui suivent touchent plus à l'objet de votre prestation qu'aux efforts développés envers l'individu.

■ *Conseils aux vendeurs*

➤ *Valorisez vos efforts*

> À tort ou à raison, *La Tribune*[2] affirmait récemment que des banques facturent certains services pour pouvoir rendre leurs clients redevables lorsque, ensuite, elles acceptent de «passer l'éponge» pour leur présenter ce geste comme un cadeau.

Il est fort possible que ce ne soit là qu'une interprétation du journal et qu'il n'y ait pas véritablement de stratégie aussi machiavélique dans la plupart des banques. Cependant, l'interprétation du sentiment du client est quant à elle judicieuse. Si vous faites régulièrement des efforts pour votre client, et que vous souhaitez qu'il s'en souvienne, alors il faut absolument les rendre visibles.

Exemples

> • Ne répondez pas toujours immédiatement à une question technique lorsqu'un client vous sollicite pour avoir une information. Si celle-ci ne présente pas un caractère d'urgence absolue, et s'il ne s'agit pas d'une information de base, vous la valoriserez davantage en demandant un délai de réflexion pour faire des recherches qu'en la donnant immédiatement.
> • Facturez un service effectué gratuitement puis rajouter la mention «à titre gracieux».

1. L'ouvrage de référence dans ce domaine est celui de Robert Cialdini, *Influence et Manipulation*, Paris, First, 1990.
2. *La Tribune*, supplément Placements, 10 mai 1996.

• Valorisez les «acquis». Si vous avez l'habitude de faire profiter d'un avantage particulier vos clients, celui-ci peut rapidement devenir un avantage acquis. Il est judicieux alors de demander chaque année si votre interlocuteur souhaite encore en disposer. C'est par exemple ce que font certains chefs de pub de journaux lorsqu'ils demandent à leurs interlocuteurs s'ils souhaitent que leur abonnement gracieux soit renouvelé.

➤ *Faites preuve d'initiative*

Une autre façon d'aller au-delà du contrat consiste à faire preuve d'initiative pour devancer l'attente du client.

Exemples

- *Pour le client d'une banque* : l'avertir du détachement futur d'un coupon d'obligation et lui proposer une assistance dans le réinvestissement.
- *Pour un exposant de salons professionnels* : l'avertir d'une tendance particulière et pressentie pour la prochaine édition.
- *Pour un client qui lui-même a une activité commerciale* : lui faire profiter de contacts utiles, lui envoyer des clients.
- *Pour un annonceur* : lui proposer spontanément un emplacement préférentiel.

➤ *Investissez du temps*

Aller au-delà du contrat c'est également investir du temps pour ses plus gros clients. Pourquoi les plus gros ? Parce que quelles que soient vos bonnes résolutions de début d'année, vous n'aurez sans doute pas le temps de consacrer la même énergie à tous. Bien entendu, vous pouvez jouer sur les traditionnels déjeuners d'affaires, mais il est difficile de se distinguer de la concurrence sur ce registre. Par contre, passer du temps chez son client, pour faire le point sur ses projets, est autant apprécié par le client que source d'informations utiles pour le vendeur.

Est-ce que je peux compter sur lui en cas de problèmes ?

Une des causes principales de fuite de clientèle est la mauvaise gestion d'un problème. Il est très important d'être présent et capable d'apporter des solutions sans en reporter la responsabilité sur d'autres services pour conserver son image auprès de son client.

Des ressources pour gérer les litiges sont décrites dans la case réservée à ce thème. Mais au-delà des techniques à maîtriser, il faut également, tout au long de la relation, rassurer son interlocuteur sur ce point. Si par exemple vous devez faire intervenir d'autres collaborateurs, assurez d'emblée à votre interlocuteur que vous conservez la responsabilité du projet et que vous êtes le garant de la qualité. En cas de problème, le client saura donc immédiatement qu'il peut compter sur un allié. Si ceci l'aide à ne pas paniquer, c'est autant de confort en plus pour s'attaquer au problème en tant que tel, sans perdre du temps sur les aspects émotionnels.

Que se passera-t-il s'il s'en va ?

> Imaginons qu'un de vos concurrents cherche à prendre votre place chez l'un de vos clients. Il cherche la faille sur le plan technique… raté ! Il cherche ensuite une insatisfaction sur les tarifs, pas plus de chance ! Il s'attaque alors aux relations avec vous, et là on lui répond qu'elles sont excellentes. En désespoir de cause, le vendeur lâche sa dernière question : «Et mis à part votre interlocuteur, connaissez vous quelqu'un d'autre dans leur société ?» ou «Que se passerait-il si votre interlocuteur changeait en pleine période d'activité ?». Même si votre client ne vous quitte pas sur le champ, le doute vient peut-être de s'insinuer dans son esprit.

Vous devez rassurer votre client sur le fait que vous n'êtes pas le seul à le connaître. Présentez-lui votre patron ou votre collègue. Il faut qu'il sache qu'il ne devra pas tout répéter si vous êtes appelé à de nouvelles fonctions.

Quelques idées complémentaires pour fidéliser vos clients

Au-delà de la réponse aux questions que se posent vos clients, vous pouvez sans doute déployer des efforts particuliers pour fidéliser vos clients. Les commerciaux sont toujours à la recherche d'idées dans ce domaine, sans qu'il s'agisse d'actions qui nécessitent des millions d'investissement en marketing.

Puissent les quelques idées qui suivent vous donner des pistes de réflexion supplémentaires.

➤ *Constituez-vous un réseau*

Il est important de vous constituer un tissu de relations au sein des entreprises où vous intervenez. Pensez à vos dix plus gros clients, posez-vous les questions suivantes et tirez-en les enseignements qui s'imposent.

- Connaissez-vous le directeur général de votre client personnellement ?
- Mis à part votre interlocuteur direct, qui connaissez-vous dans l'entreprise ?
- Que se passerait-il si votre interlocuteur direct changeait d'entreprise ?

➤ *Demandez des conseils à votre client*

Sollicitez vos clients pour leur demander des conseils sur la façon d'améliorer vos relations et votre service. Vous jouez ainsi sur deux registres : d'une part, vous démontrer que vous ne considérez pas votre client comme acquis définitivement, ce qui n'est jamais apprécié ; d'autre part, vous provoquez un *sentiment de responsabilité* du client vis-à-vis de votre réussite, puisqu'il accepte de vous aider à progresser.

➤ *Élargissez la gamme des produits vendus*

Si un jour, un problème réellement important survient et que votre client pense à vous quitter au profit de la concurrence, il hésitera davantage si les coûts de transfert sont importants. Les coûts de transfert seront d'autant plus importants que la gamme de produits référencés sera large.

➤ *Demandez des recommandations à vos clients*

La demande de recommandations est un excellent moyen de développer son portefeuille clients. Certains commerciaux excellent dans cette démarche qui est beaucoup plus efficace que la prospection traditionnelle. Mais au-delà du simple développement de clientèle, cette tactique vous permet de fidéliser vos clients. En effet, si un client vous dit que vous pouvez solliciter un ami ou une relation de sa part, comment pourra-t-il ensuite dire que vous ne lui apportez pas un service de qualité. Si c'était le cas, cela voudrait donc dire qu'il a rendu un mauvais service à son ami !

LES POINTS-CLÉS À MÉMORISER

On fidélise dès le premier contact, et ensuite lors de chaque entretien, en faisant en sorte de répondre aux questions que le client se pose, sans pour autant les formuler.

➤ *Avant le premier entretien*

Ses questions	Vos réponses
Est-ce que ma demande les intéresse ?	Écoutez votre interlocuteur avec attention. Exprimez votre intérêt pour le projet.
Est-ce qu'ils connaissent leur sujet ?	Démontrez votre professionnalisme.
Est-ce qu'ils ont l'air sérieux ?	Rassurez votre interlocuteur sur la compréhension de la demande. Demandez des conseils pour être efficace. Fixez la durée de votre rendez-vous. Confirmez votre rendez-vous par écrit.
Est-ce qu'ils ont l'air sympa ?	Manifestez votre plaisir de le rencontrer prochainement.

➤ *Pendant les premiers entretiens*

Ses questions	Vos réponses
Est-ce qu'il a préparé son entretien ?	Préparez des questions personnalisées. Présentez des supports adaptés.
Est-ce qu'il est sympa ?	Émettez des «ondes positives». Soignez votre apparence physique. Respectez son «territoire».
Est-ce qu'il me ressemble ?	Adaptez le rythme de votre voix et votre posture à ceux de votre interlocuteur.
Est-ce qu'il s'intéresse réellement à moi ?	Centrez-vous sur votre client. Prenez des notes. Respectez les temps de parole.
Est-ce qu'il est à la hauteur ?	Rappelez votre expérience. Traitez d'emblée d'égal à égal. Prenez la maîtrise de l'entretien.
Est-ce qu'il dit la vérité ?	Prouvez ce que vous avancez. Surveillez votre langage non verbal. Vendez ce qui est utile pour votre client.

Ses questions	Vos réponses
Est-ce qu'il me prend pour un imbécile ?	Faites preuve de tact. Demandez-lui son avis.
Est-ce que je pourrai compter sur lui ?	Donnez pour recevoir. Aidez votre interlocuteur à vendre en interne. Impliquez-vous personnellement. Dites que vous serez heureux de le compter parmi vos clients.
Est-ce que je prend un risque personnel en travaillant avec lui ?	Ne remettez pas tout en cause. Rassurez votre interlocuteur sur son rôle. Restez discret sur vos clients.
Est-ce qu'il a compris à quel point mon cas est particulier ?	Validez votre compréhension. Personnalisez vos propositions écrites.

➤ *Pendant la relation*

Ses questions	Vos réponses
Est-ce que j'ai fait le bon choix ?	Aidez votre client à rationaliser sa décision. Allez au-delà du contrat rapidement.
Est-ce qu'il respecte ses promesses ?	N'oubliez pas vos engagements. Ne prenez pas d'engagements que vous ne pourrez pas tenir.
Est-ce que je suis un client important ?	Impliquez vos collègues. Passez des appels de courtoisie. Notez tout.
Est-ce qu'il m'aide à me valoriser ?	Faites des courriers agréables pour sa hiérarchie. Illustrez les résultats obtenus. Organisez des *feed-back* en interne.
Est-ce qu'il va au-delà du contrat ?	Valorisez vos efforts. Faites preuve d'initiatives. Investissez du temps.
Est-ce que je peux compter sur lui en cas de problèmes ?	Gérez vous-même les litiges.
Que se passera-t-il s'il s'en va ?	Présentez votre client en interne.

À VOUS DE JOUER !

SI VOUS TRAVAILLEZ SEUL

➤ *Pour rester dans la course*

1. Constituez-vous un guide pour poser les bonnes questions lors d'un premier contact téléphonique.
2. Soignez votre prise de contact afin de transmettre une bonne image dès les premières secondes.
3. Travaillez votre capacité à vous synchroniser sur votre interlocuteur.
   Proposition d'exercice : engagez une discussion avec un ami ou un collègue et adoptez une posture proche de la sienne. Au bout de quelques minutes changez de posture, et observez le comportement de votre interlocuteur. Si vous êtes bien synchronisé, il changera probablement de posture.

➤ *Pour faire la différence par rapport à vos concurrents*

1. Recherchez les moyens de surprendre utilement vos clients.
2. Listez toutes les idées susceptibles de vous permettre d'aller au-delà du contrat.
3. Développez un réseau d'alliés au sein des entreprises de vos principaux clients.
4. Systématisez la demande de recommandations.
5. Pratiquez les appels de courtoisie. Votre fichier clients devra mentionner ce point.

SI VOUS ÊTES MANAGER D'UNE ÉQUIPE DE VENTE

Organisez une réunion sur le thème de la fidélisation : rappelez d'abord l'intérêt pour votre entreprise de fidéliser vos clients. Vous pouvez appuyer votre argumentation en comparant le coût de «recrutement» d'un nouveau client, par rapport à la satisfaction d'un client déjà conquis. Après avoir généré l'adhésion de vos collaborateurs autour de cette idée, proposez de réfléchir ensemble sur ce thème. Le plan d'une séance de travail collectif sur ce thème est décrit ci-dessous.

1. Inscrire au *paper-board* l'affirmation suivante :
   «Nous allons suffisamment au-delà du contrat pour fidéliser nos clients.»

   ++ + – – –

2. Demandez aux participants de se prononcer sur cette affirmation, en positionnant une gommette sous le signe qui correspond à leur point de vue (de ++ pour tout à fait d'accord à – – qui signifie absolument pas d'accord). Prenez soin de bien mon-

trer que vous ne cherchez pas à savoir où chacun pose sa gommette.
3. Faites préciser les raisons qui ont incité certains à être «plutôt pas d'accord». Les propos doivent alors être formulés en sept mots maximum, «sujet-verbe-complément». Une personne, qui joue le rôle de secrétaire, note chaque idée sur des post-it. Les post-it sont disposés sur un *paper-board* et ensuite triés en ensembles homogènes.
4. Faites préciser les raisons qui ont incité certaines à être «plutôt d'accord», en respectant les mêmes règles.
5. Répartissez les participants en sous-groupes pour réfléchir pendant une heure sur le thème suivant : «Concrètement, que pouvons-nous mettre en œuvre dans nos comportements quotidiens pour "sur-satisfaire" nos clients ?»
6. Les actions sont également recensées sur des post-it. Un ultime vote permettra de déterminer les priorités à mettre en œuvre si elles nécessitent des moyens.
7. Assurez vous-même la synthèse exhaustive des travaux.

Si vous n'avez pas le temps de faire une telle réunion, alors demandez à vos collaborateurs de vous présenter une liste des différents contacts qu'ils ont chez leurs plus importants clients. Proposez-leur ensuite de les aider à multiplier les «points d'ancrage» auprès des sociétés où ils n'ont jusqu'à présent qu'un seul contact.

CHAPITRE 2

Adapter sa stratégie d’entretien

- La vente ajustée.
- La vente persuasive.
- La vente répétitive.

Cimenter la relation	**Adapter sa stratégie d’entretien**	Préparer sa vente par un bon diagnostic
Désamorcer les litiges		Influencer ses interlocuteurs
Booster la conclusion	Vendre son prix	Surmonter les objections

La scène se déroule à l'occasion de l'un des premiers entraînements réservé aux nouvelles recrues du Mossad[1].

> «Il était près de 16h 30. Un des instructeurs se tourna vers moi et me demanda : "Tu vois ce balcon, là-bas ? Tu as trois minutes pour réfléchir. Ensuite, je veux que tu entres dans cet immeuble, et six minutes plus tard, pas plus, je veux te voir avec le propriétaire ou le locataire sur le balcon, un verre d'eau à la main."
> Là, j'eus vraiment peur. Nous n'avions pas nos cartes d'identité, ce qui est illégal en Israël. En outre, nous devions utiliser notre faux nom, quoi qu'il arrive. Et si nous avions des démêlés avec la police, nous devions leur raconter l'histoire que nous avions choisie comme couverture.
> Que faire ? Il fallait d'abord découvrir quel appartement correspondait au balcon. Après une longue hésitation, je déclarai à l'instructeur que j'étais prêt.
> – Quel est ton plan dans les grandes lignes ? me demanda-t-il.
> – Je fais des repérages pour un film, répondis-je.
> Nos instructeurs mettaient toujours l'accent sur la spontanéité, mais ils voulaient aussi que nous ayons un plan de base et qu'on ne se dise pas : "Advienne que pourra !"»

Pour l'anecdote, la nouvelle recrue réussit à convaincre le propriétaire. Le parallèle avec le message de ce chapitre est évident : le vendeur, lui non plus, ne doit pas compter uniquement sur sa spontanéité.

Le «talent» ne suffit plus !

Bien sûr il faut savoir garder sa spontanéité, sa personnalité, son naturel. Le sens de l'improvisation est d'un grand secours lorsque l'entretien n'évolue pas exactement comme on l'aurait souhaité. D'ailleurs beaucoup affirment qu'on a ou pas la vente dans le sang. Même si cette affirmation est exagérée, il est néanmoins vrai que certains ont plus que d'autres un «talent naturel» pour la vente.

Cependant, la concurrence est devenue tellement importante que le «talent» à lui seul ne suffit plus. Les acheteurs sont sollicités quotidiennement par des dizaines de commerciaux et la «fibre commerciale» doit absolument être complétée par de la méthode, une organisa-

1. Extrait du livre de Victor Ostrovsky et Claire Hoy, *Mossad : un agent des services secrets israéliens parle*, Presses de la Cité, 1990.

tion, «un plan» dirait l'instructeur du Mossad[1]. C'est justement ces «plans» que nous allons étudier dans ce chapitre.

Il ne s'agit donc en aucun cas de transformer les vendeurs en robots, mais au contraire de leur donner la possibilité d'exprimer leur personnalité, d'être à l'aise et naturel aux yeux du client, *tout en ayant dans la tête une idée très claire de la façon d'orienter l'entretien.* C'est ce que l'on pourrait appeler, «jouer à trois coups d'avance».

Les plans d'entretien doivent être adaptés à la situation du client

Gérer efficacement ses entretiens signifie que l'on est capable de préparer et de mettre en œuvre des stratégies d'entretien adaptées au type de vente ou à la situation particulière du client.

Nous verrons successivement trois façons différentes de structurer son entretien selon la situation rencontrée :

- Le cas du client demandeur : la vente ajustée.
- Le cas du client non-demandeur : la vente persuasive.
- Le cas du client vu régulièrement : la vente répétitive.

La vente ajustée

C'est a priori le cas le plus facile. Il s'agit des entretiens de vente qui ont été provoqués par le client. On entend par là *que le client est à l'initiative de la rencontre.* Il vous a sollicité spontanément ou en réponse à un mailing, et a souhaité vous rencontrer. Cela ne veut pas dire que vous n'allez pas subir une certaine pression et être mis en concurrence, mais au moins le client va être attentif et surtout disposé d'emblée à vous écouter.

Votre action va consister à déterminer avec précision les attentes du client, à ajuster votre offre et à convaincre l'acheteur de la valeur ajoutée de cette offre par rapport aux offres concurrentes. Dans ce cas pré-

1. Dans le même ordre d'idée, et contrairement à ce que l'on pourrait penser, il existe des cours d'improvisation en matière de musique ou de théâtre. On s'entraîne à maîtriser les principes pour réussir une improvisation.

cis, le plan de vente connu sous le nom des 4C – contact, connaître, convaincre, conclure – est parfaitement adapté. Il s'agit de respecter tout naturellement les quatre étapes logiques d'un entretien efficace.

Contact

Il s'agit de la première étape de votre entretien. Tout comme à l'occasion d'un entretien de recrutement, les premiers instants sont déterminants. L'impression que vous allez donner à votre client, la confiance que vous allez lui inspirer, la façon dont va évoluer l'entretien, seront fortement influencées par les premières minutes.

Au moins trois points de passage importants sont à respecter dans la phase «contact».

➤ *1er point : présentez-vous*

Il ne s'agit pas de présenter votre société dans le détail pendant plusieurs minutes. Si c'est le cas, il y a de très grandes chances que ces quelques minutes paraissent interminables pour le client. Par contre, ce qui l'intéresse certainement davantage, à ce moment de l'entretien, c'est de savoir en quoi la personne qu'il a en face de lui est capable de lui apporter de bons conseils et de répondre de façon précise à ses attentes. Donc, attention à l'excès de modestie qui consiste à ne pas parler de soi.

Par conséquent, rassurez votre interlocuteur immédiatement sur votre capacité à l'aider. Essayez de répondre tout simplement à la question suivante : pourquoi moi, aujourd'hui, en face de vous ?

➤ *2e point : donnez l'occasion à votre interlocuteur de se présenter*

> Imaginez la situation suivante : vous êtes parti en séminaire avec votre entreprise. À l'occasion de ce séminaire une photo collective de l'ensemble des participants a été prise. Quinze jours après votre retour, vous recevez un exemplaire de la photo. Vous l'avez entre vos mains. Qui regardez-vous en premier ?

Il y a de fortes chances que votre client, dans la même situation, réagisse exactement comme vous. Puisque l'un de ses sujets de préoccupation essentiels est sa propre personne, donnez-lui l'occasion de se présenter. Ne lui posez pas immédiatement des questions sur son entreprise, mais intéressez-vous sincèrement à l'individu que vous avez en face de vous. Cela ne prend pas beaucoup de temps, et les conséquences vont être très positives :

- Votre client se valorise (et donc vous trouve sympathique).
- Vous commencez dès le début de l'entretien à cerner sa personnalité et ses motivations.
- Des relations interpersonnelles sont en train de naître, et elles seront très importantes pour l'établissement de la confiance.

➤ *3e point : fixez un cadre*

En proposant des règles du jeu à votre interlocuteur, vous prenez d'emblée les rênes de l'entretien. En fait il s'agit de se mettre d'accord sur l'organisation pratique de la discussion et sur les contraintes horaires à respecter.

Cette étape présente au moins trois avantages.

1. Vous pourrez *rassurer rapidement votre interlocuteur* sur votre professionnalisme et sur votre capacité à mener un entretien de façon efficace.

> Ce n'est pas un point de détail. Le responsable des achats d'une coopérative agricole précisait à l'occasion d'un séminaire à quel point il était exaspéré par les vendeurs qui lui donnaient l'impression de ne pas savoir comment s'y prendre et par quel bout commencer.

2. Face à un client a priori peu bavard, vous pourrez ainsi tomber d'accord sur la nécessité de poser un certain nombre de questions pour pouvoir bien comprendre ce qu'il attend de vous.
3. Enfin, face à un interlocuteur qui, au contraire, a tendance à partir dans de longs monologues, les règles du jeu ainsi établies vous permettront, si nécessaire, de recentrer la discussion en douceur sur l'ordre du jour.

Connaître

Une fois la confiance instaurée, vous devez bien entendu mener votre «enquête» pour déterminer avec précision les attentes de votre client. Il s'agit de faire un diagnostic de la plus grande qualité possible. Dans la pratique, on observe très fréquemment que des vendeurs réduisent au minimum cette étape et perdent ainsi une grande partie de leurs chances de conclure la vente. Comment voulez-vous présenter une solution adaptée au client sans connaître ses attentes ?

Mais, même lorsque vous êtes convaincu du bien fondé de cette étape, le fait que le client soit demandeur peut vous inciter à la réduire. Pourquoi ? Parce que le client est tellement pressé de connaître votre produit, ou votre service, qu'il va vous demander d'emblée de le lui présenter. Il est sincère, parfois enthousiaste et ne veut pas forcément vous piéger. Et pourtant, ce même client vous dira peut-être plus tard dans l'entretien que finalement votre produit ne correspond pas exactement à ce qu'il recherche. Il sera bien entendu désolé de ne pas vous avoir signalé plus tôt que son cas était vraiment spécifique, et vous serez au moins aussi désolé que lui d'être passé à côté d'une vente à votre portée. Même si votre solution pouvait s'adapter, c'est sans doute trop tard. Dans l'esprit du client le mal est fait : votre produit a été conçu pour d'autres.

La case qui traite du diagnostic vous donnera de nombreuses pistes pour mener à bien cette phase primordiale de tout entretien de vente.

Convaincre

Les deux premières étapes vous ont permis de créer la confiance, et de découvrir les conditions à réunir pour répondre efficacement à la demande du client ; il ne vous reste plus qu'à présenter votre produit ou votre service.

C'est lors de cette étape que votre capacité de persuasion va devoir s'exprimer. En effet, sauf cas très particulier, il y a de grandes chances pour que votre produit ressemble un peu (ou beaucoup) à ce que votre client pourrait trouver ailleurs. Votre enthousiasme, mais aussi le choix des arguments en fonction des informations recueillies précédemment vont vous permettre de faire la différence.

Quelle que soit la pertinence de vos arguments, si votre client est intéressé, il va sans doute à ce moment de l'entretien vous faire des objections. La phase «convaincre» devra également vous permettre de lever les freins à l'achat, et les résistances naturelles qui se manifestent lorsque le moment de la décision d'achat approche.

Vous pourrez travailler sur ces deux points – argumentation persuasive et traitement des objections – à partir des nombreuses ressources déclinées dans les deux cases de l'échiquier qui leur sont réservées.

Conclure

Enfin, la finalité de votre entretien est bien sûr de réussir à conclure votre vente. Il est absolument primordial de comprendre que la conclusion de l'entretien doit être la suite logique des phases précédentes. Si vous ne comptez que sur des «techniques» de conclusion pour réussir un entretien de vente, elles ne suffiront pas. La vente en tant que telle se réalise bien avant. Elle trouve ses bases dans la qualité de vos questions et elle se consolide par la validation régulière de vos arguments.

Bien entendu, il est également important d'être à l'aise dans l'ultime étape de l'entretien pour concrétiser les efforts déployés précédemment. La première chose à avoir en tête est que c'est au vendeur de proposer de «passer à l'acte». La «peur de gagner», qui tétanise parfois des sportifs de haut niveau, trouve son équivalent chez certains commerciaux au moment de la conclusion. Pourtant, l'acheteur attend souvent qu'on l'aide à se décider. Si ce n'est pas vous, ce sera un autre !

La façon la plus simple de conclure est d'agir comme si c'était conclu. Elle consiste à enchaîner une affirmation suivie d'une question.

Exemples

Gestionnaire de patrimoine qui vend un contrat d'assurance à un particulier :
- «Je vous propose de remplir le contrat dès maintenant.»
- «Mis à part vous, quels sont les noms des autres bénéficiaires ?»

Vendeur de fongicides insecticides face à un agriculteur :
- «Vous pourrez être livré dès la semaine prochaine.»
- «Quel mode de conditionnement préférez-vous ? 5 kgs ou 10 kgs ?»

Si vous ne vous sentez pas à l'aise avec cette façon de procéder pour conclure, c'est sans doute que vous la trouvez un peu trop directe. C'est pour répondre à ce genre de crainte que la méthode présentée dans la case «Booster la conclusion» a été développée.

Comme vous le voyez, ce plan de vente est tout à fait simple à mettre en œuvre. Il suffit de s'imposer une certaine rigueur pour éviter les principales erreurs constatées dans ce type d'entretien.

Les erreurs à éviter face à un client demandeur

1. Oublier le dialogue

Un entretien de vente ne doit pas être une succession de monologues. Monologue du vendeur qui présente sa société, son produit et ses références. Monologue du client qui présente sa société et ses particularités. En général, pendant que l'un des deux parle, l'autre pense à préparer son prochain monologue…

Au contraire, l'entretien doit être un véritable dialogue. Vous devez être sans arrêt à l'écoute de votre client pour rebondir sur ses affirmations, pour lui demander des précisions sur ce qu'il souhaite, pour le prier de développer certains points. À l'inverse, chaque affirmation de votre part doit être préparée par une «question d'éveil», et validée par une question de contrôle[1].

2. Aller trop vite

C'est le défaut de la majorité des commerciaux. La phase «connaître» est l'étape qui fait le plus souvent les frais d'un excès de précipitation. Prenez votre temps pour tirer profit de chaque étape.

3. Tomber dans l'excès inverse

C'est une véritable erreur stratégique de se contenter de recenser des informations sans commencer à «vendre» dès le premier entretien. Même si vous ne dites pas tout, même si vos solutions doivent être construites sur mesure, tenez toujours compte du fait que vos concurrents passeront peut-être derrière vous, avant votre deuxième rendez-vous. Si vous vendez un produit ou un service qui nécessite plusieurs entretiens, ceci est encore plus important.

Nous avons vu les quatre étapes logiques d'un entretien face à un client demandeur. On peut dire que la qualité globale de votre entretien dépend de la maîtrise de chaque étape. Rien ne sert d'argumenter parfaitement si l'on n'a pas su découvrir les attentes de son client. Rien ne sert d'avoir su créer la confiance, si l'on ne sait pas conclure. À vous de déterminer sur laquelle de ces quatre étapes vous devez le plus progresser et, selon le cas, choisissez la case de l'échiquier à «explorer» en priorité.

1. Ces points sont détaillés dans la case «Préparer sa vente par un bon diagnostic».

La vente persuasive

Qu'est-ce qu'un client non demandeur ? C'est un client sans problème à résoudre, qui est satisfait de sa solution actuelle et de ses fournisseurs. C'est donc un client qui est persuadé, au début de l'entretien, *qu'il n'a pas besoin de vous*. Par exemple, le client peut débuter l'entretien par des phrases de «mise en confiance» du type suivant :

- «J'ai déjà deux fournisseurs.»
- «Je n'ai besoin de rien.»
- «Mon matériel marche très bien.»

Nous allons voir dans les pages qui suivent un autre plan de vente, plus adapté à ce type de client que les 4C. En effet, dans ce cas, la motivation du client à donner des informations est moins grande, et votre stratégie d'entretien doit en tenir compte. Mais avant de rentrer dans le détail de la démarche, il est important de comprendre ce que nous voulons obtenir. *Votre objectif doit être de changer la vision du client.*

Face à ce type d'interlocuteur, quelle que soit la qualité de votre produit ou de votre service, vos chances de réaliser la vente sont très minces ; vous devez donc changer rapidement la vision de votre client sur sa solution actuelle[1].

Si le client n'est pas demandeur, c'est parce qu'il ne ressent pas de besoin particulier ou que la solution en place lui donne satisfaction. Par conséquent, il n'a évidemment pas ou peu de désir de changement. Votre seule chance d'entrer en relation avec ce type de client est de faire en sorte qu'il constate malgré tout que sa solution n'est pas complètement satisfaisante. Vous devez donc l'amener à identifier une insatisfaction et à envisager les conséquences négatives que pourrait engendrer cette «faille». Si cet objectif intermédiaire n'est pas atteint, il ne sera pas motivé par la recherche d'une solution plus efficace.

La stratégie d'entretien que nous allons détailler maintenant devrait vous permettre d'atteindre cet objectif intermédiaire : transformer un client non demandeur en un client demandeur. Bien entendu, toute la difficulté réside dans la manière de faire comprendre au client qu'il

1. On appellera solution actuelle le produit ou le service déjà utilisé par le client au moment où vous le rencontrez.

a intérêt à modifier sa solution, alors qu'il pense exactement le contraire quand votre rendez-vous démarre. Ce plan de vente pourra également vous être utile pour mener des entretiens d'élargissement de la relation (vente de produits ou de services complémentaires) avec les clients qui travaillent déjà avec vous.

Le plan de vente qui nous aidera le plus dans ce contexte est PARADIS[1] ; nous en développerons les différentes phases :

- Prendre contact
- Analyser la situation
- Rechercher la faille
- Accentuer la faille
- Dévoiler la solution
- Inciter à la décision
- Sécuriser.

Prendre contact

Dans ce cas, comme dans celui des 4C, les trois points de la phase «contact» peuvent être reproduits. Pour mémoire, il s'agit de se présenter brièvement, de donner à son interlocuteur la possibilité de se présenter lui-même de façon valorisante et de fixer un cadre à l'entretien. Dans ce contexte, se lancer dans une présentation longue et fastidieuse de son entreprise est une erreur encore plus préjudiciable que lorsqu'on a affaire à un client demandeur. En effet, comme votre client n'a pas de besoin ressenti, peu lui importe que votre société présente telle ou telle caractéristique !

Analyser la situation

Attention ! c'est là que commence la difficulté. Il s'agit de recueillir des informations générales sur l'entreprise et votre interlocuteur, en particulier sur sa façon de travailler dans le domaine qui vous intéresse. *Cette analyse doit au départ être neutre*, c'est-à-dire qu'on ne cherchera pas à démontrer à l'interlocuteur que sa solution actuelle est mauvaise.

Pour «analyser la situation», vous *procéderez en deux temps*.

1. Ce plan de vente fut développé par Marc Corcos, alors consultant à la Cegos.

Dans un premier temps, votre analyse de la situation doit se faire au moyen de questions ouvertes, neutres, mais qui ont quand même un rapport avec l'objet de votre rencontre.

Exemples

Pour un commercial d'une société organisatrice de salons professionnels face à un éventuel exposant :
- «Comment organisez-vous votre politique de communication ?»
- «Comment mesurez-vous les résultats de vos outils de communication ?»
- «Combien de salons faites-vous chaque année ?»

Pour un intermédiaire immobilier (face à un investisseur institutionnel) :
- «En interne, comment gérez-vous l'organisation et le suivi de votre parc immobilier ?»
- «Quelles sont les prochaines opérations à commercialiser ?»
- «Quelles sont les exigences les plus fréquentes de vos clients en matière de prestations ?»

Pour un banquier (face à un directeur financier) :
- «Comment avez-vous organisé vos relations avec vos principaux partenaires financiers ?»
- «Quelle est la saisonnalité de votre activité ?»
- «Quels sont vos projets de développement ?»

Comme vous pouvez le constater, ces questions sont neutres, dans le sens où elles ne portent pas de jugement. En revanche, elles ne sont pas complètement anodines pour la suite de l'entretien, car les réponses à ces questions pourront déjà dans certains cas vous donner des pistes d'insatisfaction à explorer.

Dans un deuxième temps, votre stratégie va consister à poser *des questions sur les avantages* de la solution actuelle du client et non sur les inconvénients.

Exemples

- «Qu'appréciez-vous plus particulièrement dans votre organisation actuelle ?»
- «Quels sont les points qui vous ont séduit dans l'approche de vos fournisseurs ?»
- «Quels bénéfices en avez-vous tirés ?»

Cette démarche n'est pas très souvent mise en œuvre par les commerciaux. En effet, il est plus logique de chercher ce qui ne va pas que ce qui va bien dans la solution proposée par ses concurrents. Et pourtant vous tirerez au moins trois bénéfices en procédant de la sorte.

1. Vous allez gagner la confiance de votre interlocuteur. Le client se méfie de vos motivations. En le sollicitant sur ce qu'il a plutôt bien fait, sur ses satisfactions, vous allez le rassurer. Vous n'êtes pas en train de tout remettre en cause ; au contraire vous favorisez la mise en place d'un climat favorable au bon déroulement de la suite de l'entretien.

2. Vous allez découvrir ses motivations et ses critères de choix. La richesse des réponses à ce type de questions vous permettra de repérer les points importants aux yeux du client. En effet, si votre interlocuteur vous dit qu'il a choisi telle entreprise car la qualité du service après-vente est irréprochable, vous savez déjà que votre proposition devra le rassurer sur votre capacité à lui apporter la même satisfaction sur ce point.

3. Vous donnez à votre client l'occasion de *citer spontanément les inconvénients* de sa solution actuelle. Faites l'expérience. Choisissez quelqu'un dans votre entourage et posez-lui des questions sur un bien d'équipement, une voiture ou même sur son travail. Commencez par poser des questions neutres, puis focalisez-vous sur les avantages. Vous constaterez vous-même que très rares sont ceux qui résistent au plaisir de citer quelques «failles» dans le produit en question.

Deux erreurs à éviter pendant cette étape

1. Poser des questions trop générales

Éviter face à un client non demandeur la question classique : «Qu'attendez-vous d'un nouveau fournisseur[1] ?»

C'est un bâton pour se faire battre. Si votre client n'est pas demandeur, par définition il n'attend rien de particulier.

Évitez également les questions trop larges sur l'entreprise et qui ne servent qu'à démontrer que vous n'avez pas pris la peine de préparer votre entretien. Par exemple : «Quelle est votre activité ?» ou «Que fabriquez-vous ?».

La case «Cimenter la relation» présente plusieurs idées pour montrer à son prospect que l'on s'est déjà intéressé à lui.

1. Dans la pratique, le mot «fournisseur» est bien sûr remplacé par la profession du commercial. Cela donne donc : «Qu'attendez-vous d'un banquier ?» ou «Qu'attendez-vous d'un agent immobilier ?», etc.

2. Poser d'emblée des questions sur les inconvénients de la solution actuelle

Le client réagit toujours mal face à un vendeur qui d'emblée lui demande ce qui ne va pas dans sa façon de travailler. Une telle démarche suggère que le client s'est trompé jusque-là, et que l'on va remettre en cause ses choix, sa propre compétence. Croyez-vous qu'il soit réellement prêt à accepter cela ?

Même si votre produit est meilleur, il n'en conviendra pas rapidement. Aussi est-il nécessaire de faire preuve de plus de tact.

À ce moment de l'entretien, la confiance n'est pas suffisamment présente pour pouvoir poser des questions trop directes.

En résumé, cette deuxième étape du plan de vente PARADIS a donc pour objectif de rassurer son interlocuteur, d'identifier ses principales motivations et surtout de lui faire citer spontanément des inconvénients. Il est évident que si votre client cite lui même des inconvénients, l'impact sera beaucoup plus fort. En utilisant cette tactique, vous avez beaucoup de chances que des failles surgissent. Si ce n'est pas le cas, vous devez passer à l'étape suivante qui est un peu plus directive et qui consiste cette fois à rechercher (activement) la faille.

Rechercher la faille

Si votre interlocuteur n'a pas cité spontanément des inconvénients à la solution qu'il utilise actuellement, votre objectif intermédiaire n'est toujours pas atteint, car votre client est encore non demandeur. Il est donc inutile de présenter votre solution. Vous allez maintenant poser directement des questions orientées sur les *problèmes*, les *insatisfactions*, les *risques* ou les *inconvénients* attachés à sa solution actuelle. Ce seront des questions dont le but sera justement de soulever une faille.

Exemples (suite logique des exemples cités plus haut)

Pour un commercial d'une société organisatrice de salons professionnels face à un éventuel exposant :

- «S'il y avait un point à améliorer dans votre politique de communication, quel serait-il ?»
- «En moyenne, combien de nouveaux prospects vos commerciaux rencontrent-ils réellement par mois ?»
- «Comment animez-vous votre réseau de distribution ?»

• «Sur le salon que vous avez évoqué tout à l'heure, combien de décideurs avez-vous vraiment rencontrés ?»

Pour un intermédiaire immobilier (face à un investisseur institutionnel) :
• «S'il y avait un point à améliorer dans la commercialisation de vos immeubles, quel serait-il ?»
• «Avez-vous le sentiment de bénéficier de tous les outils susceptibles d'accélérer la commercialisation ?»
• «Êtes-vous régulièrement informé des démarches effectuées par les intermédiaires qui s'occupent actuellement de la commercialisation de vos immeubles ?»

Pour un banquier (face à un directeur financier) :
• «Si aujourd'hui vous étiez amené à faire un audit de votre organisation bancaire, sur quel point concentreriez-vous votre attention ?»
• «Voyez-vous régulièrement votre interlocuteur ?»
• «Avez-vous un accès facile et direct aux conseils de spécialistes ?»
• «Combien de fois avez-vous changé d'interlocuteurs sur les trois dernières années ?»

Ce ne sont là que des exemples. Vous pouvez certainement les adapter à votre métier, mais surtout je vous invite à préparer très soigneusement cette étape de l'entretien avant le rendez-vous. Une bonne préparation d'entretien de prospection passe en effet par-là. Il faut prévoir à l'avance quelles pourraient être les failles dans la solution actuelle du client, et les questions susceptibles de les faire apparaître. La deuxième et la troisième étape de PARADIS vous permettront donc de multiplier les chances de soulever une faille. Une fois que cet objectif est atteint, il est temps de passer à la quatrième étape qui consiste à…

Accentuer la faille

On est tenté de présenter une solution et d'argumenter dès qu'on a identifié une faille. C'est encore trop tôt car cela revient à apporter une solution à un problème qui n'existe pas encore vraiment aux yeux du client. Il est essentiel de faire prendre conscience à celui-ci qu'un besoin existe, ou qu'une amélioration importante pourrait être apportée. C'est une phase délicate car il s'agit de poser *des questions sur les conséquences négatives* des inconvénients identifiés au cours de la phase précédente.

Exemples (suite logique des exemples cités plus haut)

Pour un commercial d'une société organisatrice de salons professionnels face à un éventuel exposant :
• «Que se passerait-il si les retours de votre prochaine campagne de promotion n'étaient pas à la hauteur des résultats escomptés ?»
• «Comment pouvez-vous compenser ce faible nombre de contacts avec de nouveaux prospects ?»
• «J'imagine que ce manque de contact avec les décideurs a eu un effet négatif sur le moral de vos équipes ?»

Pour un intermédiaire immobilier (face à un investisseur institutionnel) :
• «Comment adaptez-vous la gestion de vos investissements sans remontées claires et régulières des réactions des acquéreurs ?»
• «Les retards dans la commercialisation des immeubles entraînent-ils des difficultés en matière de trésorerie ?»
• «Que se passerait-il si ce manque de moyens vous empêchait de profiter pleinement des mesures gouvernementales en faveur des nouveaux acquéreurs ?»

Pour un banquier (face à un directeur financier) :
• «Concrètement pour vous, quelles peuvent être les conséquences d'une décision de financement retardée ?»
• «En quoi le manque de personnalisation de vos relations vous gêne-t-il ?»
• «Que se passerait-il si ce changement d'interlocuteurs se produisait en pleine saison ?»

Rappelons-le encore une fois, c'est la prise de conscience par votre client d'une insatisfaction qui vous permettra de le transformer en demandeur. Ne négligez donc pas cette étape. Par contre, *gardez-vous de faire la leçon à votre client* !

Exemples

• «Vous devriez quand même avoir un plan de communication plus sérieux !»
• «Ce n'est pas étonnant que vous ayez du mal à commercialiser vos opérations !»
• «Ce serait vraiment plus professionnel de gérer de plus près votre risque client !»

Si la qualité des étapes précédentes vous a permis de faire apparaître un besoin aux yeux du client, alors vous pouvez penser à…

Dévoiler la solution

En effet, vous allez maintenant pouvoir présenter votre offre en bénéficiant d'une écoute plus attentive. Cependant, avant d'énoncer clairement les caractéristiques de votre solution, vous gagnerez à préparer dès à présent la conclusion de votre entretien, en engageant votre client par l'une des deux «précautions» suivantes.

➤ *Posez une question d'engagement*

Cette méthode est la plus directe.

Exemples

- «Si je peux vous présenter une solution qui vous permette de rencontrer un grand nombre de décideurs dans un minimum de temps, seriez-vous intéressé ?»
- «Si je peux mettre à votre disposition des moyens qui vous permettront assurément d'accélérer la commercialisation de vos immeubles, alors êtes-vous prêt à me confier un mandat ?»
- «Si je peux vous proposer une façon de travailler qui vous permette d'être en prise directe avec les spécialistes des couvertures de change, seriez-vous disposé à me confier une partie de vos opérations internationales ?»

Il s'agit, par ces questions, *d'engager votre interlocuteur et d'éveiller encore plus son intérêt* pour la solution que vous allez lui présenter.

➤ *Reformulez les conséquences négatives*

Cette méthode consiste à reformuler les conclusions des étapes précédentes.

Exemples

- «Finalement, vous souhaiteriez donner les moyens à votre équipe commerciale de réussir ces objectifs sans avoir à dépenser des fortunes et une énergie colossale dans la recherche de nouveaux contacts, c'est bien cela ?»
- «En fait, votre souci est d'accélérer la commercialisation de vos immeubles pour rééquilibrer rapidement votre trésorerie, n'est-ce pas ?»
- «Si j'ai bien compris, vous voudriez pouvoir compter quotidiennement sur l'avis de spécialistes des opérations de change sans attendre que votre demande remonte un à un tous les échelons de la hiérarchie, n'est-ce pas ?»

Quelle que soit la méthode retenue, elle doit vous permettre de faire le lien entre votre solution et le besoin exprimé. «Vous m'avez dit que… Eh bien justement. …»

À ce stade, vous devez au moins dévoiler une piste de solution, même si vous avez besoin de préparer votre dossier (devis) pour présenter une offre définitive. Il sera important de soigner la qualité de vos arguments pour que le client ne subisse pas un «effet de contraste» entre l'intérêt qu'il manifeste à ce moment-là et la pauvreté de la solution apportée. Les techniques d'argumentation que vous découvrirez dans la case «Influencer ses interlocuteurs» vous éviteront de tomber dans cet écueil.

Inciter à la décision

Là encore, c'est à vous de conclure l'entretien et de proposer l'entrée en relation. Une méthode pour conclure est présentée dans la case «Booster la conclusion».

Quelle que soit la méthode utilisée, un des principes essentiels dans le cas de la prospection est de savoir rester humble. Bien entendu, si vous avez le sentiment de pouvoir d'un seul coup prendre la place de vos concurrents dans la répartition des achats de votre interlocuteur, faites-le ! Mais restez réaliste. Dans de nombreux cas, votre prospect aura encore quelques hésitations à l'issue de votre démonstration, aussi remarquable soit-elle.

C'est pour cette raison que la «technique» de la *vente partielle* qui consiste à proposer un test, sera souvent la plus judicieuse. Cette technique démontre votre confiance vis-à-vis de votre produit, et surtout certifie à votre client qu'il ne prend pas de risques. Vous respectez ainsi la dernière étape de votre plan de vente qui consiste à…

Sécuriser

Il ne s'agit pas d'une étape en tant que telle, mais plutôt d'une préoccupation constante. Une étude parue en 1990 dans *Les Échos* précisait l'impact d'une réduction des coûts d'achats de 2 % sur la rentabilité des entreprises françaises. Dans certains secteurs, la marge supplémentaire était équivalente à celle générée par 25 % de chiffre d'affaires en plus. Tous les acheteurs sont conscients de ce genre de données ; ils savent qu'ils n'ont absolument pas le droit de se tromper dans leur politique d'achat. Le métier d'acheteur est devenu très exigeant, et vous devez donc tout faire pour rassurer votre interlocuteur sur la suite qui sera donnée à sa décision.

Ce sentiment de sécurité, vous le lui donnerez à tous les stades de l'entretien :

- *lors de la prise de contact* : en répondant spontanément aux questions qu'il se pose sans vous les formuler directement (point développé dans la case «Cimenter la relation») ;
- dans la phase d'analyse des besoins, par la pertinence de vos questions ;
- *dans la phase d'argumentation*, par les preuves apportées qui crédibiliseront votre démonstration ;
- *dans la phase de conclusion* qui ne provoquera pas de doute quant à la suite donnée à sa commande.

PARADIS est un plan de vente qui vous permettra de préparer et de mener vos entretiens de prospection les plus délicats. Cette stratégie d'entretien est plus difficile à mettre en œuvre que les 4C, mais avec un peu d'entraînement vous y parviendrez rapidement.

Vous vous posez certainement encore deux questions :

1. *Que faire si malgré toutes les questions posées pour «rechercher la faille» le client ne cite pas d'inconvénients ?*

Si, après avoir épuisé toutes vos ressources en matière de techniques de questionnement, votre client ne vous a pas donné le moindre indice sur une éventuelle insatisfaction, alors voici une dernière idée : proposer d'en rester là ! En effet, il est inutile de présenter votre solution si votre client n'est toujours pas demandeur. Il vaut mieux dans ce cas tenter votre va-tout et dire à votre interlocuteur que compte tenu de la qualité de sa solution actuelle, il n'est peut être pas utile de lui présenter votre produit ou votre service.

Bien sûr, votre but est de le provoquer une ultime fois. Pensez-vous que quelqu'un qui vient de passer du temps avec vous, à vous parler de sa société et de sa façon de travailler, puisse se contenter de vous voir partir sans même lui expliquer ce que vous pouviez lui apporter ?

Il y a de grandes chances qu'il ne résiste pas, et vous demande quand même de lui présenter votre produit. Mais si c'est lui qui insiste, nous ne sommes plus face à un client non demandeur. Il suffit alors de lui demander sur quel point en particulier il souhaiterait vous entendre. Une fois la réponse donnée, vous avez un indicateur sur le point le plus faible dans la solution déjà en place. Ne vous précipitez-pas et reprenez le schéma à partir de «Analyser la situation».

2. *Que faire si je suis persuadé que mon produit n'a rien de plus que le produit déjà en place ?*

   Prudence !

> Il est intéressant de discuter avec des commerciaux qui ont changé d'entreprise et sont allés travailler chez un de leurs concurrents. On constate généralement qu'ils prennent alors conscience que les avantages qu'ils redoutaient tant auparavant ne sont pas forcément aussi faciles à exploiter qu'ils se l'imaginaient lorsqu'ils étaient encore dans leur ancienne société.

C'est le jeu de l'acheteur de vous faire croire que vous n'apportez rien de plus, c'est le vôtre de lui démontrer le contraire. Cependant, si vous êtes réellement convaincu que votre produit est strictement comparable, alors votre stratégie de recherche d'insatisfaction devra être orientée sur le hors-produit. Par définition, le hors-produit désigne tout ce qui tourne autour du produit, c'est-à-dire les services associés, la qualité des relations ou des interlocuteurs.

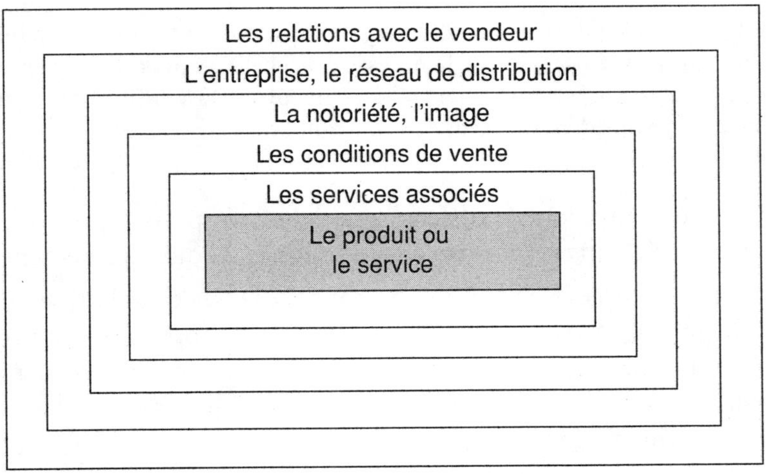

Le hors-produit

Les erreurs à éviter face à un client non demandeur

1. Se focaliser d'entrée sur les inconvénients de la solution actuelle du client

Il faut bien distinguer l'objectif que vous poursuivez des moyens pour l'atteindre. Ne vous précipitez pas. Si vous soulignez directement les inconvénients de la solution actuelle du client au début de l'entretien, alors que le climat de confiance nécessaire n'est pas en place, vous allez contrarier votre client, perdre votre crédibilité à ses yeux et anéantir toutes vos chances.

2. Ne pas préparer à l'avance les questions pour soulever la faille

C'est vrai, les commerciaux sont en général de grands artistes. Leurs talents d'improvisation sont importants, mais on improvise tellement mieux quand on est préparé !

Compte tenu de la difficulté de ce type d'entretien, rien ne doit être laissé au hasard. Selon le secteur d'activité de votre prospect, et l'offre de la concurrence, vous pouvez envisager des failles probables dans la solution actuelle du client. Une fois ces hypothèses posées, il ne vous reste plus qu'à préparer les questions susceptibles de les faire apparaître.

3. Dévoiler sa solution trop tôt

Il est important de ne pas dévoiler votre solution avant que le client ait réellement pris conscience de la nécessité de changer. Si vous ne respectez pas ce principe, votre client cherchera plutôt à contrer vos arguments pour vous démontrer que sa solution est satisfaisante.

Vous avez sans doute constaté que le secret pour mener un tel entretien réside dans la maîtrise des techniques de questionnement.

D'autres exemples de formulation sont présentés dans la case relative au diagnostic. Si vous pensez que ce plan de vente est votre priorité, alors allez directement dans cette case avant de vous constituer une check-list personnelle de questions pour rechercher la faille dès votre prochain entretien de prospection.

La vente répétitive

Les deux plans de vente précédents, 4C et PARADIS, sont des plans de vente qui correspondent bien à ce que l'on appelle la vente-conseil. Ils ne sont pas toujours adaptés à la vente répétitive. Celle-ci est la situation dans laquelle les vendeurs se retrouvent lorsqu'ils revoient régulièrement le même client, soit pour renouveler des commandes, soit pour lui proposer un nouveau produit dans le cadre d'une «campagne».

Là encore, pour gagner en efficacité, le plan d'entretien du vendeur doit tenir compte des caractéristiques de la situation. D'une part, la fréquence des visites incite l'acheteur à consacrer peu de temps à l'entretien. D'autre part, l'acheteur connaît son interlocuteur et avec les habitudes, la routine risque de s'installer. C'est un piège qu'il faut absolument éviter si l'on veut rester capable de présenter des offres promotionnelles (les fameuses «campagnes» avec efficacité).

Le plan de vente que nous allons détailler dans cette partie est un plan de vente beaucoup plus directif et «mécanique» que les 4C ou PARADIS. Son succès dépend de sa préparation et surtout de l'entrain avec lequel on va le développer. Des marques très connues, qui vendent leurs produits *via* la grande distribution, ont obtenu des résultats exceptionnels en formant des centaines de vendeurs à l'utilisation de ce type de plan de vente.

Il donne lieu a beaucoup moins de questions et est très bien adapté aux «opérations coups de poing». Il s'agit du CEPAC qui regroupe différentes actions :
- Contexte du client.
- Éveiller l'intérêt du client.
- Présenter l'offre.
- Appuyer sur des avantages-clés.
- Conclure par une alternative.

Contexte du client

Nous avons vu dans les plans d'entretiens précédents que la première phase consistait à se présenter. Il est évident que dans le contexte de la vente répétitive, le début d'entretien ne se déroulera pas de la même façon.

À cette étape votre objectif sera double.

➤ *Faire le lien entre l'entretien du jour et l'entretien précédent*

Vous devez faire en sorte que votre interlocuteur vous repositionne bien, par rapport à vos concurrents si c'est nécessaire, et surtout par rapport à votre dernière entrevue. Cela permettra également de personnaliser la relation.

➤ *Rassurer le client*

Afin d'instaurer la confiance le plus vite possible (souvenez-vous que le temps presse dans ce type de contexte), je vous suggère de rappeler d'emblée à votre interlocuteur que vous avez bien compris ses préoccupations et que vous allez en tenir compte dans votre proposition.

Exemples

> *Chef de publicité d'un journal d'annonces gratuites face à un concessionnaire automobile* :
> • «Dites-moi si je me trompe, mais la dernière fois que nous nous sommes vus, vous m'avez bien dit que votre préoccupation essentielle était de réussir le lancement du nouveau modèle, n'est-ce pas ?»
>
> *Vendeur qui vend ses produits* via *la grande distribution.* :
> • «Lors de mon dernier passage, vous m'aviez bien dit que votre priorité pour le prochain trimestre était de dépasser de 10 % le chiffre d'affaires correspondant de l'année dernière, c'est bien cela ?»

Éveiller l'intérêt du client

Cette deuxième étape a pour but de franchir l'indifférence. C'est par l'humour ou par une dramatisation de la situation que vous allez faire en sorte de capter l'intérêt du client et surtout lui faire sentir que *votre proposition est vraiment exceptionnelle.* L'idéal est de pouvoir s'appuyer sur l'actualité ou sur la commémoration d'un événement important.

Exemples (suite logique de l'étape précédente)

> *Chef de publicité d'un journal d'annonces gratuites* :
> • «Ariane vient de se planter. Eh bien nous, au contraire, nous allons tout mettre en œuvre pour réussir ensemble le lancement de votre nouveau modèle !»
>
> *Vendeur qui vend ses produits* via *la grande distribution* :
> • «Nous venons de fêter le retour de Gérard d'Aboville. Il a réussi et pourtant tout le monde l'avait traité de fou. Eh bien, vous allez sans doute me prendre pour un fou, mais ce que je vous propose c'est de doubler vos ventes sur les trois prochains mois !»

Présenter l'offre

Le moment est venu de détailler votre offre. Votre présentation doit être très claire, simple à comprendre et surtout énoncée avec la plus grande conviction possible.

Chef de publicité d'un journal d'annonces gratuites :
• «Je vous propose de bénéficier d'un emplacement de référence, à des conditions particulièrement avantageuses. Il s'agit du bandeau de droite situé sur la première page. C'est la partie du journal la plus en évidence et tous nos lecteurs verront votre annonce.»

Vendeur qui vend ses produits via la grande distribution :
• «Je vous propose de mettre en place dans votre parking une maquette géante du bateau de Gérard d'Abboville.»
• «Autour de ce bateau, des animatrices distribueront des bons de réduction sur nos produits et des bulletins de participation à un grand concours qui donnera à vos clients la possibilité de gagner un superbe dériveur.»

Appuyer sur les avantages-clés

Cette quatrième phase consiste à synthétiser l'étape précédente en insistant sur les principaux avantages dont l'acheteur va pouvoir bénéficier.

Exemples

Chef de publicité d'un journal d'annonces gratuites :
• «En résumé cet emplacement vous permettra de bénéficier de trois principaux avantages :
1. Vous êtes présent sur la page la plus lue par les lecteurs.
2. La dimension du bandeau, sur toute la hauteur de la page, attire l'œil des lecteurs.
3. Vous serez le seul annonceur "automobile" de la première page.

Ces trois points vous permettront d'attirer sur votre concession un très grand nombre de clients. D'ailleurs, un de vos confrères en a profité lors de sa dernière opération de lancement et les résultats ont dépassé toutes ses espérances.»

Vendeur qui vend ses produits via *la grande distribution* :
• «Finalement, cette opération vous permet de capitaliser sur trois points :
1. Le client est surpris agréablement par la dynamique de l'opération qui lui permet de rêver.

2. Le volume que vous allez distribuer est supérieur car le format proposé dans le cadre de l'opération est plus important. Ceci aura un impact certain sur les volumes et donc sur votre chiffre d'affaires.
3. Le client est fidélisé. Les résultats seront connus quinze jours plus tard et la liste des gagnants sera affichée sur place, ce qui incitera votre clientèle à revenir dans votre magasin.»

Conclure par une alternative

Pour obtenir un résultat immédiat, la mise en œuvre de cette action est proposée de façon «énergique». La technique de la question alternative est donc la plus utilisée dans ce type d'entretiens. Cette question va porter sur les volumes, sur les délais de mise en œuvre ou sur un autre point de détail.

Chef de publicité d'un journal d'annonces gratuites :
• «Souhaitez-vous réserver cet emplacement pour une seule édition, ou préférez-vous bénéficier de nos tarifs préférentiels pour des parutions successives ?»

Vendeur qui vend ses produits via *la grande distribution* :
• «Il me reste les semaines 39 et 42 pour organiser cette opération avec vous. Laquelle préférez-vous ?»

Encore une fois, l'objectif de ce type de plan de vente est de susciter l'intérêt du client en permanence. Il s'agit de rompre la routine éventuelle, liée à la régularité des relations qu'il entretient avec vous. Les exemples que j'ai cités plus haut sont transposables et vous permettront de développer des «campagnes» de façon plus percutante.

Le point le plus important à maîtriser, au-delà de la préparation, est la façon dont vous allez dérouler votre présentation. Vous devez susciter l'adhésion *par votre enthousiasme.*

LES POINTS-CLÉS À MÉMORISER

Votre stratégie d'entretien doit tenir compte de la situation du client. Vous pouvez utiliser trois plans d'entretiens adaptés à trois types de situations :

➤ *Le cas de la vente «ajustée» face à un client demandeur : les 4C*

- Contact.
- Connaître.
- Convaincre.
- Conclure.

➤ *Le cas de la vente «persuasive» face à un client non demandeur : PARADIS*

- Prendre contact.
- Analyser la situation.
- Rechercher la faille.
- Accentuer la faille.
- Dévoiler la solution.
- Inciter à la décision.
- Sécuriser.

➤ *Le cas de la vente répétitive : le CEPAC*

- Contexte du client.
- Éveiller l'intérêt.
- Présenter l'offre.
- Appuyer sur les avantages-clés.
- Conclure par une alternative.

À VOUS DE JOUER !

Nous avons vu dans cette case trois plans d'entretiens adaptés à trois types de vente différents. Une autre méthode, «la gestion des points d'accord», est développée dans la case «Influencer ses interlocuteurs». Si vous le jugez utile, cette méthode vous permettra d'établir un plan d'entretien «sur-mesure» en fonction des caractéristiques de votre produit et de celles des produits de vos concurrents.

SI VOUS TRAVAILLEZ SEUL

➤ *Pour rester dans la course*

1. Concentrez vous sur le respect des étapes. Analysez vos derniers entretiens afin de voir si les quatre grandes étapes décrites dans les 4C ont toujours été respectées. Si ce ne fut

pas toujours le cas, travaillez dans un premier temps à la mise en œuvre de ce plan de vente.
2. Soignez votre prise de contact Que dites-vous dans les premiers moments de vos entretiens ? Il est important de bien maîtriser ce moment où le client est en train de se forger sa première impression. Il est judicieux de préparer plusieurs façons de se présenter en fonction des caractéristiques de vos clients.

➤ *Pour faire la différence par rapport à vos concurrents*

Le plan de vente PARADIS vous conduira sur les terres de vos concurrents. Il vous permettra en tout cas de conduire des entretiens en terrain conquis.
Pour réussir à le mettre en œuvre :
1. Listez les failles de vos principaux concurrents.
2. Préparez les arguments différentiels qui vous permettront de valoriser votre offre par rapport aux solutions existantes.
3. Préparez les questions qui permettront de mettre en lumière les insatisfactions présumées chez vos prospects, et ainsi de ouvrir la route au développement des arguments préparés.

SI VOUS ÊTES MANAGER D'UNE ÉQUIPE DE VENTE

À vous de déterminer quelle est la situation la plus souvent rencontrée par vos vendeurs et de leur rappeler les étapes essentielles à respecter.

➤ *Si vous êtes concerné par les 4C et PARADIS*

Travaillez dans un premier temps sur la première phase initiale des entretiens, c'est-à-dire sur la prise de contact. Selon le temps dont vous disposez vous pouvez :
- soit travailler sur les trois points de passage de la phase contact qui sont développés dans la présentation des 4C ;
- soit aller encore plus dans le détail de cette étape en vous inspirant des idées complémentaires développées dans la case «Cimenter la relation».

Un autre exercice intéressant peut être fait à l'occasion d'un travail en équipe. Il s'agira de se concentrer sur les trois phases les plus délicates de PARADIS, c'est-à-dire sur ARA.
Vous pouvez entraîner votre équipe de la façon suivante :
1. Chacun prend l'exemple d'un prospect qu'il projette de visiter prochainement.
2. Vous remettez un exemplaire vierge de la fiche présentée ci-contre en la commentant.
3. Chacun utilise la fiche en préparant l'exemple précédemment cité.
4. Une fois la préparation effectuée, vous pouvez au choix :
   - proposer à chacun d'exposer le résultat de ses travaux au reste du groupe ;

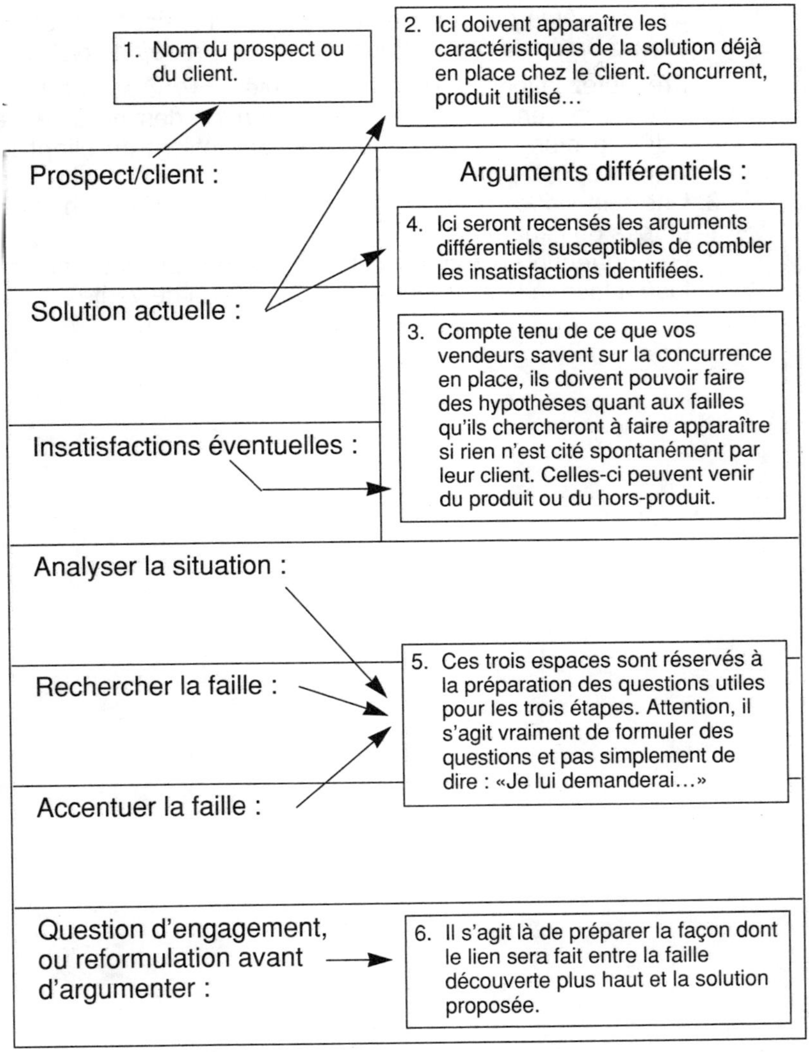

– répartir les participants en binômes pour qu'ils s'entraînent à la mise en œuvre, chacun jouant le rôle du client à tour de rôle.

Si vous constatez que les participants ont des difficultés à formaliser les questions, alors proposez une pause dans l'exercice et travaillez sur les questions grâce aux apports que vous trouverez dans la case qui traite du diagnostic.

➤ *Si vous êtes plus concerné par la vente répétitive, ou si vous devez organiser une campagne sur un produit en particulier*

1. Présentez la logique de plan de vente CEPAC aux participants.
2. Poursuivez ensuite par un *brainstorming* destiné à rechercher l'idée la plus originale pour éveiller l'intérêt du client lors de votre prochaine campagne.
3. Une fois l'idée identifiée, formalisez avec le groupe les autres étapes de l'entretien.
4. La séquence de travail se terminera par un entraînement, en face à face, à la mise en œuvre de ce plan de vente.

CHAPITRE 3

Préparer sa vente par un bon diagnostic

- Recenser les informations nécessaires à un bon diagnostic.
- Établir un diagnostic comparatif.
- Maîtriser les techniques de questionnement.

Cimenter la relation	Adapter sa stratégie d'entretien	**Préparer sa vente par un bon diagnostic**
Désamorcer les litiges	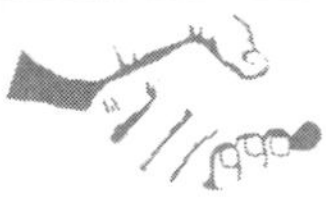	Influencer ses interlocuteurs
Booster la conclusion	Vendre son prix	Surmonter les objections

Les questions font vendre !

Vous avez sans doute déjà vécu des situations semblables à l'exemple suivant :

> «Il y a quelque temps, je décidai avec l'un de mes amis de reprendre une activité sportive régulière. Compte tenu de nos emplois du temps respectifs, une séance de vélo hebdomadaire nous sembla le challenge le plus réaliste à relever. Une fois la décision prise, il ne restait plus qu'une chose à faire, acheter un vélo !
> Comme beaucoup de Parisiens qui prennent ce genre de décision, je me rendis donc assez spontanément chez un grand spécialiste des articles de sport, Decasport. À l'époque, mes connaissances techniques en la matière étaient proches de zéro, et je fus plutôt surpris par la multitude de vélos différents qui composent le rayon cycles de ce magasin.
> Je décidai donc assez rapidement de demander à un vendeur de me conseiller. Celui-ci me posa plusieurs questions.
> La première d'entre elles fut plutôt sympathique puisqu'elle consista à me demander si je comptais faire de la compétition ! Je lui répondis "non" en riant, mais lorsqu'on connaît la force des compliments dans les démarches de séduction, voilà des compliments indirects bien amenés...
> Bien entendu, il ne se contenta pas de cette question, et les suivantes portèrent sur le type de modèle (VTT ou vélo de course), l'usage prévu (détente ou intensif), le niveau d'équipement, et enfin le budget envisagé. Au terme de cette étape, le vendeur me présenta un vélo qui correspondait assez bien à mes critères de choix.
> Toutes les conditions étaient réunies pour que j'achète le vélo en question, mais je préférai quand même différer mon achat de quelques jours pour en discuter avec mon futur adversaire et m'assurer qu'il était disposé à acheter le même modèle. En effet, il était évident que nos séances se termineraient inévitablement par des défis acharnés dont les résultats ne devraient en aucun cas être remis en cause par des différences de matériel...
> Je quittai donc ce brillant vendeur, et sur le chemin du retour, je décidai de me rendre chez un marchand de vélos, situé juste à côté de chez moi, pour comparer. Rien à voir avec Decasport puisque la surface de sa boutique ne doit pas excéder 40 m^2. J'étais bien sûr convaincu d'avance que le choix serait moins important et que les prix seraient peut-être un peu plus élevés. Pourtant, assez curieusement, je commençai à recenser spontanément les arguments qui pourraient jouer en faveur de ce commerçant pour me convaincre de le choisir : la qualité du service après-vente, la proximité de mon domicile, les conseils d'un passionné, la personnalisation du contact...

> Je poussai donc la porte du magasin, et demandai au patron exactement la même chose qu'au vendeur de Decasport, à savoir quelques conseils pour acheter un vélo. Mon interlocuteur ne me posa qu'une seule et unique question !
> "Quel est votre budget ?" Je lui répondis, ce qui lui permit de me dire que pour ce budget il avait le modèle «X» à me proposer... Vous comprenez sans doute pourquoi j'ai acheté mon vélo chez Decasport...»

Dans un cas, le vendeur a semblé manifester un intérêt pour mes attentes, mes exigences et mes objectifs, et m'a présenté ensuite un produit qui y correspondait. Dans l'autre cas, rien n'a été fait pour me laisser penser que l'article proposé était conforme à ce que je recherchais. Son prix rentrait dans mon budget, un point c'est tout. Le pire est que le marchand de vélo a sans doute dit la chose suivante à sa femme en rentrant chez lui :

> «Avec les prix que pratique Décasport, comment veux-tu que je vende encore des vélos ? De toute façon les clients ne pensent qu'au prix !»

Beaucoup de vendeurs pensent que seul le prix fera la différence, car leurs concurrents proposent inévitablement des produits comparables. Il est vrai que beaucoup de produits ou de prestations de services peuvent se ressembler aux yeux du client. Il est donc impératif pour le vendeur d'apporter une valeur ajoutée pour pouvoir faire la différence. Une façon efficace de le faire est justement de démontrer à quel point les préoccupations du client sont prises en compte, et le produit proposé en parfaite adéquation avec ses exigences. Ceci passe inévitablement par le *diagnostic préalable à la présentation du produit.*

Pour vous convaincre, pensez aux médecins. Ils disposent bien tous des mêmes médicaments, de la même formation et des mêmes outils, et pourtant certains sont meilleurs que d'autres...

☞ ***La vente c'est pourtant simple, il suffit de demander à son client ce qu'il veut acheter, et le lui vendre !***

Demande exprimée et besoin réel sont parfois différents !

Exemple

> Vous avez lu dans votre revue financière préférée que les SICAV gérées sur les marchés asiatiques offraient de réelles perspectives de plus-values.

Après une étude attentive des performances de ce type de SICAV proposées par votre banque, vous décidez de placer une partie de votre héritage sur ce support.
Vous vous rendez à votre agence pour passer votre ordre d'achat et devant votre assurance, votre banquier ne vous pose pas de questions et *se contente de répondre à votre demande.*
Trois mois après, un krach sur les marchés asiatiques provoque une baisse de la valeur de votre SICAV. Cela tombe vraiment très mal, car vous aviez justement décidé de récupérer votre épargne pour financer votre résidence principale. Bien évidemment, vous êtes furieux de ne pas avoir été prévenu du risque inhérent à ce type de placement. Vous exprimez votre déception à votre banquier qui vous répond. «Mais, c'est vous qui avez choisi ce produit.» Bien entendu, cette réponse vous rend encore plus fou de rage. Vous considérez – à juste titre – que le banquier n'a pas joué son rôle de conseil, et il y a de grandes chances que vous changiez rapidement de banque.
En fait, vous êtes en train de reprocher à votre interlocuteur d'avoir fait le strict minimum, *c'est-à-dire d'avoir répondu à la demande sans remonter au pourquoi de la demande.*

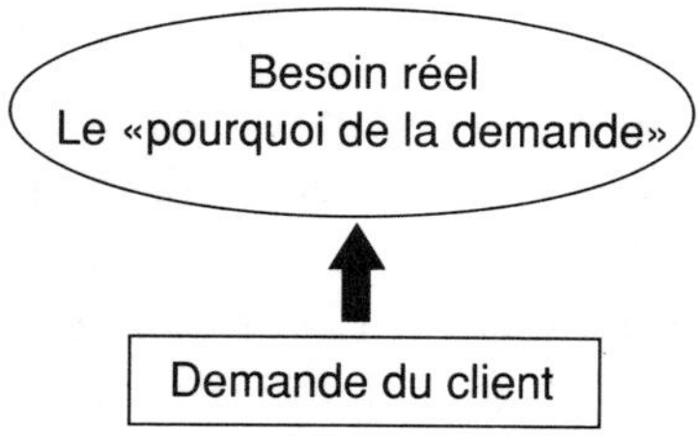

À la différence de la simple *prise de commande*, la vente vous impose d'aller au-delà de la simple réponse aux questions du client. Vous devez constamment chercher à remonter au «pourquoi» de la demande pour construire la meilleure proposition possible.

Concrètement, cette «obsession» vous permettra d'atteindre au moins *trois objectifs* :

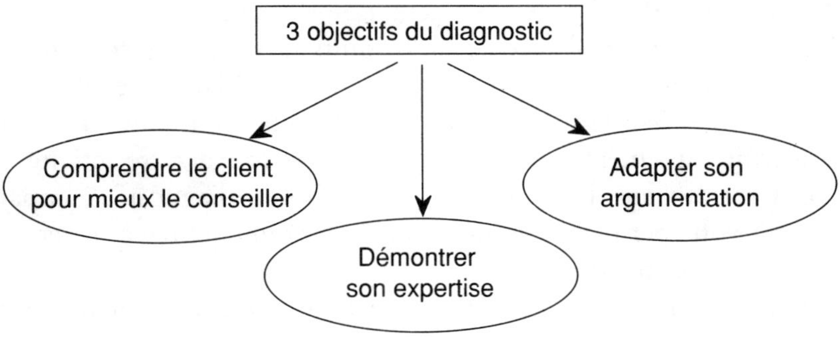

1. Comprendre le client pour mieux le conseiller

Si vous voulez fidéliser vos clients, il est important de leur vendre un produit ou un service qui leur soit réellement profitable. Or, comment orienter ou réorienter le choix d'un client sans connaître ses objectifs et les contraintes à respecter ? Dans l'exemple cité plus haut, le banquier aurait sans doute pu réorienter le choix de son client vers une SICAV moins risquée, s'il avait eu connaissance du projet immobilier de celui-ci.

2. Démontrer votre expertise

Prendre le temps de poser quelques questions précises et pertinentes avant de présenter votre solution vous permettra également de vous distinguer. Il vous est sans doute déjà arrivé de reconnaître la compétence d'un vendeur à la qualité des questions qu'il vous posait. Avant même qu'il commence à argumenter, vous saviez que vous aviez affaire à un expert digne de confiance. *En posant les bonnes questions, vous apportez déjà un conseil à votre client.*

3. Adapter votre argumentation

Il est évident qu'un argument qui fait mouche pour un client ne sera peut-être pas pertinent pour un autre. L'objectif du diagnostic est donc également d'identifier les motivations de votre client afin d'adapter la présentation de vos arguments. Vos arguments seront d'autant plus efficaces qu'ils sauront s'appuyer sur les véritables motivations et besoins du client.

☞ ***Vendre, c'est prendre le temps de remonter au «pourquoi» de la demande.***

Nous verrons dans ce chapitre deux points essentiels :

- Nous allons d'abord recenser les points qui doivent composer la «matière première» de votre proposition. Les thèmes à explorer qui figurent dans la première partie de ce chapitre vous aideront à vous construire un «mémo du bon diagnostic» adapté à votre activité.
- Nous verrons ensuite comment construire un diagnostic comparatif, qui vous permettra de préparer des argumentaires qui tiennent compte de la concurrence.
- Nous terminerons ce chapitre en examinant comment concrètement obtenir ces informations, c'est-à-dire comment manier les techniques de questionnement. Nous essaierons bien entendu de ne pas nous contenter de rappeler la différence entre les questions ouvertes et les questions fermées. Cette partie du chapitre sera également très utile pour mettre en œuvre avec succès les stratégies d'entretien à découvrir dans la case «Adapter sa stratégie d'entretien».

Recenser les informations nécessaires à un bon diagnostic

On se distingue très nettement par sa capacité à comprendre les spécificités du métier et/ou des objectifs du client. Pour pouvoir le faire il est indispensable de recenser l'ensemble des informations utiles.

Quelles sont les informations utiles que vous devez réunir pour être en mesure de faire une proposition la plus adaptée possible ? Je vous propose de sélectionner dans les idées qui suivent les points qui vous semblent les plus utiles et les plus transposables dans votre activité.

L'entreprise du client

➤ *L'entreprise et son environnement*

Plus, les questions seront précises, plus vous donnerez l'impression d'avoir bien préparé votre entretien. Il ne s'agit donc pas de découvrir le secteur d'activité mais de compléter ou préciser ses informations.

- L'évolution prévisible du secteur
- Les risques ou opportunités de ces évolutions
- Les incidences saisonnières
- La législation, les normes
- Le rôle et le poids des groupes de pression

➤ *La structure générale de l'entreprise*

- Les statuts juridiques
- Les liens avec un groupe – Actionnariat
- L'historique
- L'organisation de l'entreprise
- Le poids respectif des différentes activités
- L'effectif
- L'organigramme
- Les évolutions prévues dans l'organisation

➤ *Les clients*

- Les plus importants
- Les principaux secteurs d'activité visés
- L'évolution de ces secteurs, la modification des attentes et des comportements constatés

➤ *Les fournisseurs*

- La taille moyenne des projets
- Les fournisseurs principaux concurrents
- La politique d'achat
- Les modalités de référencement - Critères de choix

➤ *Les concurrents*

- La répartition des parts de marché
- Les forces et faiblesses des principaux concurrents

➤ *L'historique des relations*

- Les faits marquants de la dernière année
- La perception de notre société en interne
- Les alliés/adversaires

Le besoin du client

➤ *La solution actuelle*

Il est toujours intéressant de savoir de quelle façon fonctionnait votre client jusqu'à présent.

- Les aspects techniques

- L'appréciation des utilisateurs (Avantages et inconvénients)

➤ *La solution envisagée*

C'est bien entendu la partie centrale de votre enquête.

- Les raisons de l'évolution (pourquoi maintenant ?)
- Les objectifs poursuivis
- L'enjeu
- Le détail technique des fonctions attendues
- Le budget
- La consommation annuelle (notion de potentiel)
- Le moment d'achat (très important pour gérer efficacement votre temps)
- Le mode de financement

➤ *Les conditions de réussite*

Attentes particulières au-delà de la stricte réponse au cahier des charges.

- Les résultats attendus
- Les contraintes à respecter
- Les points d'appui
- Les suites à prévoir

La prise de décision

C'est un point primordial. Il ne faut pas hésiter à poser des questions sur ce registre.

➤ *Le contexte*

- Concurrents consultés (externes et internes)
- Mode de prise de décision
- Date prévue pour la prise de décision
- Niveau d'investissement prévu
- Mode de présentation de la proposition souhaitée
- Conseils pour remporter ce marché

➤ *Le groupe de décision*

Beaucoup de démarches échouent lorsque le groupe de décision est mal identifié. Il est impératif de «creuser», à partir des informations officielles délivrées par l'organigramme, pour découvrir les intervenants vraiment importants dans la mise en oeuvre de votre projet. Plus votre projet est complexe, plus le nombre de personnes qui participent à la décision finale est important. Pour les «grands comptes» il faut même prévoir plusieurs *signataires.*

Vous devez prendre garde à *bien distinguer les «rôles» des «fonctions».* Par exemple un acheteur qui n'assume que la «fonction» d'acheteur peut n'être chargé que des aspects administratifs des commandes, alors qu'une personne qui assume réellement un «rôle» d'acheteur sera beaucoup plus active dans la prise de décision.

☞ ***Les fonctions sont données par les organigrammes, pas les rôles !***

Il est important que vous mettiez des noms sur les différentes parties prenantes qui joueront un rôle dans la prise de décision. Sont recensés ci-dessous les principaux interlocuteurs que vous pourrez rencontrer selon la taille de votre projet.

L'interlocuteur principal	Vous devez faire preuve de tact pour identifier le réel pouvoir de décision de votre interlocuteur principal sans froisser sa susceptibilité. Il doit de toute façon devenir votre allié et toutes les informations susceptibles de vous aider à mieux le connaître seront utiles. Avec un peu d'habileté vous pourrez découvrir beaucoup de choses car les gens adorent parler d'eux. • Son ancienneté dans l'entreprise • Son parcours personnel (école, précédents postes) • Des exemples de belles opérations réalisées • L'effectif encadré • Le nom de sa secrétaire • Ses principaux interlocuteurs dans l'entreprise • Sa position dans l'organigramme • Ses habitudes d'achat • Ses critères de choix • Ses hobbies • Sa situation familiale (enfants...)
Les utilisateurs	Ce sont ceux qui auront à juger «sur le terrain» l'impact du produit ou du service. • Objectifs • Exigences particulières • Critères de choix • Poids dans la décision

L'acheteur	C'est par lui que vous devrez passer pour discuter des conditions de votre collaboration. Son rôle est très important, et il vous le fera savoir. Cependant, pour certains types de décisions il est possible qu'il ne soit pas le véritable décideur. • Son parcours • Sa politique de référencement • Ses habitudes d'achat • Ses exigences particulières • Ses critères de choix • Son poids dans la décision
Le décideur	Il est bien entendu incontournable. Plus votre projet est complexe et stratégique, plus le décideur est haut placé dans l'entreprise. Il est parfois difficile de le rencontrer. Vous devez pourtant tout faire pour obtenir un entretien avec lui, sans quoi vous ne pouvez vous assurer d'avoir réellement perçu ses critères de choix.
Les conseillers ou prescripteurs	Ce sont ceux qui influencent la prise de décision en suggérant des critères de sélection. On parlera de conseiller lorsque la personne en question fait partie de l'entreprise et de prescripteur lorsqu'elle n'en fait pas partie. • Ancienneté dans les relations • Objectifs personnels • Poids dans la décision • Critères de choix
Les «filtres»	Il s'agit de personnes qui peuvent donner un réel coup de frein ou un coup d'accélérateur à votre proposition sans apparaître officiellement comme partie prenante à la décision. C'est par exemple le cas de la secrétaire d'un membre du groupe de décision ou plus généralement de personnes qui exercent un pouvoir de contrôle sur les communications entre l'environnement et les membres du groupe de décision.

Quelles que soient les caractéristiques de votre métier, il est important d'identifier les membres du groupe de décision et essayer d'obtenir le plus d'information possible les concernant. Au-delà des idées citées ci-dessus, vous devez également évaluer l'opinion de chacun d'entre eux vis-à-vis de votre projet. Afin de matérialiser l'évaluation de façon claire, vous pouvez visualiser des feux tricolores :

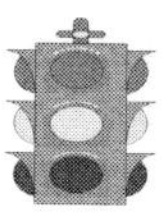

Si la personne en question est favorable à votre solution, elle est au «vert», si vous ne savez pas, elle est à «l'orange», si elle est défavorable, elle est au «rouge». Tant que vous n'avez pas fait passer l'ensemble des membres du groupe de décision au «vert», vous devez considérer que vous prenez un sérieux risque quant à l'issue de votre démarche.

La relation avec votre principal interlocuteur peut être excellente mais cacher une forêt d'opinions défavorables que vous devez connaître pour avoir une chance de les surmonter. *Pour garder cette préoccupation en tête, il est utile de formaliser le groupe de décision au travers d'un tableau simple* (voir page suivante).

Les motivations d'achat de l'interlocuteur

Nous avons fait l'inventaire des aspects environnementaux et techniques du besoin. Cela ne suffit pas ; il faut également comprendre comment réagit son interlocuteur, ce qui le fait bouger. La décision finale du client repose plus souvent sur du subjectif que sur du rationnel. C'est pour cette raison qu'il est important d'identifier ses principales *motivations*. Pour que ces motivations d'achat soient faciles à repérer, elles ont été résumées par un moyen mnémotechnique commode, le **SONCAS**[1], qui reprend six motivations principales :

- Sécurité
- Orgueil
- Nouveauté
- Confort
- Argent
- Sympathie

Les expressions de votre interlocuteur ou les questions qu'il formulera vous permettront d'identifier sa sensibilité.

➤ *S comme sécurité*

Le client souhaite avant tout réduire le risque ou l'incertitude lié à sa décision.

1. Le SONCAS est un outil très ancien. Il reste néanmoins utile pour repérer les principales motivations d'achat.

Noms	Rôles	Poids dans la décision (1 à 5)	Critères de choix	Motivations principales	Attitudes à notre égard	Actions envisagées pour «passer au vert»
					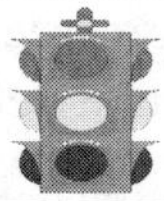	
					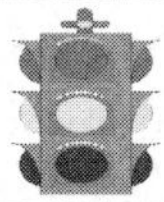	
					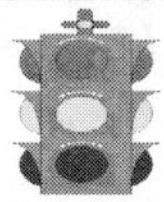	
					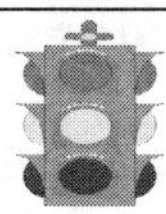	

Le groupe de décision

Exemples de réflexions révélatrices

- «Est-ce vraiment solide ?»
- «Vous êtes vraiment sûr qu'il résistera ?»
- «Quelles sont les garanties ?»
- «Que se passe-t-il en cas de problème ?»
- «Je vous l'ai dit, je ne peux pas me permettre de prendre de risque.»
- «Quelles sont vos références en la matière ?»

➤ *O comme orgueil*

Le client veut être valorisé par son achat. Il s'agit donc de lui montrer qu'il profite d'un traitement de faveur, ou que son achat lui permettra de bénéficier d'une meilleure image. Il faut être suffisamment habile pour satisfaire ce besoin de reconnaissance sans tomber dans la flagornerie. Cette valorisation peut intervenir soit directement, soit indirectement par la reconnaissance qu'il en tirera vis-à-vis de son entourage.

Exemples de réflexions révélatrices

- «Je ne prends que ce qui se fait de plus performant dans…»
- «Vous connaissez la réputation de notre entreprise...»
- «Qui chez vous s'occupe des grands comptes ?»
- «Je souhaite rencontrer un de vos meilleurs spécialistes...»

- «La culture de notre entreprise est tout à fait particulière et nous tenons à avoir des interlocuteurs à la hauteur...»

➤ *N comme nouveauté*

Les spécialistes du marketing connaissent bien ces consommateurs-leaders. Ce sont ces personnes qui sont intéressées par tout ce qui est nouveau, qui sont souvent les premiers utilisateurs des nouveaux produits ou services. Votre interlocuteur en fait-il partie ?

Exemples de réflexions révélatrices

- «J'ai lu dernièrement que...»
- «J'ai entendu parler d'un nouveau type de...»
- «Tout le monde sait que la tendance est d'aller vers...»

➤ *C comme confort*

La principale motivation est dans ce cas la tranquillité d'esprit, la facilité et la rapidité d'utilisation. Cette motivation peut concerner le produit ou le service que vous proposez et/ou même son *mode d'acquisition.*

Exemples de réflexions révélatrices

- «Cela m'a l'air bien compliqué !»
- «Je ne veux surtout pas perdre de temps avec...»
- «Je ne veux pas savoir comment ça marche...»
- «Est-ce suffisamment flexible pour s'adapter à nos outils actuels ?»

➤ *A comme argent*

Le retour sur investissement ou l'économie réalisée sont les principaux objectifs poursuivis. Le client vous parlera souvent de ce que cet achat va lui *coûter*. Rappelez-lui habilement ce qu'il va lui *rapporter*...

Exemples de réflexions révélatrices

- «C'est cher pour ce que c'est...»
- «Quels sont les frais de fonctionnement à prévoir ?»
- «Quelle remise pouvez-vous me faire ?»

➤ *S comme sympathie*

Le client fonctionne beaucoup à l'affectif. Le relationnel avec la société ou le commercial est primordial.

Exemples de réflexions révélatrices

- «La fidélité en affaires est une valeur importante.»
- «Moi, je suis Peugeot depuis trente ans.»
- «Je ne travaille qu'avec des gens à qui je peux vraiment faire confiance.»

☞ ***Quelle était la motivation principale de votre dernier prospect ?***

Une erreur à éviter : considérer le SONCAS comme un plan d'entretien

On peut constater que de nombreux vendeurs connaissent le SONCAS mais la majorité l'utilise très mal. En fait, il s'avère que beaucoup confondent SONCAS et plan d'entretien. Or, il ne s'agit absolument pas d'une trame d'entretien à suivre. L'objet est de nous aider à *repérer* quelle est la motivation principale de notre interlocuteur pour ensuite adapter l'argumentation.

C'est un outil qui doit vous permettre d'éliminer les argumentations standards pour adapter votre discours au cas par cas. Nous verrons dans la case relative à l'argumentation que la technique de l'argumentation structurée s'appuie largement sur le SONCAS.

Il est essentiel de personnaliser le SONCAS à votre activité. Vous y parviendrez en procédant de la façon suivante : il s'agit de recenser pour chaque motivation du SONCAS les attentes généralement exprimées par vos clients et les arguments que vous pouvez avancer pour y répondre. Un excellent travail préparatoire à l'argumentation structurée consiste d'ailleurs à remplir le tableau suivant :

Très concrètement, dans votre activité, à quoi peut être sensible un client centré sur la sécurité ? (pérennité du fournisseur, garanties, confidentialité...)

SONCAS	Attentes du client	Notre réponse
Sécurité		
Orgueil		
Nouveauté		
Confort		
Argent		
Sympathie		

Quels sont les points que vous pouvez mettre en avant pour satisfaire cette motivation.

Établir un diagnostic comparatif

Il s'agit de tirer profit des informations recueillies au fil de vos entretiens pour préparer un argumentaire ou une stratégie d'entretien *en tenant compte de la concurrence.* Ceci est particulièrement adapté pour les *ventes complexes* ou pour les *ventes ciblées sur un marché donné.* Ainsi, cette démarche sera utile si vous décidez de faire une action de prospection sur une cible de clientèle bien identifiée et chez laquelle vous pensez pouvoir rencontrer des attentes et des critères de choix comparables.

Dans ce cas, le diagnostic comparatif vous permettra notamment d'atteindre *trois objectifs* :

1. *anticiper les principales objections* et préparer avant l'entretien les réponses adaptée ;
2. prendre davantage conscience de vos principaux points forts à valoriser ;
3. préparer une stratégie d'entretien pour convaincre votre interlocuteur que votre solution est meilleure que celle de la concurrence.

➤ *La démarche à suivre*

Cette démarche peut être développée dans de très nombreux secteurs d'activité, que ce soit dans la vente de produits ou de services. Afin d'illustrer sa présentation par un exemple, nous avons retenu le cas de la vente de copieurs chez une clientèle de buralistes[1].

Produit : copieur «XYZ»
Marché cible : buralistes de la région parisienne
Concurrent : «Copitout»
1. Il convient tout d'abord de se centrer sur vos clients, et de *lister les critères de choix généralement constatés.* Votre connaissance du secteur cible doit vous aider à les recenser : le prix, les délais de paiement et de livraison, la fiabilité, le service après-vente, les performances...

1. Il ne s'agit là que d'une illustration de la démarche. Si vous vendez des copieurs, je ne saurais trop vous conseiller de vérifier les hypothèses retenues dans cet exemple.

Critères de choix du segment de clientèle ciblé						
Prix						
Bruit						
Formats de papier						
Rapidité						
Qualité de la copie						
Service après-vente						

2. Il s'agit ensuite de mesurer le degré d'importance de chaque critère dans la prise de décision de cette catégorie de client. Pour simplifier la démarche, cinq niveaux d'importance seront définis :
– très important (TI),
– important (I),
– moyennement important (MI),
– peu important (PI),
– sans importance (SI).

Un rond (O) symbolisera sur la grille d'analyse le niveau d'importance affecté à chaque critère de choix par le client.

Critères de choix du segment de clientèle ciblé	TI	I	MI	PI	SI	
Prix		O				
Bruit		O				
Formats de papier			O			
Rapidité					O	
Qualité de la copie			O			
Service après-vente		O				

3. La troisième étape consiste à positionner la qualité des réponses apportées par votre produit et par le produit concurrent par rapport aux critères de choix du client. La mesure de cette réponse ira de 1 à 5 :
– réponse très satisfaisante 5
– réponse satisfaisante 4
– réponse moyenne 3
– réponse peu satisfaisante 2
– réponse insuffisante 1
Un carré (❐) permettra de repérer ce niveau de satisfaction apporté par le concurrent sur la grille.
Un triangle (Δ) représentera votre position sur la grille.

Critères de choix du segment de clientèle ciblé	TI — 5	I — 4	MI — 3	PI — 2	SI — 1	
Prix	Δ	O	❐			
Bruit		O	Δ	❐		
Formats de papier			O	❐	Δ	
Rapidité	Δ		❐		O	
Qualité de la copie	❐	Δ	O			
Service après-vente	❐	O	Δ			

4. La dernière étape est la plus importante car elle consiste à tirer les leçons des positions constatées. En effet, sur chaque critère, vous pouvez visualiser d'un coup d'oeil votre position par rapport aux principales attentes de cette catégorie de clients et tenir compte de la position de votre principal concurrent. Six principales positions peuvent être constatées. Les stratégies qu'elles impliquent sont décrites dans les lignes qui suivent.

Critères de choix du segment de clientèle ciblé	TI	I	MI	PI	SI	Stratégies
Prix	Δ	O	❒			Argumentation absolue
Bruit		O	Δ	❒		Argumentation relative
Formats de papier			O	❒	Δ	Zoom arrière
Rapidité	Δ		❒		O	Prévenir le risque de sur-qualité
Qualité de la copie	❒	Δ	O			Créer le doute sur la sur-qualité
Service après-vente	❒	O	Δ			Relativiser le critère de choix

- **Première position : Δ O ❒**

Constat : mon offre se situe au-delà des attentes exprimées par le client, et le concurrent se situe en dessous du niveau exigé.

Stratégie : argumentation différentielle absolue.

C'est la position idéale. Il s'agit d'un point fort très important. Il faut absolument valoriser cet avantage discriminant apporté par notre offre («nous sommes les meilleurs sur ce point et c'est important car...»).
Dans l'exemple, l'attente est considérée comme très importante. Si elle était plus faible, la stratégie consisterait d'abord à rendre ce critère de choix plus important pour profiter davantage de cet atout.

- **Deuxième position** : O Δ ❒

Constat : mon offre est en dessous de la demande mais plus proche que ce que la concurrence propose.

Stratégie : argumentation relative.

Il va falloir que je profite pleinement de cet avantage[1] en «creusant l'écart» avec le concurrent ; je dois insister sur le fait que notre offre apporte un plus de ce point de vue à celle des concurrents.

1. Sur certains points, il est évident que l'attente du client n'est jamais satisfaite à 100 %, notamment sur le prix.

- **Troisième position** : O ❒ Δ

Constat : mon offre ne répond pas assez au besoin du client et est moins performante que celle de mon concurrent sur ce point.

Stratégie : zoom arrière.

Il s'agit la d'une objection importante à anticiper.

La technique du zoom arrière sera utile. Elle consiste à faire un «plan large» sur votre offre, en en rappelant tous les autres avantages afin de compenser le point mis en évidence par le client. Il conviendra donc d'anticiper cet obstacle, et de se préparer à le relativiser par le rappel d'autres points qui sont en notre faveur.

- **Quatrième position** : Δ ❒ O

Constat : les deux offres se situent au-delà de la demande. Mon offre est tout de même supérieure à celle de la concurrence.

Stratégie : prévenir le risque de sur-qualité.

Il faut bien entendu profiter de cet avantage concurrentiel en valorisant la différence mais il faut faire attention à la contre-attaque. En effet, une des missions des acheteurs est de faire attention à ne pas acheter des produits ou des fonctions superflus. S'il n'y pense pas lui-même un concurrent habile pourrait très bien le lui rappeler...

Une bonne préparation consiste donc à se poser – au moins – les deux questions suivantes :

– Comment valoriser cet avantage concurrentiel ?

– Que répondre si mon interlocuteur me dit que sur ce point mon offre est disproportionnée ?

- **Cinquième position** : ❒ Δ O

Constat : mon produit répond au besoin du client mais est moins performant que celui de mon concurrent.

Stratégie : créer le doute sur la sur-qualité.

En effet, l'offre, bien que se situant en dessous de l'offre concurrente, est plus proche de l'attente du client.

La stratégie consistera donc à mettre l'accent sur l'adaptation de notre offre («dans ce domaine, il suffit de....»), et si nécessaire à créer le doute sur la nécessité d'investir dans un tel degré de perfectionnement («pensez-vous vraiment que ce soit utile... ?»).

- **Sixième position** : ❒ O Δ

Constat : mon offre ne répond pas assez au besoin du client et celle de mon concurrent va au-delà.

Stratégie : relativiser le critère de choix.

C'est vrai que c'est la pire des situations, mais c'est parce qu'elles existent que les sociétés ont vraiment besoin de vendeurs.

Deux possibilités s'offrent à vous :
– soit relativiser par d'autres points forts en utilisant la technique du zoom arrière ;
– soit relativiser le critère de choix pour minimiser l'avantage différentiel de la concurrence («pensez-vous qu'il soit aussi essentiel que.. ?»).
Les six positions vues ci-dessus et les stratégies proposées ne sont évidemment pas exhaustives. Vous en découvrirez d'autres si vous réalisez ce travail dans votre environnement.

➤ *Quand utiliser le diagnostic comparatif avec profit ?*

L'investissement en temps sera justifié s'il s'agit d'une démarche de vente vers un marché cible suffisamment important. Ce travail serait par contre disproportionné pour des actions de vente engagées vers des clients très différents les uns des autres. Cet outil est davantage mis à profit s'il est construit à plusieurs, lors d'une réunion commerciale par exemple.

Le diagnostic comparatif vous permettra également de *préparer une stratégie d'entretien*, notamment celle qui consiste à *gérer les points d'accord*[1]. Vous identifierez à partir de la grille les points dont vous devez convaincre votre client avant d'espérer obtenir son accord final. Il s'agira par exemple de «vendre» en amont l'importance ou le manque d'importance de tel ou tel critère avant même d'évoquer les caractéristiques de votre offre.

Une erreur à éviter : tomber dans le piège de l'argumentation standard

La grille de diagnostic comparatif est un *outil de préparation* de vos actions de vente qui tient compte de la concurrence. Elle doit vous permettre d'anticiper les obstacles que vous risquez de rencontrer régulièrement et de préparer des réponses adéquates pour ne pas être surpris. Cela ne veut pas dire pour autant que votre prochain interlocuteur affectera exactement les mêmes valeurs aux critères de choix généralement rencontrés. Il faut absolument valider ces points au cas par cas pour ne pas risquer d'être décalé. Ceci doit être fait en début d'entretien, dans la phase de découverte.

1. Cette tactique est développée dans la case «Influencer ses interlocuteurs».

Nous venons de voir ce qu'un diagnostic de qualité devrait pouvoir nous permettre d'obtenir comme informations. Après nous être concentré sur la «matière», nous allons maintenant nous pencher sur la «manière» d'obtenir ces informations, par la maîtrise des *techniques de questionnement.*

Maîtriser les techniques de questionnement

Avez-vous vu le film, «Le Péril Jeune» ? Si ce n'est pas le cas, l'explication se trouve peut-être en partie dans les lignes qui suivent.

> Un film, comme un produit, doit être vendu avec efficacité si l'on veut attirer du monde dans les salles. Un des moyens de promotion traditionnels est le passage à la «grande messe du vingt heures». Il ne s'agit peut-être pas d'une action de vente au sens où on l'entend habituellement, mais ce passage télévisé influence la décision de milliers de personnes : aller ou de ne pas aller voir le film en question.
> Le réalisateur du film «Le Péril Jeune» est passé au journal de vingt heures dans les mêmes circonstances, et avec le même objectif.
> Plutôt que de procéder à une interview traditionnelle, le journaliste annonça la diffusion d'une séquence tournée l'après-midi-même. En fait, le réalisateur s'était vu proposer d'interviewer lui-même des personnes qui venaient de voir son film et qui bien sûr étaient parfaitement représentatives de la cible, à savoir des gens censés avoir eu l'âge des acteurs à l'époque décrite par le film[1].
> Quand on connaît la brièveté des sujets diffusés pendant les journaux télévisés, il faut s'attendre à ce que l'entretien ne dure pas plus d'une minute trente. De la qualité de la réponse des gens interviewés dépendait donc une grande partie des futures entrées.
> Voila, mot pour mot, la question qui fut posée par le réalisateur :
> – Bien, vous avez vu mon film cet après-midi. Avez-vous retrouvé des moments que vous avez vécus à l'époque, ou pas tellement ?
> Bien entendu, la réponse fut conforme à ce que sous-entendait la question :
> – Non, pas tellement !...
> Devant l'embarras du réalisateur, certains interviewés cherchèrent à rétablir la situation mais le mal était fait, les zappeurs avaient déjà «frappé» ...

1. Ce film décrit la vie de jeunes gens pendant les années 1970.

Encore un exemple qui démontre que le hasard en matière de persuasion fait rarement bien les choses... Au contraire, lorsque vos questions n'ont pas pour unique but de recueillir de l'information, et qu'elles doivent également vous aider à guider l'entretien, il est plus judicieux de procéder de la façon suivante :

- Première étape : intéressez-vous vraiment à votre client pour déterminer ce dont il a réellement besoin.
- Deuxième étape : demandez-vous ce que vous voudriez pouvoir dire, ou avancer comme argument, pour le convaincre de retenir votre solution.
- Troisième étape : demandez-vous ce que votre client devrait dire pour vous permettre d'avancer cet argument.
- Quatrième étape : posez la question qui le lui fera dire.

En France, nous avons trop souvent l'habitude d'affirmer les choses. Même si au moment de l'argumentation il faut parfois se montrer très affirmatif pour persuader, il est très utile de manier avec efficacité les techniques de questionnement, car tout ce qui est dit par votre client «compte double».

Pour varier les plaisirs et manier avec efficacité les différents types de questions, nous allons les aborder avec l'aide du GUIDE :

- Gagner l'adhésion en utilisant des questions-déclic.
- Utiliser des faits avec des questions factuelles.
- Impliquer le client par des questions-vérité.
- Déjouer les pièges grâce aux questions en retour.
- Encourager les choix avec des questions-options.

Il ne s'agit pas d'un guide d'entretien, mais plutôt d'un moyen mnémotechnique pour *vous souvenir des objectifs poursuivis par les techniques de questionnement.*

Gagner l'adhésion en utilisant des questions-déclic

Les questions-déclic sont, comme leur nom l'indique, des questions qui doivent provoquer un déclic de la part du client. Ce sont des *questions fermées*[1] qui doivent vous permettre d'obtenir des «oui». Ce point est très important, et doit être pratiqué avec habileté *tout au long de l'entretien* avec des objectifs parfois différents.

1. Les questions fermées sont des questions auxquelles il est possible de répondre par «oui» ou par «non». Elles commencent toujours par un verbe.

➤ *Au début de l'entretien pour créer un climat positif et éveiller l'intérêt*

> *Imaginez un entretien qui démarre de la façon suivante* :
> *Vendeur* : «Connaissez-vous notre société ?»
> *Client* : «Non.»
> *Vendeur* : «Je vous ai envoyé une documentation il y a maintenant deux semaines. Est-ce que vous l'avez lue ?»
> *Client* : «Non.»
> *Vendeur* : «Mon collègue, Monsieur Dupont, vous avait téléphoné pour prendre un premier contact il y a 3 mois, vous vous souvenez de cet appel ?»
> *Client* : «Non.»

Vous conviendrez qu'il y a des façons plus agréables de débuter un entretien de vente. Si vous posez des questions-déclic en début d'entretien, elles doivent absolument vous permettre de rebondir sur un point positif. Ceci est important à la fois pour mettre en place une «dynamique» positive, mais également pour éveiller l'intérêt du client sur la suite de l'entretien (notamment dans le cas de la prospection téléphonique).

Exemple

> *Chargé de clientèle du secteur bancaire* :
> *Chargé de clientèle* : «Monsieur Dupond, vous êtes bien le directeur financier ?»
> *Client* : «Oui.»
> *Chargé de clientèle* : «À ce titre, vous êtes donc bien en charge des relations avec les banques, n'est-ce pas ?»
> *Client* : «Oui.»
> *Chargé de clientèle* : «Est-ce que vos banques vous font gagner de l'argent ?[1]»

1. Quelle que soit la réponse à cette question, elle permettra de rebondir sur la prise de rendez-vous.
Si la réponse est «non», le chargé d'affaire pourra annoncer : «C'est justement la raison pour laquelle je souhaite vous rencontrer car je suis persuadé que nous avons les moyens de vous faire bénéficier de notre expertise dans votre secteur d'activité.»
Si la réponse est «oui», il pourra enchaîner par la stratégie de questionnement articulée autour des trois étapes-clés de *PARADIS*, c'est-à-dire ARA, vues dans la case «Adapter sa stratégie d'entretien», pour générer une autre opportunité.

➤ *Pendant l'entretien pour préparer le terrain à l'argumentation*

Juste avant d'énoncer vos arguments, prenez soin de valider leur pertinence à l'aide d'une question-déclic pour ne pas être pris à contre-pied. En effet il est risqué d'argumenter sans valider préalablement l'intérêt d'un argument.

Exemple

> *Vendeur de voiture trop pressé*
> *Vendeur* : «Vous verrez, cette voiture est très puissante et permet d'avaler de longs trajets très rapidement.»
> *Client* : «Ce n'est pas vraiment ce que j'attends d'une deuxième voiture destinée à ne circuler que dans Paris !»
>
> *Vendeur de produits phytosanitaires* :
> *Vendeur* : «Est-ce que vous attachez de l'importance à la polyvalence des insecticides ?»
> *Agriculteur* : «Bien sûr !»
> *Vendeur* : «Pour quelle raison ?»
> *Agriculteur* : «Eh bien parce que cela me permet de gérer les stocks plus facilement.»
> *Vendeur* : «Eh bien ce produit est justement le plus polyvalent du marché. Il détient d'ailleurs 128 homologations. Ainsi, avec un seul produit, vous êtes assuré de combattre efficacement tous les insectes. Est-ce que cela répond bien à votre objectif ?»

En procédant ainsi, ce vendeur de produits phytosanitaires ne prend pas le risque d'argumenter sur un point sans intérêt pour son client. Par ailleurs, il augmente considérablement l'impact de son message car *il instaure un dialogue*.

➤ *Après chaque argument pour obtenir un «accusé de réception»*

Pensez à votre dernier entretien de vente. Vous vous souvenez sans doute des arguments que vous avez développés. Êtes-vous certain d'avoir fait valider la réception et la compréhension de ces arguments par votre client tout au long de l'entretien ?

À l'occasion d'accompagnement de vendeurs sur le terrain pour préparer des séminaires commerciaux, on constate que *beaucoup ne valident pas leurs arguments* et se contentent de les énoncer. Ils se privent ainsi de la force de la cohérence et prennent le risque d'apprendre plus tard dans l'entretien que leurs arguments n'ont pas eu l'effet escompté. Pourtant, poser une question de contrôle n'est vraiment pas compliqué. Il s'agit d'un réflexe à développer.

Questions de contrôle d'un négociateur immobilier :
- «Avez-vous bien perçu l'intérêt de cet emplacement ?»
- «Le nombre d'emplacements de parking est-il bien suffisant ?»
- «Est-ce que ce niveau de prestation correspond aux exigences de votre métier ?»
- «Ai-je été assez complet dans mes explications ?»

En résumé, générer l'adhésion par des questions-déclic vous permettra :
– de créer un climat favorable en début d'entretien ;
– de créer un dialogue en faisant réagir votre client en évitant le monologue soporifique du vendeur ;
– de vérifier l'adhésion de votre interlocuteur ;
– d'engager votre interlocuteur dans une logique positive favorable à votre démarche.

Deux erreurs à éviter

1. «Tendre la perche pour se faire battre» en posant des questions fermées qui génèrent des réponses négatives sur lesquelles il sera difficile de rebondir.
2. N'utiliser que ce type de questions qui, par définition, apportent peu d'informations, et limitent les possibilités de réponses pour le client.

Utiliser des faits en posant des questions factuelles

Les questions factuelles sont des *questions ouvertes*. À la différence des questions fermées, les questions ouvertes vont permettre d'obtenir une masse d'information importante. Elles vous aideront à rassembler les informations indispensables à un diagnostic de qualité.

➤ *Les questions factuelles permettent d'obtenir la «matière première» pour construire votre offre*

Elles commencent souvent par des adverbes ou des pronoms interrogatifs (C. Q. Q. C. O. Q. P)

Exemples

Commercial d'une SSII
- «*Comment* votre Département R&D est-il organisé ?»
- «*Qui* est responsable de cette activité ?»
- «*Quel* est le pourcentage régie/forfait ?»
- «*Combien* de sous-traitants travaillent avec ce département ?»
- «*Où* devra être effectuée cette mission ?»
- «*Quand* devra être livré le prototype ?»
- «*Pourquoi* avez-vous fait évoluer ce projet vers une technologie si pointue ?»

➤ *Les questions factuelles permettent d'obtenir des précisions*

Il est indispensable de ne pas rester dans le vague.

«Depuis longtemps, j'ai constaté un certain nombre de problèmes, plus ou moins importants, et comme j'utilise beaucoup ces services…

Attention, nous avons tendance à confondre les faits et les opinions. Le client considère parfois ses opinions comme des faits. C'est à nous de faire la différence. Se contenter d'approximations, c'est bâtir sur du sable.

Il ne faut surtout pas hésiter à demander des précisions, même sur des points de détail, si vous pensez que cela est nécessaire.

Exemples

- «Quels sont les problèmes que vous avez constatés ?»
- «Que s'est-il passé exactement ?»
- «Quels sont les services que vous utilisez ?»

➤ *Les questions factuelles permettent de démontrer son expertise*

En posant des questions factuelles, précises et pertinentes, vous pouvez démontrer que vous maîtrisez parfaitement votre sujet. C'est donc également une façon de vous démarquer de la concurrence.

- «J'ai lu dans votre rapport annuel que vous aviez vendu votre filiale de Marseille. Quelles sont pour votre département les conséquences de cette cession ?»
- «Comment comptez-vous adapter les premières versions aux nouveaux impératifs de la norme européenne ?»

➤ *Pour vous assurer que vous avez recensé toutes les informations factuelles utiles, utilisez la «voiture balai»*

Il vous est peut-être déjà arrivé de présenter votre offre et d'entendre votre client vous dire que malheureusement elle n'était pas adaptée en raison de telle ou telle particularité. Bien entendu, si vous aviez connu cette particularité quelques secondes auparavant, votre présentation aurait été différente. Mais voila, une fois engagé dans une direction, il est très difficile de faire marche arrière.

Exemple

> Lors d'un accompagnement terrain préalable à un stage de vente, j'ai eu l'occasion d'assister à un entretien de prospection très intéressant. Il s'agissait pour le chef de publicité d'un groupe de presse économique, de convaincre un annonceur, en l'occurrence une banque anglo-saxonne, d'introduire son titre dans le prochain plan média. L'entretien démarra difficilement. Le directeur de la communication qui nous recevait était plutôt sec. Très rapidement, notre interlocuteur nous déclara qu'il connaissait bien le titre mais qu'il ne le lisait plus depuis très longtemps, car des titres bien plus percutants étaient apparus sur le marché...
> Sans se démonter, le chef de publicité utilisa la stratégie d'entretien PARADIS[1] et réussit à créer un intérêt. Le banquier devint d'un seul coup plus sympathique, posa des questions sur la maquette, l'équipe rédactionnelle, etc.
> Soudain, le directeur de la communication demanda : «Parlez-moi de votre lectorat.» Dans ce secteur d'activité, le lectorat est évidemment le point essentiel de l'argumentation.
> Le contraste entre le difficile début d'entretien et l'intérêt ensuite manifesté par le prospect était tel que le chef de publicité n'hésita pas une seconde et commença à décrire les caractéristiques du lectorat de son titre.
> *Chef de publicité* : «Notre lectorat se compose à 40 % de cadres supérieurs mariés, disposant d'un revenu annuel brut de 350 KF et plus.»
> *Directeur de la communication* : «Je suis vraiment désolé. Je ne vous ai pas tout dit, il vient d'y avoir une modification importante dans notre politique de communication. À partir de maintenant, nous privilégions notre activité crédit. Il ne s'agit donc plus pour nous de conquérir des clients à fort potentiel d'épargne, mais plutôt des futurs acquéreurs de résidences principales. Les jeunes couples qui s'installent sont donc davantage dans notre cible...

1. Développée dans la case «Adapter sa stratégie d'entretien».

Évidemment, il était alors très difficile pour le chef de publicité de présenter son lectorat sous un angle différent. Pour l'anecdote, il s'agissait la d'un excellent chef de publicité et pas du tout d'un débutant.

La «*voiture-balai*» vous permettra de réduire les risques de vous heurter à ce genre de situation. Il s'agit de la dernière question factuelle à poser avant de passer à la suite de l'entretien. Elle peut être formulée de différentes façons :

Exemples

- «Vous m'avez donné beaucoup d'informations qui vont me permettre de vous faire une proposition adaptée et je vous en remercie. Y a-t-il encore un point important que je devrais connaître et que nous n'avons pas abordé ?»

Ou avec un peu d'humour :

- «Quelle question importante ai-je oublié de vous poser ?»

En résumé, utiliser des faits en posant des questions factuelles vous permettra :

- d'obtenir les éléments nécessaires à la construction d'une proposition technique adaptée ;
- de marquer votre professionnalisme par la pertinence de vos questions ;
- de recenser les éléments factuels, donc incontestables, qui seront utiles pour générer un consensus sur les points essentiels.

Impliquer le client par les questions-vérité

Les questions-vérité sont généralement des *questions ouvertes*. Elles ont pour objectif d'amener son interlocuteur à prendre position. Chaque fois qu'il s'implique, votre client vous donne la possibilité de découvrir sa personnalité, ses motivations et donc de préparer une argumentation sur mesure. Ces questions-vérité sont beaucoup moins «neutres» que les questions factuelles.

➤ *Les questions-vérité permettent de découvrir les motivations du client et ses opinions*

Une étude faite dans le domaine industriel affirme que les décisions d'achat se font à 70 % sur des critères subjectifs, et à 30 % seulement sur des critères objectifs. Il est donc important, au-delà des faits, de bien comprendre quelles sont les motivations du client. Les questions doivent vous permettre d'obtenir des informations très importantes pour construire votre offre. Il s'agit de savoir ce que pense votre interlocuteur, ce qu'il souhaite obtenir, ou la façon dont il choisira.

> Il y a plusieurs années, alors que je débutais dans la fonction commerciale, j'eus la chance de participer à un entretien de vente très instructif. Je travaillais à l'époque dans une importante société de gestion financière. L'entretien en question se déroula avec la direction financière d'un grand constructeur automobile qui venait de lancer un appel d'offres pour créer et gérer un fond commun de placement d'un montant initial de 400 MF. Au total, dix sociétés furent contactées pour participer à l'appel d'offres.
> En fait, c'est le responsable de la gestion de portefeuille qui mena l'entretien. Celui dura plus d'une heure et alors que tout semblait avoir été dit, mon patron de l'époque posa la question-vérité suivante : «Vous nous avez dit que dix organismes de gestion sont consultés, quels seront donc vos critères de choix ?»
> La réponse fut très claire. Notre interlocuteur principal nous cita six critères, et ce fut son assistante, sous forme de boutade, qui nous rappela le septième qui était le niveau des commissions. Assez curieusement, la plupart de ces critères n'avaient pas été clairement exprimés auparavant. Sans cette question, notre proposition n'aurait sans doute pas été aussi bien adaptée. Pour l'anecdote, nous avons remporté ce contrat et je suis certain que la clé du succès réside dans cette question apparemment anodine.

Quels seront vos critères de choix ? Voila un premier exemple de question-vérité. Celle-ci devrait quasiment être obligatoire dès lors que vous êtes en concurrence. Elle vous permet non seulement de découvrir des informations fondamentales, *mais aussi de renverser la pression*. En effet, demander à quelqu'un de se prononcer sur ses critères de choix le pousse à réfléchir sur l'essentiel, et lui démontre que finalement *bien acheter n'est pas si facile*.

Autres exemples

> • «Qu'appréciez-vous plus particulièrement dans votre solution[1] actuelle ?»
> • «S'il y avait un point à améliorer dans votre solution actuelle, quel serait-il ?»

1. Évidemment le mot «solution» est à remplacer par un terme plus proche de votre métier.

- «Que pourriez vous faire de plus pour être plus performant dans ce domaine ?»
- «Pourquoi avez-vous choisi ce type d'organisation ?»
- «Est-ce que le retour sur investissement de cette action à été à la hauteur de ce que vous en attendiez ?» (Cette question est beaucoup plus impliquante que : «Quel a été le retour sur investissement ?»)
- «Qu'est-ce qui vous paraît important dans le choix d'un sous-traitant ?»
- «Idéalement, que recherchez-vous ?»
- «Qu'attendez-vous au-delà de la mission de base ?»
- «Si le budget n'était pas un problème, comment vous decideriez-vous ?»
- «Pourquoi maintenant ?»
- «Quels sont les atouts des sociétés avec lesquelles vous travaillez ?»

➤ *Les questions paradoxales : des questions-vérité pour découvrir les motivations des clients qui sont «contre»*

Il est fréquent d'entendre les politologues dire qu'au deuxième tour d'une élection, les Français se prononcent en votant davantage «contre» quelqu'un que «pour» quelqu'un d'autre. Dans la vente ce phénomène peut se retrouver. Si vous constatez que votre client ne vous dit pas beaucoup de choses sur ce qu'il souhaite obtenir, *vous pourrez sans doute en savoir plus en lui demandant ce qu'il ne veut pas* au moyen de questions paradoxales.

Exemples

- «Qu'est-ce que vous ne voulez pas ?
- «Qu'est-ce que vous avez déjà vu et que vous ne voulez plus voir ?»
- «Y a-t-il quelque chose que vous ne voulez surtout pas que l'on vous propose ?»

➤ *Les questions-vérité permettent d'engager son interlocuteur*

Si votre client prend position en faveur de votre projet, il s'engage.

Exemple

Vous êtes en train de vendre un logiciel au responsable d'une entreprise qui comprend un parc informatique très important. C'est pour vous un enjeu très important et vous êtes un peu fébrile à l'approche de la conclusion. Vous venez de terminer la démonstration du fonctionnement de votre logiciel quand s'instaure le dialogue suivant :
Client : «Quel est le prix de ce produit ?»

Vous : «Je vais vous répondre dans un instant, mais auparavant j'aimerais avoir votre réaction. Que pensez-vous de ce logiciel ?»
Client : «C'est très intéressant car il permettra de répondre aux exigences de nos ingénieurs en charge de la gestion des réseaux.»

Non seulement vous jouez sur la force de la cohérence en faisant prendre ainsi position à votre client, mais en plus il y a fort à parier qu'après une telle réponse, vous vous sentiez *beaucoup plus à l'aise pour annoncer votre prix.*

Qu'en pensez-vous ? devrait également être une question systématiquement posée. Pourtant, beaucoup de vendeurs hésitent à la formuler par crainte que le client réponde qu'il n'en pense pas du bien. De toute façon si c'est le cas, la vente ne se fera pas et il faut mieux savoir que son client n'est pas convaincu pour gérer cette situation. Par contre si le client émet une opinion favorable, il s'engage et le vendeur se sent beaucoup mieux lorsqu'arrive le moment de parler du prix.

Autres exemples :

- «À votre avis, qu'est-ce qui fait la différence entre notre proposition et les autres ?»
- «Quelle importance accordez-vous à ce critère ?»
- «Parmi tous les avantages de cette solution, quel est celui qui vous paraît le plus important ?»
- «Si vous deviez convaincre vos collègues de nous retenir, que leur diriez-vous ?»

➤ *L'ultime question-vérité : la question Columbo*

Vous avez certainement déjà vu un épisode du feuilleton «Columbo». Souvenez-vous, il est fréquent de le voir faire mine de partir et une fois devant la porte, revenir à la charge en posant une question très déstabilisante pour son interlocuteur. Non, n'allez pas acheter le même imperméable. Par contre, respectez la même stratégie lorsque vous penserez que c'est utile.

L'objectif est de profiter du moment de relâchement que représente la fin d'un entretien. En effet, votre client, tout comme vous, n'est jamais parfaitement naturel pendant un entretien commercial. Il est évident que chacun joue un rôle dont il est difficile de sortir en situation professionnelle, surtout vis-à-vis de quelqu'un externe à l'entreprise.

Il existe pourtant un moment ou le masque tombe, c'est à la fin de l'entretien. Lorsque la prise de congé a débuté, quand vous avez rangé vos affaires et alors que votre interlocuteur s'apprête à vous raccompagner, la discussion porte alors généralement sur des banalités telles que l'état de la météo ou du trafic routier… L'entretien est donc terminé pour votre client, mais pas pour vous… C'est à ce moment-là que vous allez poser la question Columbo.

Exemple

- «Vous m'avez donné de nombreuses informations et je vous en remercie. Au-delà de tout ce que vous m'avez dit, si vous aviez deux conseils à me donner pour réussir à travailler avec vous, quels seraient-ils ?»

Au pire cette question vous permettra de confirmer les informations obtenues jusqu'alors, au mieux vous découvrirez quelque chose qui n'avait pas été évoqué jusque-là. De plus, celui qui accepte de vous donner des conseils pour vous aider ne s'engage-t-il pas vis-à-vis de vous ?

En résumé, impliquer le client par des questions-vérité vous permettra :
- de découvrir les motivations du client ;
- de valoriser votre interlocuteur par l'intérêt porté à ses opinions ;
- d'engager votre client par ses prises de position.

Déjouer les pièges en utilisant des questions en retour

Le client qui pose une question a souvent en tête une autre question plus précise, ou souhaite s'exprimer sur sa propre expérience ou encore donner son point de vue sur le sujet.

Exemple

- «Est-ce que vous pensez que cette solution peut être mise en place rapidement ? Parce que personnellement je pense qu'il faudrait différer l'installation de quelques mois pour renforcer les études préalables qui sont incomplètes…»

Il ne s'agit pas forcément de pièges au sens propre, mais plutôt de questions embarrassantes ou ambiguës qui ne permettent pas au vendeur de savoir exactement dans quelle direction se diriger. Il est donc parfois inutile et dangereux de répondre du «tac au tac». Il est plus judicieux de chercher à savoir *pourquoi* le client pose la question.

☞ ***S'intéresser à la question est souvent plus utile à la vente que d'y répondre !***

➤ *Les questions en retour pour ne pas faire fausse route*

Exemple

> *Télévendeur de formations*
> *Client* : «À qui s'adresse ce genre de formation ? À des secrétaires confirmées ou à des débutantes ?»
> *Vendeur* : «À des débutantes.»
> *Client* : «Alors merci, mais compte tenu de l'ancienneté de mes collaboratrices ce stage ne sera pas adapté.»

Même si le vendeur a un autre stage à proposer, il donnera l'impression de se «raccrocher aux branches» car il ne maîtrise pas l'entretien. Il y a donc des questions posées par le client auxquelles il vaut mieux ne pas répondre immédiatement. Dans l'exemple précédent, il serait plus habile de poser une question en retour de la façon suivante :

> *Client* : «À qui s'adresse ce genre de formation. À des secrétaires confirmées ou à des débutantes ?»
> *Vendeur* : «Je vais bien sûr vous répondre, mais avant cela, pouvez-vous me dire ce que vous recherchez exactement ?»
> *Client* : «Eh bien je veux proposer une formation aux techniques de prise de rendez-vous par téléphone à des secrétaires expérimentées qui ont déjà fait de nombreux stages.»
> *Vendeur* : «Dans ce cas, je pense qu'un autre stage sera plus adapté. Il s'agit du stage XXX décrit page 25 de notre catalogue...»

Dans ce deuxième cas, le télévendeur maîtrise parfaitement son entretien et peut aisément proposer à son interlocuteur un séminaire plus adapté.

Autres exemples

> - «Pourquoi me posez-vous cette question ?»
> - «Votre question m'intéresse... pouvez-vous m'en dire plus ?»

Veillez à poser votre question en souriant et en montrant un vif intérêt pour la réponse.

➤ *Les questions en retour pour gagner du temps*

Il est parfois utile de gagner du temps pour préparer une réponse à une question difficile. En face à face ou dans le cadre d'une présentation en public, il est habile de demander des précisions.

Exemples

- «Qu'en pensez-vous vous même ?»
- «Je ne suis pas sûr d'avoir bien compris, pouvez-vous me préciser votre question ?»

En résumé, déjouer les pièges en utilisant des questions en retour vous permettra :

– de valoriser le client en lui donnant la possibilité d'aller au bout de son idée ;
– de savoir quel type de réponse le client veut entendre ;
– de gagner du temps pour préparer calmement une réponse à une question embarrassante.

Deux erreurs à éviter

1. Utiliser un ton inadéquat. Il faut faire attention à poser ce type de question avec le sourire et en montrant un vif intérêt pour la réponse. Sans ces précautions, le client peut se sentir piégé.
2. Multiplier ce type de questions, ce qui peut traduire un comportement de fuite.

Encourager les choix avec les questions-options

Les *questions-options* sont également appelées *questions alternatives.* Ces questions sont très utiles au vendeur car lorsqu'elles sont maniées avec le tact nécessaire, elles permettent réellement d'orienter la décision du client vers une solution favorable.

➤ *Les questions-options pour affiner son diagnostic*

Lorsque votre client n'est pas très sûr de ce qu'il recherche, les questions alternatives vont vous permettre de l'aider à choisir.

Exemples

> *Responsable d'une agence de voyage* :
> • «Vous souhaitez partir sur la côte ou plutôt à la montagne ?»
> • «Vous partez pour visiter et découvrir une nouvelle région ou plutôt pour faire du sport ?»
> • «Vous préféreriez partir en semaine ou pendant le week-end ?»

➤ *Les questions-options pour orienter le choix du client*

Il est utile de savoir que dans près de 70 % des cas, lorsque le client n'a pas de préférence particulière, votre interlocuteur choisira la deuxième option. Pour influencer le choix de l'interlocuteur on a intérêt à mentionner le premier terme de façon neutre et «étroite» et à valoriser fortement le deuxième terme.

Exemples

> *Cas d'un banquier* :
> • «Préférez-vous emprunter à taux fixe ou plutôt bénéficier des avantages d'un prêt à taux variable ?»
>
> *Vendeur de produits phytosanitaires* :
> • «Préférez-vous un produit curatif ou plutôt un produit à utiliser en traitement préventif ?»

➤ *Les questions-options pour conclure son entretien de vente*

Par définition, ces questions sont très utiles pour conclure car elles induisent très fortement la réponse. De plus, il est beaucoup plus facile pour le client de choisir entre deux options que de choisir entre acheter ou ne pas acheter quelque chose.

Exemples

> *Chargée de clientèle d'une mutuelle* :
> • «Eh bien je crois que nous avons vu tous les points importants. Aurez-vous l'occasion de repasser prochainement dans le quartier ou préférez-vous que je vous aide à remplir le dossier dès à présent ?[1]»

1. Pour l'anecdote, il faut savoir que cette chargée de clientèle s'adressait à une clientèle de particuliers et que ses résultats étaient éloquents. Sa question était toujours formulée avec un grand sourire et très calmement.

Autres cas :
• «Préférez-vous être livré tous les mois ou plutôt en une seule fois ?»
• «Souhaitez-vous faire un premier versement de 50 000 F ou préférez vous démarrer par un premier versement de 12 000 F ?[1] »

En résumé, encourager les choix avec les questions-options vous permettra :
– d'affiner votre diagnostic ;
– tenir les rênes du dialogue en donnant un sentiment de liberté à l'interlocuteur ;
– de guider le choix du client ;
– de conclure vos ventes.

Une erreur à éviter

Toutes les techniques sont agaçantes dès lors qu'elles sont trop apparentes. La technique de la question alternative «n'est pas très jeune» et peut apparaître comme une grosse ficelle maladroite si elle n'est pas formulée avec le tact nécessaire.

Trois derniers conseils pour manier avec efficacité les techniques de questionnement

➤ *Évitez les interro-négatives*

Les questions interro-négatives induisent une réponse négative.

• Vous n'avez vraiment besoin de rien ?
• Vous ne pensez pas que ce serait intéressant pour votre personnel ?

➤ *Ne posez pas de questions «scolaires»*

La responsable formation d'une société spécialisée dans les télécommunications et qui avait formé toute sa force de vente était persuadée que les techniques de questionnement étaient parfaitement maîtrisées par ses

1. Sachant que le commercial a découvert préalablement que la capacité d'épargne est de 12 000 F, il a beaucoup plus de chances d'obtenir un versement de ce montant que s'il se contentait de poser une question du type : «Combien voulez-vous verser la première année ?»

commerciaux. «Ne perdez pas de temps sur ce thème, ils savent poser les questions !» m'avait-elle annoncé.
À l'occasion d'un accompagnement-terrain, j'eus la possibilité de constater qu'un vendeur posait effectivement beaucoup de questions à son client. Malheureusement, la plupart étaient récitées sans logique. La plus spectaculaire fut la suivante : «Est-ce que la qualité c'est important pour vous ?»
Le client ne put s'empêcher de sourire. Imaginez quelqu'un qui réponde : «Non, absolument pas, je n'achète que des choses qui ne fonctionnent pas !»

Vos clients sont très sollicités et souhaitent traiter avec des professionnels, pas avec des gens qui appliquent bêtement des techniques de vente !

➤ ***Concentrez-vous sur les réponses.***

Il y a quelques années, Michel Boujenah avait remercié Anne Sinclair à la fin d'une émission «7 sur 7» pour l'avoir écouté. En fait, il précisa que pour un artiste, passer dans une émission telle que «7 sur 7» n'était pas facile et qu'il avait trouvé à la fois rassurant et sympathique de s'adresser à quelqu'un qui s'intéressait réellement à ses propos, qui le regardait et lui donnait confiance. Par opposition, il cita les nombreuses interviews où les journalistes ont l'habitude de lire leurs notes pendant que la caméra est braquée sur l'invité.

Il ne s'agit pas seulement de poser les questions, encore faut-il écouter attentivement les réponses. C'est de cette façon que vous valoriserez réellement votre interlocuteur, et c'est également la clé de la véritable compréhension des attentes du client. Le piège dans lequel tombent de nombreux vendeurs débutants, lorsqu'ils se concentrent trop sur les techniques de questionnement, est de penser davantage à leur prochaine question qu'à la réponse du client.

LES POINTS-CLÉS À MÉMORISER

Le chemin du succès passe inévitablement par la constitution d'un diagnostic efficace. C'est ce qui permet au médecin de vous soigner, c'est ce qui vous permettra de présenter la bonne solution technique et les arguments adaptés.

➤ *Les éléments constitutifs d'un bon diagnostic peuvent être :*

• *L'entreprise du client*

Précisions sur le secteur d'activité :
- L'entreprise et son environnement
- La structure générale de l'entreprise
- Les clients
- Les fournisseurs
- Les concurrents
- L'historique des relations

• *Le besoin du client*
- La solution actuelle
- La solution envisagée
- Les conditions de réussite

• *La prise de décision*
- Le contexte
- Le groupe de décision.

• *Le diagnostic comparatif*

• *Les motivations d'achat de l'interlocuteur*
- Sécurité
- Orgueil
- Nouveauté
- Argent
- Sympathie

➤ *Suivez le GUIDE pour maîtriser les techniques de questionnement :*
- **G**agner l'adhésion en utilisant des questions-déclic.
- **U**tiliser des faits avec des questions factuelles.
- **I**mpliquer le client par des questions-vérité.
- **D**éjouer les pièges grâce aux questions en retour.
- **E**ncourager les choix avec des questions-options.

À VOUS DE JOUER !

SI VOUS TRAVAILLEZ SEUL

➤ *Pour rester dans la course*

1. Identifiez, sous le modèle du SONCAS, les principales motivations d'achat de vos clients. Si celles qui sont décrites par le

SONCAS conviennent, c'est parfait. Sinon, affinez-les pour qu'elles correspondent parfaitement à votre activité. Recensez ensuite, pour chaque motivation, les arguments adaptés que vous pouvez développer.

2. Analysez, après la défense du projet, les réactions des décideurs : les arguments qui ont eu de l'impact et ceux qui n'en ont pas eu. Si le concurrent est retenu, recherchez des informations précises sur les raisons de ce choix (pondération des critères de choix, avantages décisifs) auprès des décideurs. Ceci vous permettra par la suite de constituer des diagnostics comparatifs plus précis.
3. Constituez-vous un «mémo» des bonnes questions à poser à vos prospects pour conduire un diagnostic complet.
4. Attachez-vous à maîtriser les différents types de questions pour être en mesure de varier les plaisirs tout au long de vos entretiens.

➤ *Pour faire la différence par rapport à vos concurrents*

La différence se fera sur votre capacité à «jouer à trois coups d'avance».

Il s'agit de votre faculté d'orienter l'entretien sur le chemin qui vous favorise. Le diagnostic comparatif vous permettra d'identifier les stratégies gagnantes pour vous aider à les mettre en œuvre :

- demandez-vous quels sont les arguments différentiels importants qui vous permettent de vous démarquer de la concurrence ;
- demandez-vous ce que vos clients doivent vous dire pour vous permettre d'avancer ces arguments ;
- préparez les questions adéquats à poser.

SI VOUS ÊTES MANAGER D'UNE ÉQUIPE DE VENTE

➤ *Constituez avec votre équipe un «guide des bonnes questions à poser» exhaustif*

1. Identifiez avec votre équipe les grands thèmes à explorer (environnement, besoin du client, projets...). Notez les titres de ces thèmes sur des *paper-boards*, à raison d'un thème par *paper-board.*
2. La deuxième étape consiste à définir les sous-thèmes à explorer (besoin du client, solution actuelle, a priori, etc.). Distribuez alors des post-it aux membres du groupes et demandez-leur de vous remettre cinq post-it par thème, à raison d'une idée de sous-thème à explorer par post-it.
3. Rassemblez les post-it sur les feuilles de *paper-board* concernées.
4. Rappelez les principes des techniques de questionnement.
5. Répartissez les feuilles de *paper-board* couvertes de post-it

entre les participants. Ils doivent alors transformer les idées de sous-thèmes à explorer en questions pertinentes à poser.

6. Les travaux sont restitués sur transparents face au groupe pour validation.
7. Formalisez ensuite ce nouvel outil de préparation des actions de vente.

Remarque : plus vous serez nombreux à participer à la réunion, plus le document final sera riche.

➤ *Préparez un diagnostic comparatif pour votre prochaine campagne*

Vous pouvez profiter de votre prochain lancement de produit pour construire avec vos commerciaux un diagnostic comparatif.

1. Suivez la méthode décrite dans le chapitre pour constituer le tableau.
2. Définissez les stratégies possibles.
3. Faites préparer en sous-groupes les plans d'entretien pour la mise en œuvre de ces stratégies.
4. Procédez à une restitution des travaux des sous-groupes *via* des transparents.
5. Complétez par des apports supplémentaires si nécessaire, notamment sur le plan du traitement des objections.
6. Organisez des jeux de rôles où chaque membre des sous-groupes met en œuvre la stratégie définie face à un membre d'un autre sous-groupe, qui joue le rôle du client.

CHAPITRE 4

Influencer ses interlocuteurs

1. Renforcer sa force de conviction par l'expression de son expertise.
2. Appuyer son argumentation sur la cohérence.
3. Idées complémentaires pour argumenter avec efficacité.

Cimenter la relation	Adapter sa stratégie d'entretien	Préparer sa vente par un bon diagnostic
Désamorcer les litiges	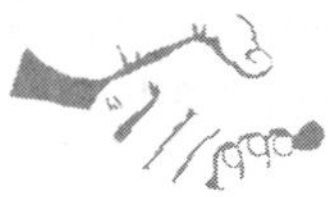	Influencer ses interlocuteurs
Booster la conclusion	Vendre son prix	Surmonter les objections

Imaginez la situation suivante :

> Vous venez de rentrer dans le bureau de votre client, lorsque celui-ci vous dit : «Je connais parfaitement le sujet, alors allons droit à l'essentiel !»
> Alors que vous vous apprêtiez à vous lancer dans la recherche d'information, vous êtes soudain assis en face d'un «expert» qui ne tarde pas à rajouter : «En tant qu'ancien du métier, il est évident que j'attends de vous la meilleure proposition.»
> Son langage verbal et son langage non verbal sont cohérents et expriment la plus forte certitude. Si vous vous sentez mal à l'aise et sur le point d'accepter les arguments de votre client, c'est sans doute que vous subissez à ce moment précis, *l'influence de votre interlocuteur.*

Le but de ce chapitre est de vous donner les moyens d'influencer positivement vos interlocuteurs, et cela signifie avant tout ne pas être exagérément influencé vous-même par l'autorité de vos clients. Pour vous rappeler la force que l'autorité peut revêtir, lisez les quelques lignes suivantes qui décrivent la célèbre expérience de Stanley Milgram[1].

> Le but de cette expérience était d'observer et d'analyser la force de l'autorité sur le comportement. Des individus étaient accueillis deux par deux par un médecin. Imaginons que Paul et Henri soient les prénoms des deux personnes conviées. En fait, Henri est un comparse de l'expérience, et Paul est le véritable «cobaye».
> L'expérience est présentée comme une étude sur les effets de la punition dans l'enseignement. On demande à Henri (l'acteur) de jouer le rôle de l'élève et à Paul (le cobaye) celui du professeur. Henri se rend alors dans une autre pièce, où des personnes l'attachent solidement à une «chaise électrique». Pendant ce temps, on explique à Paul qu'il doit demander à son élève de répéter des séries de 10 mots. En cas d'erreur, Paul doit alors envoyer une décharge électrique à Henri. Le niveau des décharges progresse au fil de l'expérience pour passer de 15 V à 450 V.
> Bien entendu, et ceci est très bien montré dans le film «I comme Icare», cette expérience tourne rapidement au tragique. En effet, l'excellent comédien qui «subit» l'expérience sur la chaise montre qu'il souffre de plus en plus, et ne cesse de supplier son «tortionnaire» d'arrêter de le martyriser. Que ce soient les supplications d'Henri, ou les inscriptions figu-

1. Cette expérience a été reproduite dans le film d'Henri Verneuil, «I comme Icare», avec Yves Montand. Pour en savoir plus, le compte rendu détaillé des expériences de S. Milgram est repris dans l'ouvrage de Roger Mucchielli, *Psychologie de la relation d'autorité*, Paris, ESF éditeur, 1991.

rant sur les boutons qu'actionnent Paul, tout est fait pour montrer que l'élève a de grandes chances de ne pas se remettre d'un tel traitement.

Eh bien, 65 % des participants mis dans la situation de Paul sont allés au bout de l'expérience, c'est-à-dire jusqu'au niveau où les décharges étaient au maximum, alors qu'ils pouvaient lire la mention «danger de mort» sous le bouton actionné. S. Milgram affirme que ce résultat stupéfiant a été obtenu par la présence d'une «autorité». En effet, quand les individus mis en position de professeur hésitaient à continuer l'expérience, le médecin en blouse blanche qui était à leurs côtés leur demandait de façon ferme et froide de poursuivre l'expérience. Tout le comportement et l'attitude du médecin devait transmettre une grande «autorité» et une grande certitude dans la démarche à suivre. Cette assurance suffisait à faire faire à des gens ce qu'ils ne se seraient jamais crus capables de faire. D'ailleurs, le choc provoqué par la prise de conscience de ces personnes fut très dur, à tel point que plusieurs d'entre elles eurent des crises de nerfs à l'issue de cette expérience.

La prochaine fois que vous débuterez un rendez-vous face au PDG d'une société importante qui cherche à vous déstabiliser du haut de son expérience, décodez le phénomène, restez naturel, et affirmez courtoisement mais sûrement votre propre point de vue. S'il est important pour le vendeur de ne pas «subir» l'autorité de son client, il lui sera très utile de renforcer sa propre autorité pour influencer ses clients, dans les limites qu'imposent bien sûr l'éthique et le respect des clients.

La concurrence est telle entre les fournisseurs que, même quand une étude préalable très précise a été faite (constitution d'un cahier des charges, comparaisons scrupuleuses de qualités respectives), la décision finale se basera souvent sur *une intuition positive.* Cette intuition positive sera donnée plus par le vendeur et la qualité de son argumentation, que par les caractéristiques techniques du produits qui sont souvent comparables.

Pour renforcer votre argumentation, nous vous proposerons dans ce chapitre de l'appuyer sur votre autorité et sur la cohérence qui guident souvent les décisions de vos clients. Ces deux appuis nous permettront de passer en revue de nombreuses pistes de transposition à exploiter dans vos démarches commerciales quotidiennes. Ces idées porteront à la fois sur le fond avec des aspects comportementaux d'ordre général, et sur la forme avec des exemples de «techniques oratoires» que nous désignerons sous le terme générique des «cartes de la conviction».

Ces cartes de la conviction seront autant d'atouts supplémentaires dans votre main pour gagner ce jeu passionnant qui consiste à convaincre.

Renforcer sa force de conviction par l'expression de son expertise

Religion, éducation, politique, nombreuses sont les références sociales qui conditionnent notre soumission à une autorité. Cette autorité peut être attribuée au rang social, à la réussite professionnelle, à la hiérarchie ou à la compétence reconnue.

Germaine de Montmollin précise dans un ouvrage collectif de psychologie sociale[1] : «A plus d'impact le message en provenance d'une source qui est perçue comme supérieure en savoir, en instruction, en intelligence, en réussite professionnelle, même quand, pour juger de la compétence, le récepteur ne dispose que de très peu d'informations ou d'indices.» Elle précise plus loin que la force de la compétence est d'autant plus forte que les gens hésitent et ne sont pas tout à fait sûrs d'eux[2]. Or, face à une offre pléthorique, il est très courant que vos interlocuteurs hésitent entre telle ou telle solution, car les différentes options à leur disposition ne sont pas très différentes. Ainsi, le vendeur qui en impose par sa compétence et son assurance pourra compter sur le bénéfice du doute en cas d'hésitation finale entre sa solution et celle d'un concurrent. Il ne s'agit pas pour autant d'écraser son interlocuteur par son savoir ou par une distance désagréable, ni de lui faire acheter de force quelque chose dont il n'a pas besoin[3]. L'objectif est de faire en sorte que tout concorde, votre discours et votre attitude, pour démontrer l'indiscutable qualité de votre proposition.

1. *Psychologie sociale, op. cit.*, chapitre 3.
2. Face à des gens très sûrs d'eux, l'effet du contraste que nous verrons plus loin ou les techniques exposées dans la case relationnelle seront donc plus adaptés.
3. Dans ce cas, il ne s'agit plus de vente mais d'escroquerie.

Conseils pour transmettre des «indices d'autorité» à votre client

➤ *Dégagez de l'assurance par votre attitude*

Souvenez-vous de la dernière fois où vous avez pénétré dans une salle de réunion pour convaincre plusieurs personnes.

- Quelle était votre attitude générale ?
- Où vous êtes-vous installé par rapport à la table ?

Si vous n'avez pas jugé ces questions comme importantes, lisez plutôt ce qui suit :

> Deux chercheurs, Nemeth et Wachtler, ont mené une expérience qui consistait à demander à un complice de l'expérience de convaincre des personnes de réduire le montant d'indemnités versées dans une affaire de dommages corporels. Sa position était minoritaire par rapport au reste du groupe, et il s'agissait véritablement d'un exercice difficile de persuasion. Cette expérience fut reproduite de nombreuses fois. L'argumentation utilisée était toujours exactement la même, et seule changeait la position du «persuadeur» par rapport à la table.
>
> Les résultats montraient que les membres du groupe acceptaient de réduire le montant de l'indemnisation uniquement lorsque le complice s'installait délibérément à la tête de la table rectangulaire. Dans les autres cas, que ce soit lorsqu'il s'installait sur le côté, ou lorsque quelqu'un d'autre l'invitait à s'installer sur le côté ou à la tête de la table, il ne parvenait pas à les faire changer d'opinion.

Cette expérience démontre que les styles de comportement qui traduisent l'assurance et l'expertise chez un individu permettent de le rendre plus influent. En conséquence, pensez à vous *positionner habilement dans l'espace* et à toujours faire en sorte d'être et de paraître à l'aise. Si votre client vous sent sur la défensive, il doutera de la pertinence de vos arguments.

- *Votre gestuelle vous permettra de traduire une impression d'assurance.* Si vous connaissez autour de vous une personne dépressive, regardez sa posture. Vous remarquerez que ses épaules sont souvent voûtées, que ses gestes sont étroits, et que l'ensemble traduit une certaine faiblesse. Des gestes amples associés à la parole, une attitude détendue et affirmée à la fois sont donc à privilégier.
- *Le ton est également un élément important.* Il y peut y avoir mille

façons d'exprimer la même phrase. La plus adéquate est celle qui traduit la plus grande certitude et est en accord avec votre discours. De l'hésitation ou du manque d'enthousiasme peut naître le doute.

- *Enfin, votre regard exprime votre certitude.* Attention, exprimer de la certitude ne veut pas dire de la rigidité ou de la tristesse. On ne vend pas triste ! Vous pouvez tout à la fois sourire et traduire dans votre regard une grande assurance. Regarder votre client en face inspirera plus de respect lors de votre présentation, renforcera le poids de vos arguments et facilitera l'acquiescement de votre client lorsque vous le ferez réagir par des questions-déclic[1].

L'idée importante à retenir est qu'il faut absolument qu'il y ait une *cohérence entre le message* que vous voulez transmettre et *la façon de l'exprimer.* Les meilleurs arguments ne suffiront pas à convaincre s'ils sont récités sur un ton monotone. De même, ils perdront beaucoup de leur efficacité si votre corps n'exprime pas une certaine assurance.

☞ ***Lorsqu'il y a une discordance entre le fond et la forme d'un message, le récepteur du message fonde son jugement sur la forme. On ne ment pas avec son corps ![2]***

➤ *Maîtrisez les aspects techniques*

C'est une évidence de dire que pour bien vendre, il faut bien connaître les caractéristiques de son produit. Plus vous en saurez sur la technique même de votre produit ou de votre service, plus vous serez sûr de vous et plus le client le sentira. Cette connaissance doit vous permettre d'aborder tous les champs d'interrogation de votre client avec certitude.

Si vous n'en êtes pas convaincu, répondez donc aux questions qui suivent :

---

1. Les questions-déclic sont détaillées dans la case relative au diagnostic.
2. Une émission sur Arte, «Comment déceler le mensonge», diffusée en novembre 1996, présentait les travaux du professeur Paul Ekman. De nombreuses personnes étaient montrées en train de mentir, et le professeur expliquait clairement comment le corps montrait qu'il s'agissait d'un mensonge. Un des indicateurs était l'incohérence entre le message verbal et le message non verbal. Voir son ouvrage intitulé *Telling lies*.

• Quelle impression laisse un banquier qui ne sait pas comment justifier une commission de plus fort découvert ?
• Quelle impression laisse un négociateur immobilier qui ne connaît pas le montant de la taxe professionnelle de la commune sur laquelle il suggère à son client de s'installer ?
• Quelle impression laisse un vendeur de voiture qui ne connaît pas le rayon de braquage de la superbe limousine qu'il projette de vous vendre ?
• Quelle impression laisse un vendeur de matériel informatique qui ne sait plus exactement quelle est la vitesse de l'horloge interne ?

La réponse à ces questions et aux milliers d'autres que l'on pourrait décliner de la sorte est unique : l'incertitude ! Puis-je lui faire confiance ? Connaît-il vraiment son sujet ? Ne devrais-je pas réfléchir un peu plus ? Voilà les questions générées dans l'esprit du client chaque fois que le vendeur est pris en défaut sur les aspects techniques de sa solution. Il ne s'agit pas de noyer son interlocuteur sous un flot d'arguments, mais d'être capable de répondre à toutes ses questions. D'ailleurs, l'idéal est plutôt de laisser le client venir sur le terrain de la technique sans l'y entraîner soi-même. Parler technique à quelqu'un qui ne s'y intéresse pas est désastreux. Suggérer les questions que vous souhaiteriez qu'on vous pose et y répondre avec clarté et précision est beaucoup plus judicieux.

Inversement, il faut faire attention à ne pas tomber dans le piège du jargon. Si vous maîtrisez bien toutes les caractéristiques de votre produit, cette maîtrise peut en effet vous entraîner dans des présentations parfois trop compliquées pour un néophyte.

Enfin, ce n'est pas parce que vous répondez à une question qui porte sur la technique que vous devez faire compliqué ou ennuyeux. On dit des meilleures équipes de football que ce sont celles qui jouent le plus simplement. Ce sont pourtant celles qui ont les meilleurs techniciens ! Faites donc en sorte de rester simple dans votre discours tout en répondant réellement sur le fond aux questions qui portent sur des détails.

➤ *Restez calme et posé*

Il est tentant de vouloir tout dire, et tout de suite ! Pour traduire une plus grande assurance, préférez *choisir quelques arguments*, et *prenez votre temps* pour les présenter calmement, au bon moment et sans exagération.

- *Choisissez quelques arguments* ! Vous avez sans doute de très nombreux arguments à votre disposition pour vanter les mérites de votre produit. Peut-être même que votre service marketing vous a fourni un document exhaustif, qui décrit dans le détail toutes les caractéristiques du produit ou service que vous pouvez fournir à vos clients.
  Plutôt que de citer de nombreux arguments, *préférez faire de chaque argument une vente.* Il vaut mieux passer plus de temps sur chacun, et ne passer au suivant qu'après avoir convaincu votre interlocuteur.

> David Maister, consultant américain en marketing des services, illustre très bien ce principe par ce qu'il appelle «la règle de la tartine à la gelée de framboise» : plus on étale, plus la couche est mince ! (et moins la tartine a de saveur).

- *Prenez votre temps* ! Argumenter trop vite présente trois inconvénients principaux :

1. Le premier inconvénient est que l'intérêt de votre client n'est peut-être pas encore suffisamment éveillé lorsque vous commencez à argumenter. Or, vous pouvez avancer un excellent argument, si l'intérêt de votre client est encore focalisé sur la couleur de votre cravate, la tonalité de votre voix ou sur sa dernière facture, cet argument ne le séduira pas. Pour être séduit par une démonstration, encore faut-il l'écouter. Ce n'est pas parce que votre interlocuteur a les yeux ouverts qu'il vous écoute réellement. *Attendez donc que votre client soit réellement intéressé pour argumenter.*
2. Le deuxième inconvénient est que vous risquez de citer des arguments qui ne sont pas adaptés aux attentes du client. C'est normal, vous ne connaissez pas encore ses attentes !
3. Enfin, le troisième inconvénient est que *la précipitation va à l'encontre du principe d'autorité.* Argumenter immédiatement traduit soit un besoin de justification, soit une sorte de soumission plus proche du comportement d'un écolier face à son professeur que de l'attitude confiante d'un vendeur sûr de lui.

➤ *Résistez à la tentation de l'exagération*

Votre autorité sera également confortée par une certaine sobriété. Si vous cherchez à impressionner votre client en exagérant la qualité de votre produit ou de votre service, ou en étant trop dithyrambique lorsque vous citez une référence prestigieuse, vous allez plutôt éveiller des doutes et susciter des objections.

• Que pensez-vous des publicités qui vantent les miracles des produits de régimes en appuyant leur publicité de photos pour le moins spectaculaires ?
• Que pensez-vous des vendeurs qui vous garantissent qu'il n'y a jamais eu aucun problème en dix ans avec leur produit ?

Même s'ils sont justifiés, des chiffres très impressionnants sur le retour sur investissement peuvent jouer contre vous, et faire penser au client que *c'est trop beau pour être vrai* ! Enfin, une argumentation excessive peut traduire une certaine fébrilité et peut être interprétée comme un grand besoin de vendre. Si ce besoin est perçu par le client, vous êtes en train de préparer un terrain très glissant pour la défense de votre prix.

☞ ***Montrez toujours que vous avez envie de travailler avec votre prospect, jamais que vous en avez besoin !***

Les cartes de la conviction qui s'appuient sur l'autorité

➤ *La «carte de la sélection»*

Anne Sinclair : «Finalement, Monsieur le Candidat, que comptez-vous faire pour redonner confiance aux Français ?»
Monsieur le Candidat : «Vous avez raison, il faut absolument redonner confiance aux Français, et nous avons beaucoup de projets à mettre en place pour y parvenir... Plutôt qu'un long discours théorique, je vais plutôt vous donner *trois exemples de mesures simples* à mettre en œuvre et qui me permettront de vous répondre :
La première mesure à prendre consiste à...
La deuxième mesure que nous mettrons en œuvre sera...
Et enfin, *la troisième mesure* immédiatement réalisable est...»

Vous avez sans doute déjà repéré cette façon qu'ont les hommes politiques de présenter leur «argumentation» dans les interviews. Cette technique est très efficace et simple à mettre en œuvre. Il suffit de structurer son argumentation autour de plusieurs points, aspects, questions, objectifs... Le nombre de trois est sans doute idéal. Au-dessus, cela risque de ne plus être aussi clair. Son efficacité s'appuie en partie sur l'autorité, car cette façon de présenter ses arguments-clés sous-entend de la part de son émetteur la capacité à extraire les quelques points fondamentaux parmi l'ensemble des points de discussion.

Exemples

- «Je vois deux raisons principales à...»
- «Trois critères de choix sont essentiels...»
- «Si vous ne deviez retenir que trois points...»

La «carte de la sélection» présente plusieurs atouts.

- *Elle permet d'organiser sa pensée.*

Un vendeur d'exception me fit un jour une superbe démonstration de l'utilisation de cette technique lors d'un rendez-vous très important. Après le rendez-vous, alors que je m'empressais de le féliciter pour la qualité de son argumentation, il m'avoua qu'au moment même où il avait annoncé que «trois questions fondamentales devaient être étudiées dans le détail», il ne connaissait que la première !

La première utilité de cette carte est donc de vous aider à *structurer votre propre raisonnement*, ce qui évidemment aura une influence sur sa présentation.

- *Elle donne du poids à vos arguments.* La sélection de points, aspects ou questions importantes sous-entend que vous touchez là le cœur du problème, que vous vous concentrez sur l'essentiel et que le reste est accessoire. Vous captez donc l'attention, et le poids de ce que vous présentez ne peut en être que renforcé.
- *Elle permet de présenter plusieurs preuves.* Cette technique oratoire sera particulièrement utile pour présenter plusieurs *preuves*[1] qui viennent crédibiliser votre argumentation. Dans ce cas de figure, le risque est de rendre le message difficile à suivre. Ce procédé donne du confort au client, et lui permet de suivre une argumentation technique renforcée.

Exemple

«Cette machine est très résistante, et ceci s'explique par trois raisons principales :

1. Les arguments structurés que nous verrons plus loin reprendront cette notion de preuve.

> La première raison est…
> La deuxième raison…
> Et enfin, la troisième raison…»

- *Elle évite la déformation de vos propos par le client.* Vous devez toujours vous assurer que votre client «enregistre» bien le message que vous êtes en train d'avancer. Ceci est d'autant plus important si vous ne pouvez pas conclure au premier entretien. *Une nouvelle vente commence alors, après votre passage.* En effet, soit votre interlocuteur va comparer votre offre à celle de vos concurrents, soit il va devoir la présenter à d'autres membres de son entreprise. Dans les deux cas, pour que vous puissiez sortir gagnant de ces autres étapes, vous devez faire en sorte que votre prospect ait parfaitement compris en quoi votre offre est différente. Vous remarquerez que dans la pratique, utiliser cette technique pour présenter des arguments incite très souvent votre client à prendre des notes.
- *La «carte de la sélection» est un excellent moyen de conclure un premier entretien.* Lorsque tout a été dit, que votre client s'apprête à clore le rendez-vous, il est judicieux de souligner encore une fois vos points forts. C'est sans doute la meilleure utilisation possible pour un commercial.

Exemple

> «Vous m'avez dit que vous alliez comparer notre offre avec celle d'autres fournisseurs, et ceci est tout à fait logique. Lorsque vous en aurez l'occasion je vous incite à bien comparer tous les aspects que nous avons évoqués ensemble et plus particulièrement trois points essentiels :
>
> • *Le premier point* à comparer est celui de la garantie. Nous vous offrons 10 ans de garantie, et rares sont les sociétés qui peuvent proposer l'équivalent.
>
> • *Le deuxième point* à comparer est celui des performances à haut régime. Vous connaissez maintenant celles de notre produit, et vous constaterez la différence.
>
> • Et enfin *le troisième point* est celui des visites de contrôle. Nous sommes les seuls à proposer une fréquence mensuelle, ce qui est un gage de sécurité.»

En procédant ainsi, vous pouvez renforcer l'importance des critères de choix qui vous démarquent par rapport à la concurrence rencontrée.

Les erreurs à éviter

1. Une fois maîtrisée, cette technique peut devenir un véritable réflexe. Il faut donc faire attention *à ne pas trop la répéter*, ce qui pourrait la rendre agaçante aux yeux du client et lui faire perdre de son efficacité.

2. Il convient également de *ne pas pontifier* ! Votre ton doit être assuré mais pas trop solennel quand même. Il s'agit de donner de la structure à votre discours, d'aider votre interlocuteur à suivre votre raisonnement, à en percevoir l'essentiel. Il ne s'agit surtout pas de lui «faire une thèse» !

➤ *La «carte de l'évidence»*

La «carte de l'évidence» ne «joue» pas sur le même registre que la «carte de la sélection». Elle s'appuie également sur le poids de l'autorité de celui qui l'utilise, mais est moins «conviviale» que la précédente. Il s'agit de s'appuyer sur des «vérités» qui n'ont pas à être démontrées.

Exemples

- «Si l'entreprise Martin nous a sélectionnés, c'est bien évidemment parce que nous sommes de loin les plus fiables...»
- «Il est incontestable que la taille de notre entreprise nous permet de vous assurer un suivi technique de haute qualité...»
- «C'est vrai que nos tarifs sont plus élevés. Ils correspondent évidemment à un niveau de qualité plus important.»
- «Par expérience, je peux vous dire qu'il est indispensable...»

Pour mettre en œuvre cette technique, il est nécessaire que votre langage non verbal traduise lui aussi la plus grande assurance. Le moindre doute soulevé par votre regard, ou par votre posture, peut remettre l'efficacité de cette technique en cause. Par conséquent, il faut non seulement articuler ses propos avec assurance, mais démontrer également par sa posture, par son regard et ses gestes la plus grande confiance.

Vous pouvez également utiliser des *dictons*, des *proverbes* ou des expressions qui s'apparentent à des *vérités absolues.*

- «Les déficits d'aujourd'hui, nous le savons bien, ce sont les impôts de demain...»
- «Vendre au son du violon, acheter au son du canon !»
- «À long terme nous serons tous morts !»

Les atouts de la «carte de l'évidence» sont les suivants :

- *Elle permet de «passer en force».* On a toujours du mal à reconnaître qu'on ne sait pas, surtout si c'est évident... Ce principe est tellement fort que vous serez très rarement contredit en utilisant cette technique. Si les conditions de l'entretien l'exigent, mettre ainsi en avant votre certitude vous permettra d'affirmer votre point de vue avec autorité.
- *Elle évite de démontrer.* C'est sans doute là son principal avantage. Si vous n'êtes pas très sûr de votre raisonnement, il vaut mieux jouer cette carte que de procéder à une démonstration logique. Vous avez en effet beaucoup moins de chances d'être contré si vous vous appuyez sur le levier de l'évidence que si vous essayez de démontrer quelque chose que vous ne maîtrisez pas bien. Dans ce dernier cas, la faille est rapidement identifiée.
- *Elle permet de souligner la force d'un argument.* Énoncer une règle générale, un principe intangible avant de présenter un argument permet à ce dernier de bénéficier d'un cachet d'authentification.

Exemple

> «*Tout le monde sait* que les contrôles sur le respect de l'environnement sont de plus en plus fréquents. Les produits utilisés doivent donc êtres rigoureusement conformes aux normes en vigueur.»

Une erreur à éviter

Cette carte ne doit pas être jouée en début d'entretien pour ne pas risquer de refroidir l'atmosphère, ni en toute fin d'entretien pour ne pas laisser derrière vous une impression professorale.

➤ *La «carte du conseil»*

Résumé d'un exemple emprunté à un responsable commercial d'une société organisatrice de salons professionnels :

> Si je résume, votre activité se décompose autour de plusieurs domaines d'application. Ces différents domaines ont tous une importance équivalente dans votre chiffre d'affaires. *Vous devez donc toucher* efficacement plusieurs cibles de clientèle différentes.
> En fait *vous avez le choix entre deux solutions* : la première solution consis-

> te à réserver un stand de taille moyenne dans chacun des secteurs qui touchent à une de vos spécialités ; la deuxième solution est de réserver un seul stand de plus grande taille sur la zone centrale du salon.
> Il y au moins deux raisons (carte de la sélection)[1] qui *m'incitent à vous conseiller* de prendre un seul stand en zone centrale.
> • *La première raison* est que vous pourrez davantage mettre en évidence la polyvalence de votre offre, et vous savez que c'est un des critères de choix important de vos clients.
> • *La deuxième raison* est que la zone centrale est incontournable ; vous êtes donc assuré que tous les visiteurs passeront près de votre stand. Vous pourrez donc compter sur un grand nombre de contacts.
> Compte tenu du taux d'occupation prévisionnel, *il est important que nous choisissions ensemble dès à présent l'emplacement idéal.*

La «carte du conseil» permet également de s'appuyer sur le levier de l'autorité, car elle repose sur le prestige de *l'apporteur de solution.* Elle est plus longue à exprimer que les techniques précédentes mais elle vous sera très utile dans certaines circonstances.

Jouez la «carte du conseil» en respectant cinq étapes successives :

1. Reformulez les faits

« Si je résume, vous êtes aujourd'hui confronté à. ...»

Il s'agit de rappeler de façon exhaustive l'ensemble des points importants qui ont été exposés par le client pour décrire sa situation. Cette étape se termine en faisant valider par le client la pertinence du résumé.

2. Exposez votre diagnostic

« En fait, votre objectif est...»

Faire un diagnostic consiste à mettre en évidence le problème à résoudre. C'est une étape très importante car elle traduit *votre compréhension du problème.* C'est là que vous faites la démonstration de votre compétence. Il faut donc y apporter un soin particulier.

1. Il est tout à fait possible de combiner les techniques entre elles

3. Proposez plusieurs solutions

« Deux façons de procéder peuvent nous permettre d'atteindre cet objectif...»

L'efficacité de cette technique passe par la proposition de *plusieurs solutions* envisageables. Vous pouvez même présenter les inconvénients et les avantages respectifs des solutions proposées.

4. Prenez position pour une des solutions

« Par expérience, je pense que la deuxième solution est la meilleure car elle...»

Si l'on se contente d'énoncer des solutions sans prendre position, ce n'est pas vraiment ce que l'on peut appeler un conseil. Bien au contraire, on risque de compliquer le problème dans l'esprit du client. Il est donc important de se «jeter à l'eau» et de conseiller son client sur une des solutions envisageables. Bien entendu, le choix final lui reviendra.

5. Enchaînez sur les modalités de mise en application

« Compte tenu de vos impératifs, il est important de prendre une décision de principe dès à présent afin de lancer les premiers travaux.»

Vous ne pouvez évidemment pas vous contenter de donner des conseils. Il faut que ces conseils se concrétisent par une vente. Il est donc judicieux de revenir sur votre terrain. Parler des contraintes à respecter pour réussir la mise en œuvre est un excellent moyen d'avancer tranquillement vers la conclusion.

«La carte du conseil» présente plusieurs avantages.

- *Elle rassure votre client.* Ce type de discussion inspirera du respect et de la confiance parce que la démarche apparaît désintéressée. En effet, le fait d'avoir passé du temps à évaluer la solution optimale pour le client ne peut que faire bonne impression. En fait, vous vous positionnez en apporteur de solution plus qu'en vendeur. Cette carte vous *donne de la hauteur* par rapport au contexte de la vente. Vous ne vous concentrez pas sur le produit ou sur le service que vous vendez en tant que tel, mais plutôt sur le problème à résoudre.
- *Elle permet de crédibiliser sa fonction de conseil.* Beaucoup de cartes de visite font mention du terme «Conseiller». Les titres sont très importants, et ils font d'ailleurs également partie des ces indices qui

contribuent à dégager une image d'autorité[1]. Cette approche vous permettra de démontrer que votre titre n'est pas «usurpé». Préférez également jouer cette carte lorsque l'objet de la vente le justifie. Autant cette technique sera adaptée à une vente complexe, autant elle pourra être disproportionnée pour des ventes simples et rapides.

- *Elle peut constituer un bon plan de deuxième entretien.* Cette façon de construire sa présentation permet de lier le diagnostic issu des premières rencontres, et la solution proposée. Cette technique oratoire peut également vous aider à structurer une présentation devant un jury.

Les erreurs à éviter

- Ne pas utiliser trop tôt la carte du conseil, pour ne pas risquer de se discréditer par une analyse incomplète, ou en donnant le sentiment d'arriver avec un discours pré-défini.
- Il est également important que les deux solutions proposées dans la troisième étape soient maîtrisées par votre entreprise. En effet, la technique qui consisterait à dire qu'il y a plusieurs solutions, à en exposer les avantages et les inconvénients et ensuite à prendre position pour la seule solution maîtrisée par votre société ne serait pas crédible.

1. Robert Cialdini (*op. cit.*) cite à ce sujet une expérience intéressante : un groupe de chercheurs s'était préoccupé de l'obéissance mécanique qu'accordent généralement les infirmières aux médecins. Ils étudièrent le problème dans le contexte d'une grave erreur d'ordonnance transmise par téléphone avec comme seul signe d'autorité le titre de «Docteur». Dans 95 % des cas, les infirmières se rendirent sans hésiter à la chambre du malade pour lui administrer une dose de médicament qui était excessive. (Elles étaient arrêtées par un observateur à la porte du malade.) Les consignes d'un «médecin» qu'elles n'avaient jamais rencontré avaient suffit pour désactiver leur compétence professionnelle et leur faire adopter une réaction en forme de déclic. R. Cialdini conclut : «Leur réaction d'automate est d'autant plus instructive qu'en l'occurrence elles n'obéissaient pas à une autorité légitime mais à un symbole très aisément contrefait – un simple titre.»

Appuyer son argumentation sur la cohérence.

Nous avons vu comment appuyer son argumentation sur l'autorité et l'expertise du vendeur. Nous allons maintenant prendre conscience d'un autre atout majeur à utiliser dans le jeu de l'argumentation *la cohérence.*

Exemple

Vous venez d'entrer dans une salle d'examen avec d'autres étudiants de la même promotion d'une école de commerce américaine prestigieuse. Après plusieurs années d'études vous êtes devenu un expert en gestion d'entreprise.
L'objet de l'exercice qui vous est proposé est le suivant : vous devez prendre une décision de stratégie d'entreprise qui consiste à affecter une importante somme d'argent au développement d'une des deux filiales qui dépendent de votre société.

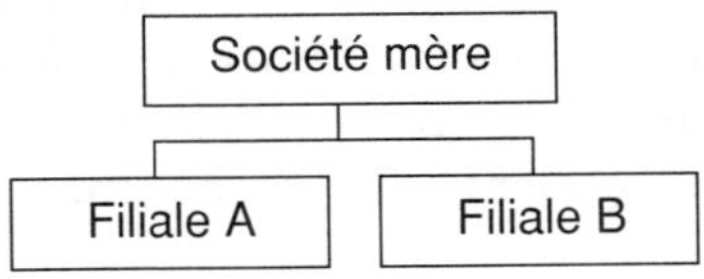

Bien entendu, on vous remet un dossier complet qui décrit l'environnement économique et la qualité des deux filiales pour vous permettre de baser votre décision sur des critères économiques tangibles. À ce stade de vos études, nul doute que votre expertise vous permettra de faire le bon choix pour rendre heureux vos actionnaires.
Après une étude minutieuse vous décidez d'affecter cette somme à la filiale A. Vous avez sans doute raison, les chiffres sont clairs.
Une fois votre décision prise, on vous demande de prendre une nouvelle décision de ce type, mais en vous situant plusieurs années plus tard. Le montant est identique, et vous devez à nouveau choisir entre la filiale A et la filiale B. On vous communique une mise à jour du dossier qui cette fois révèle très clairement que la filiale A n'a pas de bons résultats. Vous devez admettre que vous vous êtes trompé.
L'expert en gestion d'entreprise que vous êtes devrait donc sans aucun doute affecter cette nouvelle somme à la filiale qui présente aujourd'hui les meilleures perspectives, c'est-à-dire à la filiale B. Il y a pourtant de très fortes chances que vous investissiez plutôt dans la filiale A, comme le firent les nombreux étudiants soumis à cette expérience par un chercheur en psychologie sociale[1].

1. Expérience de Staw (1976).

En effet, cette expérience démontra que les futurs managers avaient tendance à privilégier dans les décisions d'investissement la filiale qui avait bénéficié de leur première décision.

Les résultats furent corroborés par une autre expérience qui consistait à soumettre directement à d'autres étudiants la deuxième situation, en leur disant que quelqu'un d'autre avait pris la décision d'investir en A l'année précédente. Dans ce cas de figure, ils n'avaient aucun mal à affecter les investissements où le bon sens économique le commandait…

De nombreux théoriciens[1] considèrent que le désir de cohérence est un des motivateurs essentiels de notre comportement. Les ouvrages spécialisés regorgent d'expériences en tous genres qui démontrent la force incroyable de la cohérence sur nos comportements quotidiens[2]. Le besoin de cohérence est tellement fort qu'il génère des réflexes intellectuels et comportementaux tout à fait stupéfiants !

Il suffit par exemple que vous pariez avec un collègue de travail sur les chances de voir votre équipe de football préférée gagner une coupe d'Europe, pour que quelques secondes à peine après le pari, les chances de succès de cette équipe augmentent dans votre esprit[3].

L'influence de la cohérence dans nos comportements s'explique par la grande estime que la collectivité accorde à la cohérence. Elle est tellement valorisée qu'elle va de pair avec l'intelligence et la force de caractère. Que pensez-vous de votre patron s'il vous donne une direction à suivre le lundi, et change d'avis le vendredi ? Une conséquence de cette image valorisante que nous nous faisons de la cohérence est que lorsque nous avons pris une décision, nous avons tendance à vouloir la maintenir même si elle ne donne pas les résultats attendus.

Certes, vous pouvez encore douter, et vous dire que vous ne seriez pas tombé dans un tel piège. Prenons donc un dernier exemple d'ordre général avant de retourner dans le domaine strictement commercial :

1. Léon Festinger, Fritz Hieder, Théodore Newcomb.
2. Le *Petit traité de manipulation à l'usage des honnêtes gens* de Robert-Vincent Joule et Jean-Léon Beauvois (Éditions PUG, 1987) vous fera découvrir dans le détail les nombreuses incidences de la cohérence sur notre esprit.
3. Des expériences menées par Knox et Inkster sur les parieurs d'un champ de course ont démontré ce phénomène.

Vous avez sans doute un jour été tenté par la perspective de faire fructifier vos primes par de judicieux investissements en bourse. Imaginons que votre choix se soit porté sur une valeur promise à un très bel avenir, selon la presse spécialisée. Seulement voilà, contre toute attente, cette action s'est mise à chuter. Qu'avez-vous fait ? Si votre attitude est conforme à celle de la majorité des investisseurs dans cette situation, vous avez sans doute été tenté par une «moyenne à la baisse», c'est-à-dire un achat supplémentaire pour bénéficier de la hausse future du titre. Pour vous convaincre, vous vous êtes même dit que l'investissement en bourse était forcément un investissement à long terme[1].

Si nous avons un désir quasi obsessionnel d'être et de paraître cohérent dans notre comportement, ceci est également le cas de vos clients ! La force de la cohérence et la bonne réputation de la logique nous donnent donc de nombreuses pistes à suivre pour augmenter notre pouvoir persuasif.

Conseils pour «jouer» sur la cohérence

➤ *Gérez les points d'accord*

Il y a parfois des objectifs intermédiaires à réaliser avant de pouvoir atteindre l'objectif final de la vente. Si vous voulez convaincre votre client d'utiliser un produit ou un service auquel il n'avait pas pensé jusque-là, il est judicieux de passer par l'obtention préalable d'accords partiels.

Exemple

A l'occasion de la préparation d'un stage pour les chefs de publicité d'un journal d'annonces gratuit, le Directeur Général répondit ainsi à une question qui portait sur la méthode à suivre pour vendre un emplacement : «*Eh bien il faut respecter des étapes*».
Première étape : convaincre le client que la presse gratuite locale est un support de communication efficace.
Deuxième étape : convaincre le client que la presse gratuite locale est le média qui est le plus diffusé chez ses propres clients.

1. Certains gérants de portefeuilles avouent pourtant qu'ils considèrent que les «achats à long terme» ne sont rien d'autre que «des achats à court terme qui ont mal tourné».

> *Troisième étape* : convaincre le client que parmi les journaux de ce type, le nôtre est le meilleur.
> *Quatrième étape* : vendre un emplacement.»

Effectivement, c'est logique ! Cette tactique consiste à définir un chemin de progression régulier dans l'argumentation. Elle s'appuie outrageusement sur la force de l'engagement, car dès lors que votre client a validé plusieurs accords mineurs, il lui est difficile de ne pas se rendre à l'évidence. Cette approche peut tout à fait être développée dans d'autres secteurs d'activité et probablement dans le vôtre.

➤ *Gardez le plus dur pour la fin*

Imaginons que votre produit ait un défaut qui puisse faire l'objet d'objections difficiles à traiter. Vaut-il mieux aborder cette question en début d'entretien ou en fin d'entretien ? La question est mal posée. La bonne question est plutôt la suivante : Vaut-il mieux aborder ce point en début d'entretien ou après que votre client a mobilisé de l'énergie et surtout du temps ?[1]

Exemple

> Vous aimez beaucoup faire du ski. Tous les hivers, comme beaucoup de Parisiens, vous partez une semaine à la montagne. Lorsque vous skiez, vous portez toujours un superbe bonnet fluorescent avec un immense pompon du meilleur goût. C'est votre porte-bonheur et vous ne vous en séparez jamais.
> Imaginons maintenant deux hypothèses :
> *Première hypothèse* : vous venez de quitter votre domicile, et vous n'avez pas encore franchi la Porte d'Orléans quand vous vous rendez compte que vous avez oubliez votre bonnet. Que faites-vous ? Il est probable que le demi-tour s'impose et que vous ne renonciez pas si facilement à votre gri-gri.
> *Deuxième hypothèse* : Vous venez de franchir le tunnel de Fourvière lorsque vous faites votre horrible découverte ! Que faites-vous ? Vous achèterez un nouveau bonnet...

Lorsqu'un point d'achoppement doit faire surface, il vaut mieux qu'il apparaisse à la fin plutôt qu'au tout début de l'entretien. Bien

1. Le temps est la ressource la plus dure à gérer. On ne rattrape jamais le temps perdu !

entendu la discussion peut être difficile ou tendue à ce moment-là car votre interlocuteur se sent mal à l'aise, mais avec un peu de patience vous avez toutes les chances de préserver l'essentiel. Ce réflexe est basé sur ce que les psychologues appelle l'effet de la *dépense gâchée*[1]. Il est donc toujours préférable de différer le traitement des points difficiles[2].

➤ *Validez tous vos arguments*

Ceci est une règle d'or ! Beaucoup de commerciaux ont la fâcheuse tendance d'énumérer tous leurs arguments sans prendre le soin de les valider. C'est ce qu'on pourrait appeler le syndrome de la «mitraillette aux arguments». En faisant de la sorte, non seulement on ne peut pas savoir si ces arguments ont bien répondu aux attentes du client, mais en plus on se prive du pouvoir de l'engagement. Celui qui valide chacun des arguments qui lui sont présentés a plus de chance de dire «oui» en fin d'entretien que celui qui ne s'est pas engagé jusque-là.

Valider chaque argument n'est vraiment pas difficile. C'est une question de discipline. Il s'agit simplement de développer le réflexe qui consiste à vérifier systématiquement la «bonne réception» de chacun de ses arguments après les avoir énoncés. Ceci se fait aisément au moyen d'une question de contrôle[3].

1. Les acheteurs professionnels manient très bien cette tactique qui consiste à tout remettre en cause au dernier moment. Ils ne souhaitent évidemment pas en arriver là car eux aussi auraient perdu leur temps, mais ils savent que très peu de vendeurs sont capables de retourner le piège de la *dépense gâchée* en leur faveur.
2. Une «technique commerciale» qui s'appuie sur le phénomène de la dépense gâchée est la technique de *l'amorçage*. Elle est plus proche de l'escroquerie que des techniques de vente, et je ne vous recommande évidemment pas de la mettre en œuvre car c'est une grande source de frustration pour vos clients. Cette approche est pourtant pratiquée quotidiennement par de nombreux vendeurs, surtout dans la distribution aux particuliers. R.-V. Joule et J.-L. Beauvois (*op. cit.*) la définissent de la façon suivante : «Elle consiste à amener un client potentiel à prendre une décision d'achat, soit en lui cachant certains de ses inconvénients, soit en faisant miroiter des avantages fictifs. La décision prise, le consommateur aura tendance à ne pas la remettre en question, même lorsqu'il en connaîtra le coût réel effectif (les avantages réels, comme les inconvénients réels)».
3. Les techniques de questionnement sont décrites dans la case relative au diagnostic.

- «Est-ce que vous voyez bien l'intérêt de cette solution pour vous ?»
- «Est-ce que cela correspond à ce que vous attendez ?»

Si peu de commerciaux valident systématiquement leurs arguments, c'est parce qu'ils craignent souvent que le client réponde par la négative. Cette crainte est légitime car le client peut très bien répondre qu'il n'est pas d'accord avec vous. Mais dans ce cas, il vaut mieux le savoir et traiter l'objection que de laisser le client demeurer réticent.

➤ *Faites en sorte que vos clients prennent position*

Imaginons que votre conseiller financier vous ait suggéré d'investir dans une valeur cotée au CAC 40, prenons au hasard Eurotunnel... À 100 F ce n'est vraiment pas cher ! Quoi qu'il arrive par la suite, il aura de toutes les façons du mal à reconnaître qu'il s'est trompé et à vous conseiller de vendre avant de perdre davantage. Ce ne serait pas cohérent ! Ceci étant, son degré «d'engagement» vis-à-vis de sa position initiale dépendra de la façon dont il a pris position.

S'il vous a conseillé cette valeur *oralement*, il aura du mal à revenir sur ce qu'il a dit, mais ce n'est pas complètement insurmontable.
S'il vous a *écrit son conseil*, alors il va falloir mettre les grands moyens pour le faire changer d'avis.
Enfin, s'il s'agit d'un grand gestionnaire qui a pris un *engagement public via* un article dans un journal financier, ou une interview, il n'en démordra pas.

Les psychologues nous enseignent en effet qu'il y trois niveaux d'engagement : l'engagement oral, l'engagement écrit et l'engagement public.

• *L'engagement oral* : C'est le premier niveau. Il est moins puissant que les autres mais son efficacité est pourtant très importante. Afin de démontrer que l'engagement oral d'une personne est suffisant pour lui faire faire quelque chose qu'elle n'aurait probablement pas fait sans engagement préalable, un chercheur américain[1] a mis en scène la situation suivante :

1. Moriarty, 1975.

Un client d'un restaurant (en fait un complice de l'expérience) s'installait à une table et faisait en sorte de rapidement faire comprendre à son voisin qu'il n'attendait personne pour l'accompagner. Il lui suffisait par exemple de demander du feu, en précisant «Je n'ai pas de briquet, et je suis seul». Peu de temps après, cette personne s'absentait quelques minutes durant lesquelles un autre individu, également complice de l'expérience, venait dérober la superbe mallette laissée en évidence par le premier. Dans ce cas de figure, alors que le voisin savait exactement ce qui était en train de se passer, il n'intervenait que très rarement, dans 12,5 % des cas seulement.

Dans d'autres cas, l'expérience était en tous points comparables à l'exception d'un détail : avant de s'absenter, le complice de l'expérience posait la question suivante : «Excusez-moi, je dois m'absenter quelques minutes. Pourriez-vous surveiller ma mallette s'il vous plaît ?». Dans ce deuxième cas, 100 % des voisins intervinrent !

Le plus stupéfiant c'est qu'il a suffi de poser une question amenant un «oui» pour changer du tout au tout le comportement de ces personnes. Qui plus est, le «oui» en question était quasiment un «oui» forcé, car qui dans une telle situation répondrait «non» ?

Vous pouvez tirer deux enseignements de cette expérience :

1. Quand vous quittez quelques minutes le siège de votre TGV, confiez votre portable à votre voisin, personne n'y touchera, sauf bien sûr si lui-même est un voyou !
2. Utilisez le plus fréquemment possible les «questions-déclic» et les «questions-vérité» pour impliquer votre client. Par exemple, ne vous privez jamais de la possibilité de faire dire à vos clients qu'ils sont satisfaits de la proposition que vous leur avez faite, ou des services que leur rend votre solution.

- *L'engagement écrit*

« Les meilleurs indices de ce que les gens sentent et croient réellement se trouvent moins dans leurs paroles que dans leurs actes. Quelqu'un qui s'efforce de découvrir la personnalité d'une autre personne observe ce qu'il fait. Nous utilisons ces mêmes indices pour connaître notre propre personnalité.»[1]

Des ouvrages de PNL[2] insistent sur l'importance d'écrire les objec-

1. D'après Robert B. Cialdini, *op. cit.*
2. Par exemple Anthony Robbins, *Pouvoir illimité*, Paris, Laffont, 1988.

tifs que l'on se fixe pour augmenter les chances de les atteindre. Le fait même de les écrire nous engage davantage que de simplement les avoir en tête. *On se conforme davantage à ce que l'on écrit.* C'est pour cette raison que des sociétés commerciales demandent à leurs prospects de prendre position par écrit :

> Des grandes sociétés demandent fréquemment à leur clients de rédiger un texte court en faveur de leur produit. Elles arrivent à leurs fins en proposant de participer à un concours qui primera le meilleur texte. Par exemple, vous avez peut-être vous-même participé à un de ces concours et rédigé avec enthousiasme un texte susceptible d'être choisi pour inspirer la publicité d'un produit. Sans vouloir sous-estimer vos capacités, les publicitaires ne comptaient pas vraiment sur vos talents de rédacteur, mais plutôt sur le fait qu'après cet exercice, vous seriez sans doute plus favorable au produit en question.

Le fait d'écrire engage tellement plus que certaines sociétés de distribution demandent à leurs vendeurs de faire remplir les bons de commandes par leurs clients. Elles se sont aperçues qu'en procédant ainsi, le taux d'annulation se réduit de façon très importante.

- *L'engagement public.* La cohérence est tellement valorisée que nous résistons d'autant plus au changement si nous avons pris position publiquement. Pour jouer sur l'engagement public, vous pouvez par exemple :

– faire témoigner vos clients lors de réunions publiques qui rassemblent des professionnels ou des clients ;
– proposer de rédiger des articles communs ;
– rédiger des «testimoniaux» ;
– face à un «jury», c'est-à-dire face à un groupe d'interlocuteurs qui prendront une décision, amener le leader du groupe à prendre position : «Vous-même, Monsieur Dupont, quels seront vos critères de choix ?» Ceci est d'autant plus conseillé si vous avez identifié ces mêmes critères au préalable.

➤ *Prouvez ce que vous avancez*

Pour que votre client soit prêt à vous suivre, il faut qu'il puisse croire les promesses que vous lui faites. Vous devez donc lui apporter des preuves tangibles, susceptibles de renforcer l'impact de votre argumentation. Elles doivent démontrer «logiquement» que votre argumentation est justifiée. Il y a toutes sortes de preuves. À vous de choisir la plus adaptée au contexte.

Par exemple, vous pouvez utiliser :

- des faits,
- des garanties,
- des articles de presse,
- des résultats d'études officielles,
- des chiffres,
- des statistiques,
- des photos,
- une démonstration,
- des caractéristiques techniques,
- des anecdotes…

Ces éléments rendront votre argumentation plus crédible.

➤ ***Personnalisez votre argumentation.***

Les arguments avancés doivent être cohérents avec les motivations et les objectifs du client.

Exemple

> C'est la Saint Valentin ! Vous êtes décidé à acheter un cadeau à la personne de vos rêves. Vous venez de voir un superbe article dans une vitrine. Vous rentrez alors dans le magasin pour vous renseigner et le vendeur argumente d'emblée sur le prix de l'article qui est «très bon marché», car il fait l'objet d'une promotion avec une réduction sur le prix affiché de 15 %. Cet argument serait certainement pertinent dans d'autres cas mais l'est-il vraiment dans cette situation ? Il y a de fortes chances au contraire que votre enthousiasme soit tombé et que vous n'ayez plus envie d'acheter l'article en question.

Le client achète un produit ou un service pour les bénéfices qu'il lui rapporte et non pour ce qu'il est en tant que tel. Il est donc impératif que l'argumentation réponde réellement à ce qu'attend le client et qu'elle se traduise en *bénéfice-client*. Dans l'exemple cité, plutôt que jouer sur le prix, le vendeur aurait dû chercher à démontrer la qualité et la valeur de l'article afin de convaincre l'acquéreur du plaisir qu'il allait transmettre. Le lien entre l'argument développé et l'attente du client doit apparaître clairement et logiquement. *Ceci nécessite de votre part que vous soyez plus centré sur le client que sur vous ou votre produit.*

Nous avons vu, dans la case «Préparer sa vente par un bon diagnostic», que le SONCAS peut vous permettre d'identifier les motivations de votre interlocuteur. En l'utilisant, vous pouvez facilement adapter votre argumentation à la sensibilité de votre interlocuteur. D'ailleurs, un même argument peut souvent répondre à des motivations différentes. C'est ce que nous verrons avec l'argumentation structurée.

Les cartes de la conviction qui s'appuient sur la cohérence

➤ *L'argumentation structurée*

Cette «méthode» vous permettra de renforcer la qualité de votre argumentation et surtout de préparer vous-même des *argumentaires* adaptés à votre clientèle.[1] Avant de la découvrir, il faut que vous soyez vous-même convaincu que ses principes sont bons. Une devinette vous est proposée. Si vous êtes d'accord avec la conclusion, alors vous êtes apte à travailler sur la méthode.

> Un client potentiel vient de rentrer dans une grande concession automobile.
> Jean Carbure qui est vendeur dans cette concession revient tout juste d'une formation aux techniques de vente. Ce stage l'a transformé, et maintenant il manie avec efficacité les techniques de questionnement. Avec tellement d'efficacité, qu'il découvre très rapidement beaucoup de choses susceptibles de l'aider à convaincre ce prospect.
> En résumé, le client lui a dit qu'il voyageait toute l'année à travers l'Europe, qu'il avait besoin de se déplacer rapidement. Il s'est même laissé aller (ou plutôt Jean Carbure a bien su le faire parler) et a ajouté que s'il y avait une chose qu'il ne supportait pas, c'était d'être déporté sur la gauche lorsqu'en hiver, par grand vent, il était amené à doubler des camions... À ce moment-là, notre vendeur connaît le besoin technique (voiture puissante) et la motivation (sécurité). C'est le moment qu'il a choisi pour argumenter...
> Imaginons maintenant que le vendeur utilise une des trois phrases qui suivent pour argumenter. Quelle est à votre avis la formule qui lui donnera le plus de chance de convaincre son prospect ?

1. Les argumentaires sont trop souvent concoctés par les services marketing, puis expédiés aux commerciaux qui à leur tour les expédient, dans leur armoire...

> 1. «Ce modèle répond à ce que vous attendez, c'est une voiture très puissante !»
> 2. «Ce modèle possède un V6 qui lui permet de développer 150 chevaux.»
> 3. «La puissance de ce modèle vous permettra de doubler les camions en toute sécurité.»[1]

Le *plan d'argumentation structurée* permet de répondre au besoin en s'appuyant sur des preuves. Il procède *avec logique*. Les étapes à respecter sont les suivantes :

1. Reformuler les attentes du client

> « Ce que vous recherchez est donc une voiture qui allie puissance et sécurité, c'est bien cela ?»

Il s'agit de vous assurer de votre compréhension exacte de ce qu'attend votre client, avant de vous lancer dans l'argumentation. C'est une sage précaution car argumenter «à côté» ou pire «à contresens» peut réduire à néant les chances du vendeur, que le client soupçonnera de n'avoir rien compris. Cette première étape sera considérée comme bien exécutée après la validation du client.

☞ ***Le client n'achète pas seulement parce qu'il a bien compris vos arguments. Il achète surtout parce qu'il a le sentiment qu'il a été bien compris !***

2. Éveiller l'intérêt du client par l'expression d'un avantage général

> « Ce modèle répond bien à votre attente. C'est une des voitures les plus puissantes du marché !»

Cette étape vous permettra de «soulever la paupière de votre client». L'attention du client peut filer très vite vers d'autres préoccupations. Vous devez constamment la maintenir, et même la raviver avant d'énoncer vos points forts. Exprimer un avantage «général» y suffira. Dire «elle est très puissante» ne prouve rien en soi, mais attire l'attention. Bien entendu, il ne s'agit pas d'en rester là.

1. La réponse la plus proche de ce qu'attend le client est la troisième formulation. Mais bien entendu, *l'idéal est de rassembler les trois composantes dans un seul argument* qui s'appuie sur la caractéristique technique (la puissance) pour satisfaire la motivation (la sécurité). Le plan d'argumentation structurée vous permettra d'appliquer ce principe à vos arguments.

3. Crédibiliser votre argument par une preuve

> « D'ailleurs, son moteur est équipé d'un V6, ce qui lui permet de développer 150 chevaux !»

Si vous avez choisi de vous appuyer sur la cohérence, il est nécessaire d'étayer votre argumentation par des preuves. La preuve crédibilise votre discours. Dans cet exemple, il s'agit d'une caractéristique technique, on peut bien entendu utiliser tous les types de preuves qui sont à votre disposition (faits, chiffres, garanties, anecdotes…).

4. Traduire la preuve en bénéfice-client

> « La puissance de ce modèle vous permettra donc de doubler les camions en toute sécurité.»

C'est le point le plus important. Une caractéristique technique en tant que telle ne fait pas vendre. Elle aide à démontrer que le propos est crédible, mais elle ne répond pas à la question que se pose le client : «Est-ce vraiment adapté à mon besoin ?». *Le bénéfice-client doit répondre positivement à cette question.*

5. Valider l'argumentation

> « Est-ce que ceci correspond bien à ce que vous attendez ?»

C'est le client qui décide de la pertinence de vos arguments. Certes, vous êtes sans doute convaincu de la qualité et de l'efficacité de votre produit, mais la prudence impose de s'assurer que votre client le pense également.

1	**Vérifier si l'on a bien compris le problème** Reformulation dans le SONCAS	Obtenir un oui préalable	►	Sécurise
2	**Avantage**	Pourquoi	►	Éveille l'intérêt
3	**Preuve** caractéristiques	Parce que	►	Crédibilise
4	**Bénéfice** pour l'interlocuteur ou son client	Donc, pour vous	►	Implique
5	**Question de contrôle**	Obtenir le "oui" final	►	Engage

Le plan d'argumentation structurée

L'argumentation structurée est une façon efficace et simple de présenter ses arguments. Pour préparer à l'avance vos arguments structurés et pouvoir ainsi utiliser cette méthode, il vous suffit de prendre quelques minutes pour remplir une *grille d'argumentaire* selon le modèle proposé :

Faites figurer ici, la motivation à laquelle vous devez répondre. Vous pouvez reprendre les six motivations du SONCAS, ou les personnaliser pour tenir compte des spécificité de votre clientèle.

Les preuves qui viennent crédibiliser cet argument seront listées dans cette colonne.

Motivation	**Avantages**	**Preuves**	**Bénéfice-client**
Sécurité	Ce matériel est très fiable.	• Nombre de tests effectués • Statistiques d'incidents • Garantie proposée	Vous serez certain de ne pas être interrompu par des problèmes techniques et de pouvoir réaliser vos travaux urgents en toute tranquillité.

Mentionnez ici, ce qui vous permettra d'éveiller l'intérêt, de «frapper l'imaginaire» du client.

Préparez ici la façon dont vous traduirez les avantages généraux et les caractéristiques techniques en bénéfice client.

La grille d'argumentaire

Deux remarques s'imposent concernant la grille d'argumentaire :

- Il s'agit d'un *travail de préparation* ; il est donc inutile de rédiger de très longues phrases à apprendre par cœur. Les idées-clés suffisent.
- Vous pouvez utiliser plusieurs fois les mêmes preuves, c'est surtout le *bénéfice-client* qui doit être adapté à la motivation du client.

➤ *Les syllogismes*

Exemple

Vendeur de produits financiers qui doit convaincre un particulier de souscrire à un produit de retraite complémentaire :

«*Tout le monde sait* que le financement des retraites sera de plus en plus difficile.

Vous souhaitez ne jamais être à la charge de vos enfants, et pouvoir conserver une indépendance financière.

> *Vous devez donc* penser dès à présent à vous constituer une retraite complémentaire.»

Les syllogismes, par définition, s'appuient sur la logique. Ils sont composés de *trois étapes* :

1. Énoncer une règle générale

> «Tout le monde sait que le marché de l'immobilier d'entreprise est saturé par les offres de locaux vacants.»

La «carte de l'évidence» que nous avons vue précédemment est ici très utile puisqu'il s'agit de mettre en avant quelque chose d'incontestable.

2. Revenir au cas particulier de son interlocuteur

> «Or, vous souhaitez trouver un preneur pour vos locaux dans les meilleures conditions.»

Il s'agit de faire un «zoom avant» sur l'objectif poursuivi par le client.

3. Faire le lien entre la règle générale et le cas particulier

> «Vous devez donc pouvoir vous appuyer sur les conseils et le réseau d'un professionnel de la transaction immobilière.»

C'est le «résultat» de la démonstration.

Un syllogisme doit être dit posément et avec assurance. Les exemples cités plus haut sont courts, mais la structure même du syllogisme peut être utilisée dans un discours qui nécessite un plus long développement. La cohérence de la démonstration sera rappelée en mettant encore davantage l'accent sur les mots de liaison qui accentuent la «logique» :

> «*Le monde change* (règle générale). Il est incontestable que les nouvelles technologies sont en train d'accélérer l'évolution des modes de communication en général et l'organisation du travail en particulier. Il est clair que...
> *Votre société* est concernée au plus haut point par cette évolution (cas particulier). Les intervenants de ce secteur d'activité sont en effet très sensibles...
> *En conséquence,* il est important que vous puissiez vous appuyer sur un système de communication à la pointe du progrès (résultat).»

Les atouts des syllogismes :

- *Ils permettent de rationaliser la décision.* Le raisonnement froid et bien structuré que propose le syllogisme permet au client cartésien de trouver les justifications utiles pour se convaincre lui-même de la pertinence de son choix.
- *Ils permettent d'exprimer une certaine rigueur* Cette technique s'appuie également sur la force de l'autorité et de la compétence de celui qui l'énonce. Il témoigne d'une maîtrise du sujet.
- *Ils permettent de «vendre les critères de choix».* C'est sans doute là la meilleure utilisation possible. Nous avons vu plus haut qu'il est parfois nécessaire que le client adhère à certains principes pour pouvoir ensuite accepter la proposition suivante (gestion des points d'accord). Le syllogisme sera très utile pour appuyer l'argumentation sur les critères de choix intermédiaires.

Exemple

> *Vendeur d'un fabricant de piscines qui veut convaincre un client étranger* :
> «Les installateurs locaux importent tous des piscines en polyester.
> Vous voulez absolument résister à la concurrence et rentabiliser vos importations.
> Vous devez donc choisir d'importer des piscines hors-sol, ce qui vous permettra de mieux vous positionner sur votre marché.»

Les erreurs à éviter

- Nous sommes tellement sensibles à la logique, qu'il faut absolument qu'une démonstration basée sur la logique soit vraiment logique ! Si votre démonstration n'est pas parfaitement cohérente, le risque de provoquer un débat contradictoire est grand.
- De la même manière, il vaut mieux *éviter les faux syllogismes* dont l'exemple le plus célèbre est le suivant :

«Les chats sont mortels
Socrate est mortel
Socrate est donc un chat…»

➤ *Un joker efficace : la «carte du doute»*

Un joker est une carte que l'on sort en cas d'urgence. La carte du doute sera le plus souvent jouée dans les mêmes circonstances.

Exemples

> *Commercial d'une société organisatrice de salons professionnels* :
> • «Que penseront vos clients s'ils ne vous voient pas sur ce salon ?»
> • «Vous êtes sur le point de choisir d'investir votre budget promotion dans un magazine de *news*. Il s'agit en fait de parier sur le retour de coupons :
> – Comment ont été calculées les hypothèses de retour ?
> – Qui vous garantit que ces hypothèses se réaliseront ?
> – Que se passerait-il si les retours n'étaient pas à la hauteur de ce que vous souhaitez ?»

Cette technique s'appuie sur la cohérence. Instiller le doute revient à montrer que le choix du client risque de ne pas être cohérent avec les objectifs qu'il cherche à atteindre. Le jeu des questions rend la carte du doute «acceptable» par votre interlocuteur. Des questions pertinentes permettent de sous-entendre des choses très fortes en limitant le risque de provoquer une réaction de rejet. Ces questions peuvent parfois être provocatrices en fonction du contexte :

> • «*Comment pourriez-vous vouloir d'une part* favoriser la stabilité de votre personnel, *et d'autre part* choisir un immeuble situé tellement loin que de nombreux salariés ne pourront pas vous suivre ?»
> • «*Qui vous garantit* que les performances en conditions réelles seront les mêmes que celles enregistrées lors de tests où tous les éléments sont maîtrisés ?»
> • «*Avez-vous songé au cas où…* Et dans ce cas *que se passerait-il* ?»
> • «*Comment se fait-il* qu'un produit aussi performant soit à ce point bradé ?»

Les atouts de «la carte du doute» sont doubles :

- *Renverser la pression*. Les vendeurs sont souvent très inquiets à l'idée de perdre une vente. Et pourtant, que se passe-t-il si un vendeur loupe une vente ? Il va tenter de réussir la suivante. Par contre, que se passe-t-il si un acheteur loupe un achat important ? Il est en position délicate. Si vous n'en êtes pas convaincu, parcourez donc les offres d'emploi destinées aux acheteurs. Vous remarquerez que les profils exigés sont de plus en plus pointus. Leur responsabilité est telle dans les résultats financiers que la moindre erreur est dommageable. C'est pour cette raison que beaucoup d'affaires se concluent tous les jours à des tarifs qui ne sont pas les plus bas du marché. Cette carte permet donc de renverser la pression sur les épaules de l'acheteur. Elle a ainsi pour but de rééquilibrer le rapport de forces.

- *Se repositionner par rapport à une offre concurrente.* Si vous sentez que la vente est sur le point de vous échapper, que le client a quasiment pris une décision qui ne vous est pas favorable, ce «joker» vous permettra de fissurer l'assurance de votre interlocuteur.

Les erreurs à éviter

- Il ne faut pas aller trop loin. Pour vous assurer de minimiser les risques de conflits provoqués par cette carte, vous pouvez *prendre des précautions oratoires* avant de l'énoncer. Par exemple : «J'imagine que vous vous êtes déjà posé la question, mais j'aimerais savoir...»
- Il vaut mieux *ne pas faire reposer cette technique sur des éléments non crédibles,* sans quoi c'est un éclat de rire plutôt qu'un doute qui risque d'être provoqué ! Exemple : «Que se passerait-il si nous étions les seuls à pouvoir vous fournir cette voiture ?»

Réservez donc ce «joker» aux situations critiques. Ce doit être votre «va-tout». Telle une botte secrète, cette tactique trouvera toute sa raison d'être dans les situations difficiles. Elle est particulièrement inconfortable pour celui qui la «subit» et ne doit donc pas être utilisée si la situation ne le justifie pas, sous peine d'altérer la relation.

Idées complémentaires pour argumenter avec efficacité

Choisissez l'ordre de présentation de vos arguments

Même s'ils sont tous pertinents, tous vos arguments n'auront pas la même importance aux yeux du client. Certains seront très importants, d'autres moins. Alors, faut-il commencer par présenter l'argument le plus fort et continuer decrescendo ou au contraire commencer par l'argument le plus faible pour aller crescendo au fil de l'entretien ?

Un chercheur en psychologie sociale, le professeur Howland, a tenté d'apporter une réponse à cette question. En fait il prétend que l'ordre de présentation doit être choisi en fonction du degré de scepticisme de votre interlocuteur :

• *Le premier exemple* est celui d'un avocat qui doit défendre un accusé dont les atrocités ont fait la une des journaux. Les jurés sont tous convaincus que l'accusé est un monstre. L'avocat va pourtant tenter de minimiser sa peine, d'obtenir une certaine clémence de la part du jury. Dans la plupart des cas, l'avocat commencera sa plaidoirie par un argument très fort, par un «argument massue» afin de créer une faille dans la position des jurés. Une fois cette faille créée, il s'efforcera de l'exploiter par d'autres arguments qui seront ensuite énoncés.

• *Le deuxième exemple* est celui du leader politique qui monte à la tribune à l'occasion d'un meeting. Il s'apprête à intervenir devant un auditoire de sympathisants. L'auditoire est donc favorable, et l'orateur va avoir intérêt à monter en puissance tout au long de son discours pour maintenir son attention. L'inverse risquerait de dévaloriser les derniers arguments.

Si l'on transpose ces deux exemples dans votre contexte :

- Dans le cadre d'un entretien de fidélisation, ou d'une vente complémentaire chez un client déjà acquis à votre cause, adoptez la méthode du leader politique et présentant vos arguments du plus faible au plus fort.
- Dans le cadre d'une prospection, d'une conquête dans le portefeuille client d'un concurrent ou même face à un membre du groupe de décision qui ne vous est pas favorable, adoptez plutôt la méthode de l'avocat, en commençant par l'argument le plus fort.

Utilisez des anecdotes

On se souvient souvent beaucoup plus d'un exemple qui nous a été donné que des explications détaillées. Si vous animez des réunions de travail ou de formation, vous avez sans doute déjà constaté que l'attention du groupe est beaucoup plus facilement captée par un exemple, une anecdote que par un exposé technique. C'est pour cela qu'il est souvent conseillé aux orateurs de débuter leur discours par une exemple, voire par une histoire drôle.

Ce principe peut également être utilisé dans la vente et notamment pour capter l'attention de votre interlocuteur.

Répétez l'argument qui plaît

Revenez sur le point sensible du client et reprenez l'argument sur lequel sa réaction a été le plus nettement favorable. Faites parler le client sur ce point, demandez-lui de vous donner des exemples : transformez-le en vendeur. Tous les arguments «comptent double» quand ils sont formulés par le client lui-même !

Citez des références qui ressemblent à votre client

> Vous vous promenez dans une rue à la recherche d'un restaurant agréable. Êtes-vous attiré par celui dont la salle est vide ?
> En principe, vous ne le choisirez pas, sauf si vous êtes déjà venu et que vous connaissez la qualité de la cuisine.

Lorsque nous hésitons pour prendre une décision, nous avons tendance à nous référer au comportement des gens qui nous ressemblent. Ainsi, face à un client qui hésite, il sera pertinent de citer des références qui lui ressemblent. En revanche, face à quelqu'un qui est très sûr de lui, cette tactique risque plutôt de provoquer une réaction d'orgueil opposée.

Utilisez des visuels

Que ce soient des photos, des plaquettes, des échantillons, des graphiques en trois dimensions, ou un simple dessin à main levée, les supports fixent l'attention du client, facilitent la compréhension. Ils vous permettront également de «ramener» vers vous un interlocuteur trop en recul. Ainsi, si votre client se penche en arrière sur sa chaise, les bras croisés et la paupière lourde, il y a fort à parier que votre argumentation aura du mal à laisser des traces. Un support présenté à ce moment-là obligera votre interlocuteur à se pencher vers vous, et ainsi à se concentrer sur vos propos. Vous ne devez disposer que d'un seul exemplaire et le garder en main afin d'éviter que votre client ne se plonge dans une lecture solitaire.

LES POINTS-CLÉS À MÉMORISER

Pour renforcer votre argumentation, vous pouvez compter sur deux alliés de poids : l'autorité que vous transmettez et la cohérence de votre client :

➤ *Pour renforcer votre autorité*

- Dégagez de l'assurance par votre attitude.
- Maîtrisez les détails de votre offre.
- Argumentez sans précipitation.

➤ *Pour vous appuyer sur la cohérence*

- Gérez les points d'accords intermédiaires qui mènent à l'accord final.
- Gardez le plus dur pour la fin.
- Validez tous vos arguments.
- Présentez des «preuves».
- Personnalisez votre argumentation.

➤ *Développez votre argumentation en jouant sur les cartes de la conviction*

- La «carte de la sélection».
- La «carte de l'évidence».
- La «carte du conseil».
- L'argumentation structurée.
- Les syllogismes.
- La «carte du doute».

À VOUS DE JOUER !

SI VOUS TRAVAILLEZ SEUL

➤ *Pour rester dans la course*

L'argumentation structurée est la technique d'argumentation à maîtriser en premier lieu. Cette technique permet à la fois de développer une argumentation crédible sur le fond et rythmée sur la forme.

Pour vous y préparer, consacrez quelques instants à la constitution d'un argumentaire sur mesure en reprenant le modèle de la grille proposée page 143.

Attention à bien surveiller votre capacité à faire valider tous vos arguments. Ceci pourrait, par exemple, faire l'objet d'une surveillance particulière lors de votre prochain entretien.

➤ *Pour faire la différence par rapport à vos concurrents*

Vous pourrez faire la différence en traduisant par votre personnalité, votre comportement général et par votre façon de présenter votre argumentation, une certitude qui rassure. Plus les produits se ressemblent, plus la décision est difficile à prendre pour le client. Votre attitude et votre capacité à réellement lui apporter un conseil feront toute la différence.

1. Prenez soin de mettre en valeur votre expertise en répondant de façon simple mais précise aux questions techniques. Il est important pour cela de maîtriser parfaitement les détails de votre offre, même ceux qui vous paraissaient jusqu'alors superflus.
2. Affirmez vos points forts grâce aux «cartes de la conviction» qui s'appuient sur l'autorité. Pour pouvoir les utiliser avec le plus d'efficacité possible, préparez des transpositions sur les critères de choix à renforcer en fonction de la concurrence rencontrée.

Exemple de travail de transposition :
- Lister les principales failles de vos concurrents.
- Traduisez ces failles en «critères de choix».
- Préparez les cartes de la conviction adaptées.

Par exemple, si un de vos concurrent présente les atouts et les faiblesses suivants :

Atouts	Faiblesses
Prix inférieur Facilité d'utilisation supérieure Options plus nombreuses	L'éloignement Le manque de références

• «Carte de la sélection»

«Au-delà des détails, je tiens une nouvelle fois à insister sur les deux principales raisons qui nous ont permis de convaincre nos nombreux clients de la région : *La première raison* est la proximité de notre réseau. Quelle que soit votre demande, vous avez la possibilité d'être en contact direct avec moi, sans passer par un intermédiaire et surtout sans perte de temps. *La deuxième raison* est évidemment la qualité des références que nous avons pu apporter. Si vous le souhaitez, certains de mes clients sont disposés à témoigner de la qualité de nos services.»

• «Carte de l'évidence»

«Il est clair que seule une entreprise qui dispose d'un réseau de proximité est capable de vous répondre dans les meilleurs délais !»

3. Préparez les «leviers» qui joueront sur la cohérence de votre client.
   - Recensez les accords partiels qui une fois obtenus faciliteraient l'accord final.

- Réfléchissez aux opportunités que vous pourriez saisir pour provoquer une prise de position écrite ou publique de vos clients.
- Listez les «preuves» qui peuvent justifier vos arguments.

Si vous êtes manager d'une équipe de vente

Vous pouvez organiser une réunion de travail sur l'argumentation de la façon suivante.

1. Sélectionnez avec vos vendeurs vos trois principaux concurrents du moment.
2. Listez pour chacun de ces concurrents les principaux points faibles supposés.
3. Recensez en face de chaque point faible les arguments différentiels que vous pouvez faire valoir.
4. Répartissez entre les vendeurs des grilles d'argumentaire à préparer pour marquer votre différence.
5. Faites restituer les travaux par un porte-parole de chaque groupe.
6. Assurez vous-même la synthèse et la formalisation définitive des travaux pour en faire un outil de préparation des entretiens de vente de chacun.

Exemple de formalisation :
Concurrent :
Points faibles principaux :
Grille d'argumentaire :

Motivation	Avantages	Preuves	Bénéfice-client

☞ *Au fait, le titre mentionné sur la carte de visite de vos collaborateurs est-il un indice d'autorité ?*

CHAPITRE 5

Surmonter les objections

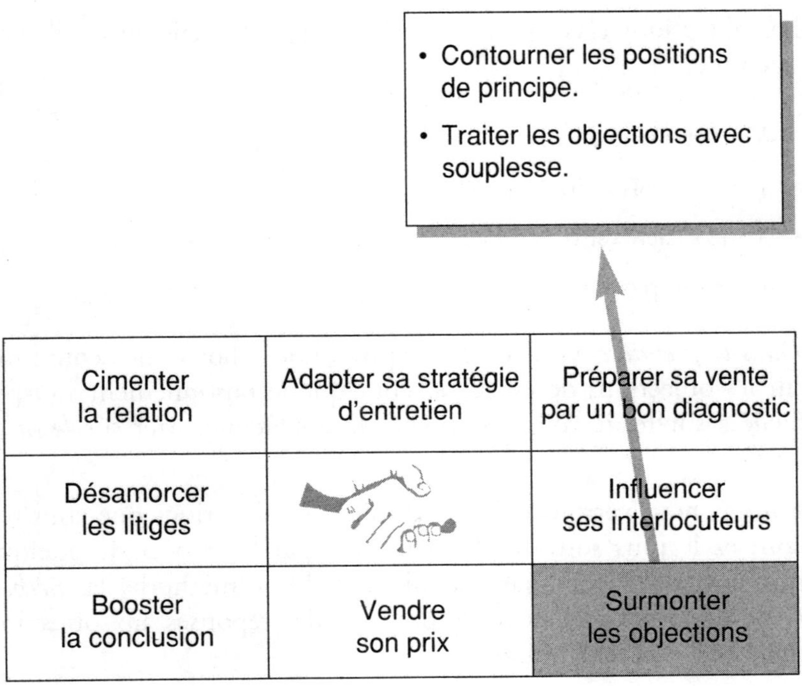

Nous allons voir dans ce chapitre ce que redoute tant de vendeurs, débutants ou confirmés : les objections. Quel que soit le nombre d'années d'expérience, une certaine gêne se manifeste dès que le client annonce qu'il n'est pas convaincu, ou que le produit ne lui convient pas. Le traitement des objections est toujours un exercice redouté. Encore une fois, votre efficacité passera aussi bien par votre état d'esprit que par l'application des techniques que nous allons voir ensemble.

En fait, les commerciaux ont à faire face à *deux grandes catégories d'objections* :

1. **Les positions de principe** qui sont, de loin, les objections les plus difficiles à appréhender. Il s'agit de situations où le client paraît complètement fermé à l'idée de travailler avec vous, et ce avant même que vous ayez pu lui présenter votre offre.

- «Je ne travaillerai jamais avec vous. Votre société est trop petite !»
- «Je ne travaille jamais avec des sociétés parisiennes !»
- «Il n'est pas question que je change de procédé technique !»

2. **Les objections classiques**, naturelles, que vous rencontrez plus fréquemment :

- «Vous êtes trop cher !»
- «J'ai déjà trois fournisseurs !»
- «Votre société est trop loin !»
- «Je ne suis pas sûr que ce soit adapté !»

- *Dans la première partie* de ce chapitre, nous allons nous concentrer sur les objections de principe. Pour que le raisonnement soit plus facile à suivre, je vous proposerai de nous concentrer sur *le cas de Victor.*
- *Ensuite*, nous verrons comment traiter les objections que vous rencontrez le plus souvent. Ceci passera par le respect de quelques principes et surtout par l'acquisition d'une méthode, la *méthode CNZ* qui vous permettra de préparer des réponses aux objections que vous souhaitez traiter.

Contourner les positions de principe

Le cas Victor

Victor est le nom d'un personnage particulièrement dur à convaincre car justement il a, vis-à-vis de son interlocuteur, une position très arrêtée : c'est non ! Vous avez certainement rencontré Victor un jour, et vous le rencontrerez encore. Victor est parfois dans la peau de votre client. Quelques-fois vous le trouvez au sein de votre propre entreprise, et j'espère qu'il ne se manifeste jamais dans votre vie privée[1]. Dans les lignes qui suivent, Victor sera le nom de code d'un interlocuteur professionnel qui n'est manifestement pas prêt à travailler avec vous.

Comment se donner une chance d'amener Victor à modifier son opinion envers votre proposition. C'est ce que je vous propose de voir dans les pages qui suivent. L'exercice est certes difficile car Victor est par définition quelqu'un de «coriace». Pour être certain de ne pas confondre les propos de Victor avec des objections classiques que nous verrons ensuite, prenez connaissance des trois exemples de positions de principe qui suivent :

> *1. Victor Malus, directeur de la communication du groupe d'assurance "La Bienveillante", s'enfonce dans son siège, les bras un peu plus croisés…*
>
> «Vous ne me convaincrez pas ! Je ne crois pas à l'impact des numéros spéciaux dans le domaine de l'assurance. Nous avons fait une parution l'année dernière cela n'a rien donné. Et votre magazine a beau être leader sur la presse économique et particulièrement performant sur le créneau des lecteurs qui m'intéresse, jamais je n'investirai un franc dans votre opération "Spécial Assurance" !»
>
> *2. Victor Lefort, responsable d'une agence immobilière, est exaspéré* :
>
> «Jamais vous ne me ferez prendre des vessies pour des lanternes ! Je me fiche de votre réelle volonté de créer un partenariat pour servir mes clients. Il y a belle lurette que je ne travaille plus avec les grandes banques à réseau. Ce qui compte, c'est la connaissance du secteur et la rapidité d'intervention ! Or, si je travaille avec vous il faudra expliquer les moindres détails chaque fois et attendre pendant des semaines un hypothétique accord. Non, décidément, nous ne sommes pas dans la même logique !»

1. Toute transposition extra-professionnelle ne pourra être considérée que comme un excellent exercice d'entraînement.

> *3. Victor Fliquet, détaillant spécialisé en matériel de bricolage, ne décolère pas* :
>
> «Quoi ! Vous me demandez de tenir des statistiques pour notre prochaine "Journée Portes Ouvertes" ! ... Alors maintenant, parce que je distribue vos outils, je dois aussi faire votre boulot... La confiance règne, dites-moi... Vous vous demandez certainement si mes vendeurs travaillent correctement, et pour cela vous voulez nous contrôler... Jamais ! Vous m'entendez, jamais vous n'aurez de ma part des statistiques ! Foi de Victor ! Et puis quoi encore...»

Dans les trois cas, la situation est bloquée car Victor a une opinion négative vis-à-vis de la société ou des produits proposés.

La conviction de Victor résiste pour trois raisons

Acheter, décider de signer un contrat, accepter d'entrer en relation avec un nouveau fournisseur sont des décisions importantes et pourtant elles ne sont jamais exclusivement basées sur le rationnel. Comme tout processus de décision, la décision d'accorder sa confiance ou non à un fournisseur s'appuie dans des proportions plus ou moins fortes sur l'aspect irrationnel, voire sur le subjectif. C'est pour cela qu'il est important de savoir comment se forgent les convictions pour mieux comprendre et mieux aborder les interlocuteurs *a priori* hostiles.

Profitons des progrès de la science pour faire un «voyage» dans le crâne de Victor et déterminer ainsi quelles sont nos chances de le convaincre :

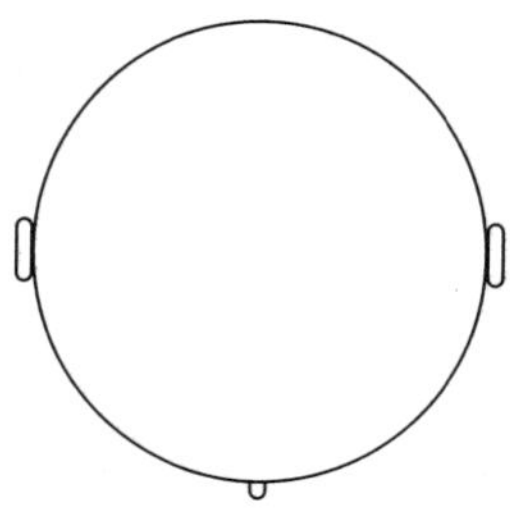

Gros plan sur le crâne de Victor «coupe vue du haut»

En fait Victor, n'a pas une vision exacte de la réalité et ceci *pour trois raisons essentielles* :

➤ *Première raison : notre conviction résiste naturellement*

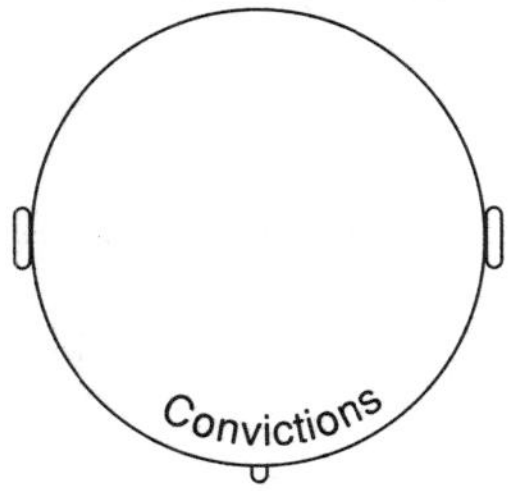

Nous ressentons nos convictions comme essentielles. Nos convictions nous appartiennent, elles nous fondent comme sujet pensant. Elles nous différencient de l'animal. Elles fondent notre humanité et nous distinguent également des autres humains. Pour ces raisons, lorsqu'une de nos convictions est attaquée, nous la défendons et la renforçons encore davantage. C'est un réflexe naturel. L'attaque d'une conviction génère systématiquement une «résistance».

➤ *Deuxième raison : toute conviction contient un «grain de vérité»*[1]

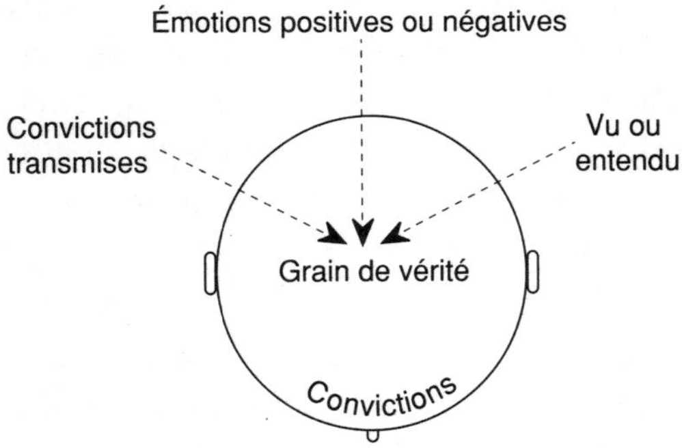

À la source de notre conviction, il y a toujours une part de réalité, de «vécu». Ce «grain de vérité» vient selon les cas :

– de ce que nous avons vu ou entendu : article de presse, émission de TV, discussion avec des amis, observation d'un phénomène particulier… ;
– des émotions positives ou négatives que nous avons ressenties : frayeur ou joie intense ;
– de ce qui nous a été transmis par la famille, l'école, l'entreprise, les

1. L'expression est de Lacan.

groupes sociaux auxquels nous appartenons : les principes moraux familiaux, les règles imposées par son patron, la culture d'entreprise…

➤ *Troisième raison : nous avons un besoin de cohérence*

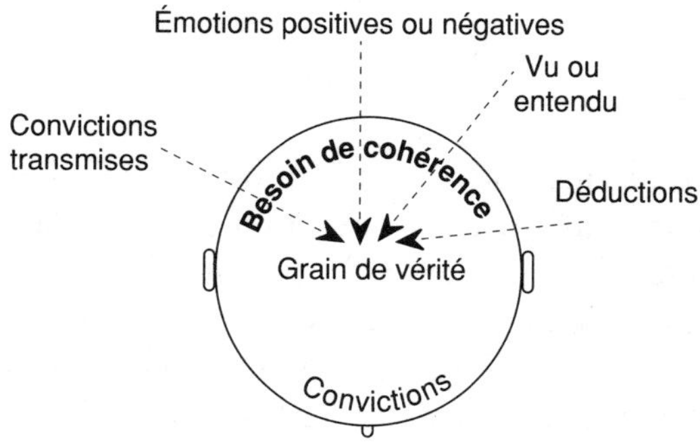

Notre *besoin de cohérence* nous incite à organiser d'une manière optimale nos opinions, nos attitudes[1] et nos comportements. Ainsi, la personnalité d'un individu fonctionne comme un système structuré qui tend à s'organiser pour éviter les déséquilibres et réduire ses incertitudes. Les convictions sont donc reliées entre elles et se soutiennent mutuellement. Par exemple, si Victor pense que les enfants sont mal éduqués, il se peut qu'il pense également que les juges ne sont pas assez sévères, que les trottoirs de Paris ne sont pas assez propres ou encore que le sens civique est une valeur qui n'existe plus… C'est cet ensemble structuré qui renforce la conviction de Victor.

La remise en cause d'une conviction profonde implique donc la remise en cause d'un ensemble de convictions. Ainsi, lorsque surgit un élément (expérience, information nouvelle) qui perturbe les croyances établies, il y a création d'incertitude et production d'une *dissonance cognitive,* source de tension. Cette tension crée un malaise et Victor va alors entamer un processus complexe et inconscient de *réduction de la dissonance.*

1. Les psychologues désignent par «attitudes» l'ensemble des positions arrêtées sur un certain nombre de problèmes de société, et les orientations principales de la personnalité qui fondent toutes les autres opinions. Ce sont ces positions individuelles, mais aussi partagées, que l'on étudie en psychologie sociale sous le terme d'«attitudes». Voir l'ouvrage *Psychologie sociale,* sous la dir. de Serge Moscovici, Paris, PUF, 1992.

On observe généralement que dans ce cas Victor va adopter un des comportements suivants :

– *soit il va nier*, esquiver l'information nouvelle. Cette attitude consiste à tout rejeter en bloc en affirmant que ce n'est pas vrai, et toutes les preuves apportées seront remises en cause ;
– *soit il va minimiser* en relativisant ;
– *soit il va intégrer* cette nouvelle information, c'est-à-dire qu'il va modifier son système d'attitudes. Ceci est beaucoup plus rare.

Si c'est le cas, l'individu le fera de la façon la plus économique, c'est-à-dire en bousculant le moins possible ses opinions préexistantes.

Exemple

Imaginons que nous soyons en 1993 et que Victor soit supporter de l'Olympique de Marseille. Ses convictions pourraient par exemple se compléter mutuellement de la façon suivante :

- «Le sport est une valeur importante.»
- «Le fooball est un sport loyal.»
- «Les joueurs de Marseille sont de bons joueurs.»
- «Marseille a la meilleure équipe d'Europe.»
- «Les dirigeants de l'OM sont des gens bien.»
- «L'OM permet à la ville de Marseille d'être reconnue dans le monde, etc.»

Un jour, Victor apprend que des joueurs de Valenciennes ont été corrompus pour perdre contre l'Olympique de Marseille. C'est inévitable, Victor subit un phénomène de dissonance cognitive.

D'ailleurs, les interviews de supporters diffusées à l'époque permettaient très bien d'identifier les deux principaux processus de réduction de la dissonance.

- *Certains niaient en bloc* : On entendait alors des personnes affirmer que ce n'était pas possible, que la preuve apportée ne prouvait rien. Ce ne pouvait être qu'un coup monté par les Parisiens contre Marseille ou contre Bernard Tapie…
- *D'autres minimisaient.* Dans ce cas, les personnes interrogées disaient que cela ne remettait pas en cause la valeur de l'OM. Et puis, que de toute façon cela «faisait partie du jeu». «Tous les clubs font cela depuis des années !»
- *D'autres enfin*, beaucoup plus rares, *ont pu intégrer cette information*, c'est-à-dire accepter l'idée que l'OM avait triché.

En résumé, il est inutile, face à Victor :

– de lui demander brutalement de renoncer à ses croyances et à ses valeurs ;
– de «réciter» des argumentaires standards et identiques à tous ses clients[1] ;
– de répondre aux objections par une «contre-argumentation».

La marge d'erreur

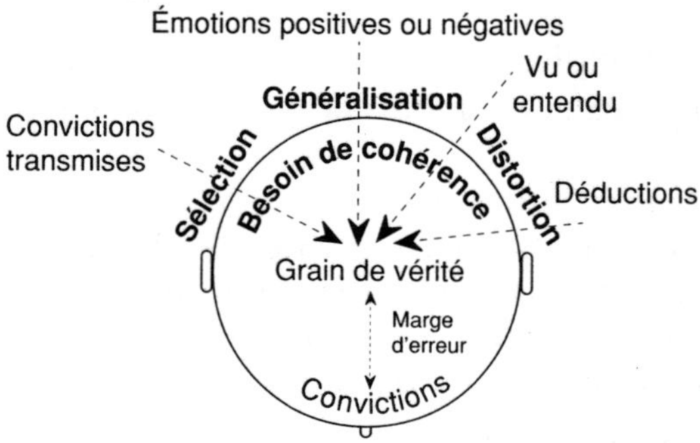

Pour convaincre Victor, nous allons nous appuyer sur la marge d'erreur qui existe entre sa conviction et le «grain de vérité» qui la sous-tend. Pour aider Victor à repenser sa conviction, il faut «travailler» cette marge d'erreur.

La marge d'erreur est souvent due à trois «filtres» principaux :

➤ *Premier filtre : la sélection*

Nous ne voyons pas, nous n'entendons pas toute la réalité. Nous percevons mieux ce qui nous plaît en laissant le reste dans l'ombre. Nous privilégions certaines informations. Par exemple, si l'un de vos distributeurs, alors que vous lui proposez de mettre en place une action de lancement d'un nouveau produit affirme : «Il ne faut pas lancer de produits nouveaux en juin», sous prétexte que la dernière fois ce fut un échec, il y a sans doute sélection. En «creusant» un peu, on peut découvrir que le produit en question était mauvais, que la force de

1. Quelquefois on se demande pourquoi un client s'est subitement braqué, s'est «tranformé en Victor». C'est peut être tout simplement parce qu'on a émis, sans le savoir, un message qui remet en cause une conviction profonde.

vente ne connaissait pas le produit, que la logistique n'était pas adaptée… ou encore que d'autres raisons expliquent l'échec.

Cependant ce distributeur *sélectionne* une information parmi les faits et n'en retient ici qu'un seul : le lancement d'un produit en juin a été un échec.[1] La sélection est un processus naturel et parfaitement compréhensible. Nous avons trop d'informations à gérer et nous sélectionnons donc ce qui nous paraît le plus conforme à nos convictions.

➤ *Deuxième filtre : la généralisation.*

Nous «subissons» ce filtre lorsque nous étendons abusivement les conclusions d'une seule expérience. Parce que nous avons eu un litige avec un garagiste, nous affirmons que tous les garagistes sont des voleurs.

Exemple

> *Dans une réunion commerciale* :
> *Manager* : «Je voudrais que l'on démarche à nouveau cette société.»
> *Vendeur* : «Cela ne sert à rien. J'ai déjà vu ce client, j'ai eu beau tout tenter, je n'ai pas réussi à le convaincre. On ne lui vendra jamais notre produit, il n'y a rien à faire»

Le vendeur est en train de généraliser abusivement les conclusions de sa propre expérience.[2]

---

1. L'anecdote qui suit illustre de façon amusante le processus de sélection. Une interview de Franck Zappa par Joe Pine, présentateur particulièrement acide qui avait dû subir une amputation de la jambe, avait offert aux téléspectateurs le dialogue suivant (l'interview date des années 1960, époque où les cheveux longs étaient encore inhabituels et mal acceptés, et a été reproduite dans la revue spécialisée *Rock & Folk*) :
   J. Pine : «Si j'en juge à la longueur de vos cheveux, vous êtes une fille.»
   F. Zappa : «Si j'en juge d'après votre jambe de bois, vous êtes une table !»
2. À ce sujet, une des missions des managers commerciaux de Rank Xerox est de régulièrement faire la chasse aux «rien à faire». Il s'agit de démontrer à ses collaborateurs qu'il est possible de travailler avec des clients classés abusivement ou trop tôt en «rien à faire».

➤ *Troisième filtre : la distorsion.*

Ce troisième filtre intervient lorsque nous lions deux choses qui ne sont pas forcément liées.

Exemples

- «Il ne m'a pas dit bonjour ce matin. Donc il ne m'aime pas !»
- «Il me demande de le rappeler. Mon produit n'a pas dû lui plaire !»
- «Il me propose cette solution. C'est qu'il n'est pas sûr de lui !»

Un plan d'entretien ADAPTÉ en six étapes

- Accepter la position de Victor.
- Détendre Victor par un climat propice au dialogue.
- Analyser la position de Victor pour identifier le «grain de vérité».
- Préciser la marge d'erreur.
- Travailler la marge d'erreur.
- Énoncer ses arguments en respectant le «grain de vérité».

➤ *Accepter la position de Victor*

Le premier travail à faire est *vis-à-vis de vous-même.* En effet, pour avoir une chance d'aboutir, c'est-à-dire de développer les ressources nécessaires pour convaincre Victor, le minimum est d'accepter que Victor ait une vue différente de la vôtre. Ce n'est pas un détail, cela sous-entend de respecter *sincèrement* le droit de Victor à avoir une vision différente de la vôtre[1]. Si d'avance vous êtes persuadé que Victor a absolument tort, et que vous avez absolument raison, vous êtes vous-même en train de vous transformer en Victor.

➤ *Détendre Victor par un climat propice au dialogue*

Une fois que vous vous êtes vous-même conditionné positivement, vous devez faire ressentir cet état d'esprit à votre interlocuteur. Des éléments qui conditionnent la mise en place d'un climat de confiance

1. Pour les spécialistes de l'analyse transactionnelle, la position de vie à adopter est la position +/+.

sont développés dans la case «Cimenter la relation» (synchronisation, langage non verbal, centrage sur l'interlocuteur…). Ce seront des ressources utiles pour favoriser la détente. Il s'agira également d'accepter le discours de Victor, de le valoriser et de lui dire clairement que l'on admet sa position. En effet, il ne suffit pas de le penser, encore faut-il que l'autre le sache.

Exemples de formulation

- «Je comprends votre point de vue».
- «C'est vrai que dans votre cas, cela pourrait être gênant.»
- «Vous avez certainement de bonnes raisons pour penser cela.»

Une erreur à éviter à cette étape

Il est inutile et dangereux de chercher à contrer son interlocuteur en niant la validité de sa position ou en contre-argumentant.

➤ *Analyser la position de Victor pour identifier le «grain de vérité»*

Il est illusoire de chercher à convaincre Victor sans savoir quel est le «grain de vérité» qui sous-tend sa position. Parfois, Victor annonce lui-même ce qui sous-tend sa position. C'est le cas des exemples cités en début de chapitre. Dans d'autres cas, il sera indispensable de poser des questions pour identifier le «grain de vérité».

Pour que Victor accepte de répondre aux questions qui vont nous permettre d'identifier le «grain de vérité», il est nécessaire que la confiance soit présente, et donc que les deux étapes précédentes soient bien respectées.

Exemples

- «Vous avez certainement une bonne raison pour ne pas souhaiter travailler avec nous, quelle est-elle ?»
- «J'imagine que vous avez dû avoir une expérience malheureuse dans ce domaine. Que s'est-il passé ?»
- «J'ai le sentiment que votre position ne tient pas au hasard, et qu'au contraire quelque chose de précis vous gêne. Qu'est-ce que c'est ?»

Ces questions ne doivent surtout pas provoquer une justification de la part de votre interlocuteur. Il s'agit vraiment de traduire un état d'esprit positif, de recherche de confiance et surtout pas, volontairement ou involontairement, une mise au défi.

Cette étape est essentielle car le «grain de vérité» va nous permettre de comprendre le raisonnement de Victor. Il va nous donner un renfort considérable pour *aider Victor à repenser sa conviction.*

➤ *Préciser la marge d'erreur*

Une fois que vous avez identifié le «grain de vérité», le plus dur est fait. Vous devez maintenant définir avec précision quelle marge d'erreur subit Victor. Quel est le filtre qui a transformé le «grain de vérité» en conviction. La généralisation, la sélection ou la distorsion ? Cette identification sera réalisée en vous concentrant sur les propos de Victor afin de les interpréter correctement.

Exemples

> **Les marges d'erreur des trois Victor rencontrés en début de chapitre**
> *Victor Malus subit le filtre de la sélection* :
> Il se fonde sur les mauvais résultats d'une seule expérience précédente pour refuser d'acheter un espace publicitaire dans un numéro spécial. Or, les mauvais résultats obtenus lors de cette précédente opération peuvent s'expliquer de différentes manières : mauvaise campagne publicitaire, messages inadéquats, période peu propice, emplacement inadapté...
> *Victor Lefort subit le filtre de la généralisation* :
> Il généralise certainement des expériences précédentes malheureuses avec une ou plusieurs grandes banques à toutes les banques à réseau de la place.
> *Victor Fliquet subit le filtre de la distorsion* :
> Il interprète de manière erronée la demande de statistiques qui lui est adressée.

➤ *« Travailler» la marge d'erreur*

Il faut maintenant «casser» le lien qui existe entre le «grain de vérité» et la conviction. Ceci se fera en faisant prendre conscience à Victor qu'il n'a pas une vision exacte de la réalité, et qu'au contraire il subit un des trois filtres. Là encore, les plus grandes précautions doivent être prises pour ne pas réduire à néant tous les efforts entrepris jusque-là.

Vous procéderez donc en deux temps.

- *Reformulez les sentiments[1] de Victor*

Il s'agit de manifester encore une fois votre compréhension et surtout de «respecter» le grain de vérité.

Exemple

• «Je comprends tout à fait votre position. Moi-même, si j'avais eu une telle expérience, je pense que j'aurai exactement la même réaction.»
• «C'est maintenant beaucoup plus clair. Compte tenu de ce que vous venez de me dire, je comprends parfaitement votre réaction.»

- Posez des questions pour révéler le filtre aux yeux de Victor

Exemples

Si la marge d'erreur identifiée est la sélection :
Les questions doivent aider Victor à comprendre que d'autres paramètres doivent être pris en compte.
• «Votre analyse tient-elle compte de tous les paramètres ?»
• «Quels sont les autres points importants dans la réussite de ce type d'opérations ?»
• «Comment aviez-vous organisé l'ensemble de l'opération ?»
• «Que vous ont dit vos clients ?»

Si la marge d'erreur identifiée est la généralisation :
Les questions doivent aider Victor à comprendre que ses conclusions vis-à-vis de vous sont en fait fondées sur d'autres expériences.
• «Est-ce que le résultat d'une expérience malheureuse avec une société de cette taille sous-entend fatalement que toutes les autres sociétés de cette taille sont dans la même situation ?»
• «Peut-on réellement conclure que ce cas de figure est général à absolument tous les établissements ?»

Si la marge d'erreur identifiée est la distorsion :
Les questions doivent aider Victor à comprendre qu'il est en train de faire un amalgame abusif.
• «Comment liez-vous entre eux les deux événements ?»
• «Je n'ai sans doute pas été assez clair quand je vous ai présenté notre projet. Qu'est-ce qui vous a fait penser que....»

Si vous pensez que poser une question risque de réveiller la susceptibilité de Victor, alors contentez-vous de reformuler son interprétation en mettant en évidence la marge d'erreur.

1. Cette technique est décrite plus en détails dans la case «Désamorcer les litiges».

Exemple

> «Je comprends mieux maintenant, vous avez lié les deux éléments alors qu'ils n'ont rien de commun. Je n'ai vraiment pas été assez clair dans ma présentation...»

Une fois que la marge d'erreur a été révélée aux yeux de Victor, il est alors temps de passer à la dernière étape, celle que vous attendiez tant et qui consiste à...

➤ *Énoncer ses arguments en respectant le «grain de vérité»*

Une fois que Victor a admis ou a compris que ses conclusions étaient peut-être un peu rapides, vous pouvez enfin vous lancer dans votre argumentation. Tous les principes vus dans la case «Influencer ses interlocuteurs» seront valables à condition que vous preniez bien soin de rappeler à Victor que vous tenez compte de ce qui vient de vous être signalé (le «grain de vérité»).

Si vous estimez que le temps de l'argumentation n'est pas venu, Victor n'étant pas demandeur, alors il faut enchaîner par les étapes ARA du plan de vente PARADIS[1] avant de présenter vos atouts.

Revenons maintenant sur les trois Victor dont nous avons fait la connaissance en début de chapitre, et prenons trois exemples d'entretien ADAPTÉ :

> *Victor Malus* : «Vous ne me convaincrez pas ! Je ne crois pas à l'impact des numéros spéciaux dans le domaine de l'assurance. Nous avons fait l'expérience l'année dernière, cela n'a rien donné. Et votre magazine a beau être leader sur la presse économique et particulièrement performant sur le créneau de lecteurs qui m'intéresse, jamais je n'investirai un franc dans votre opération "Spécial Assurance" !»
> *Chef de pub* : «Vous avez raison, les résultats de la dernière parution ont été décevants par rapport aux opérations précédentes.»
> *Victor Malus* : «Vous vous rendez compte, nous n'avons quasiment pas eu de retour.»
> *Chef de pub* : «Je comprends, vous avez été déçu, et vous ne souhaitez pas investir sans assurance de retour. J'imagine que vous avez analysé avec précision cette action, mais j'aimerais néanmoins vous poser une ques-

1. Le plan de vente PARADIS est décrit dans la case «Adapter sa stratégie d'entretien» (chapitre 2).

tion. Tenez-vous compte dans votre analyse de la modification de la loi de finance qui a considérablement inquiété les épargnants ?»
Victor Malus : «C'est vrai que cela n'a rien arrangé !»
Chef de pub : «Encore une fois, je comprends parfaitement votre réaction, mais je suis persuadé que les résultats de l'an passé n'ont pas été uniquement influencés par votre campagne publicitaire. Quand le législateur annonce des mesures fiscales rétroactives, il est certain que les épargnants diffèrent leurs décisions. Ceci étant, je crois que votre produit a évolué pour s'adapter aux nouvelles règles, c'est bien le cas ?»
Victor Malus : «Oui, maintenant nous proposons plusieurs options qui tiennent compte des nouvelles dispositions.»
Chef de Pub : «C'est certainement un élément à mettre en avant dans votre prochaine campagne. À ce sujet, je vous ai amené le projet de maquette du prochain numéro spécial. Avant de vous décrire les moyens exceptionnels de promotion que nous allons mettre en œuvre, j'aimerais beaucoup avoir votre réaction sur son orientation générale. Qu'en pensez-vous ?»

Victor Lefort : «Jamais vous ne me ferez prendre des vessies pour des lanternes ! Je me fiche de votre réelle volonté de créer un partenariat pour servir mes clients. Il y belle lurette que je ne travaille plus avec les grandes banques à réseau. Ce qui compte, c'est la connaissance du secteur et la rapidité d'intervention ! Or, si je travaille avec vous il faudra expliquer les moindres détails de chaque opération et attendre pendant des semaines un hypothétique accord. Non, décidément, nous ne sommes pas dans la même logique !»
Chargé de clientèle : «Vous avez parfaitement raison. Il est important d'avoir affaire à des spécialistes si l'on veut être efficace. J'imagine que votre réaction ne tient pas au hasard. Comment s'est déroulé votre dernière opération avec une banque à réseau ?»
Victor Lefort : «Très mal ! À plusieurs reprises, j'ai présenté des clients tout à fait solvables mais dont les exigences nécessitaient un minimum de connaissance du secteur immobilier pour leur permettre de bénéficier de toutes les possibilités de défiscalisation. Et bien, ce fut tellement compliqué et tellement long qu'à trois reprises, ils sont allés acheter ailleurs !»
Chargé de clientèle : «Je comprends que vous soyez en colère, moi non plus je n'aimerais pas que quelqu'un d'autre ruine les efforts que je déploie vis-à-vis de mes clients. Permettez-moi simplement de revenir sur cette expérience. Votre interlocuteur était-il un spécialiste des montages immobiliers ?»
Victor Lefort : «Non, c'était le directeur d'agence de Crédiplus.»
Chargé de clientèle : «Avez-vous travaillé avec d'autres banques à réseau depuis cette époque ?»

Victor Lefort : «Non, jamais.»
Chargé de clientèle : «Encore une fois, je comprends parfaitement votre réaction. En fait, vu de l'extérieur, il est tentant de penser que toutes les banques à réseau fonctionnent exactement de la même façon. J'imagine que c'est ce qui vous a conduit à ne plus les solliciter, n'est-ce pas ?»
Victor Lefort : «C'est vrai, pour moi, elles se ressemblent toutes.»
Chargé de clientèle : «Bien sûr. En fait, vous vous demandez certainement si je connais suffisamment votre métier pour être capable de travailler avec vous efficacement, c'est bien cela ?»
Victor Lefort : «Pourquoi, vous connaissez bien l'immobilier ?»
Chargé de clientèle : «Je vais simplement vous citer trois exemples d'opérations immobilières particulièrement complexes que je viens de mettre en place...»

Victor Fliquet : «Quoi ! Vous me demandez de tenir des statistiques pour notre prochaine "Journée Portes Ouvertes" ! Alors maintenant, parce que je distribue vos outils, je dois aussi faire votre boulot... La confiance règne, dîtes-moi... Vous vous demandez certainement si mes vendeurs travaillent correctement, et pour cela vous voulez nous contrôler... Jamais ! vous m'entendez, jamais vous n'aurez de ma part des statistiques ! Foi de Victor ! Et puis quoi encore...»
Vendeur : «Je comprends que vous ne souhaitiez pas que l'on vous fasse perdre votre temps.»
Victor Fliquet : «Aujourd'hui, on a vraiment d'autres choses à faire pour s'en sortir !»
Vendeur : «D'autres fabricants vous ont-ils déjà proposé ce genre de choses ?»
Victor Fliquet : «Non. C'est mon patron qui me demande sans arrêt des chiffres, des chiffres et encore des chiffres. De toute façon on ne fait jamais assez !»
Vendeur : «En fait, vous avez le sentiment d'être constamment surveillé...»
Victor Fliquet : «Absolument, alors si vous voulez vous y mettre également, il faudra changer de distributeur.»
Vendeur : «Avant d'aller plus loin je tiens à vous dire que moi non plus, je n'aimerais pas être surveillé par quelqu'un qui ne me fait pas confiance. Ceci étant, je tiens à vous dire que ce n'est absolument pas l'objectif de ce que je vous propose, et j'ai sans doute très mal présenté les choses.»
Victor Fliquet : «Alors, pourquoi tant de statistiques à fournir ?»
Vendeur : «Eh bien, elles ont uniquement pour but de vous aider à analyser plus finement les points forts et les points faibles de votre organisation commerciale, par comparaison avec d'autres points de vente. Ces indications sont avant tout des instruments de pilotage très pratiques, qui vous sont destinés. Je vais d'ailleurs vous présenter des exemples concrets...»

Traiter les objections avec souplesse

Après avoir vu les positions de principe de Victor, nous allons examiner dans cette partie, le traitement des objections plus classiques, et surtout plus fréquentes.

➤ *Le produit ou le service idéal n'existe pas*

Ce n'est pas le vôtre, et ce n'est sans doute pas non plus celui de vos concurrents. Il est donc illusoire de souhaiter trouver des réponses qui soient toujours satisfaisantes sur le fond à 100 %. En revanche, la façon dont vous allez aborder le traitement de l'objection, votre assurance[1] et la valorisation des autres points de votre offre vous permettront dans bien des cas de rassurer suffisamment votre client.

➤ *Les objections font partie du jeu*

Imaginez un client qui ne manifeste aucune réaction. Cette situation est bien plus difficile à gérer car sur quoi vont porter vos efforts ? Comment convaincre quelqu'un qui ne réagit pas ? Un client qui ne fait pas d'objections est plutôt inquiétant. En fait, dans ce cas de figure, il y a deux possibilités : *soit votre offre ne l'intéresse vraiment pas, soit il ne pourra pas payer* ![2]

Par contre, s'il songe à l'achat, il pense également aux raisons qui s'opposent à cet achat. Les objections sont donc naturelles et doivent être considérées comme des demandes de précisions complémentaires, ou dans le pire des cas comme des challenges à relever. Si vous n'êtes pas convaincu, alors pensez au dernier achat important que vous avez effectué. N'aviez-vous pas fait des objections au vendeur ? Et pourtant, vous avez bien fini par acheter !

➤ *Les objections sont utiles*

Elles vont vous permettre de relancer votre argumentation. S'il y a un

1. À ne pas confondre avec arrogance !
2. Ceci n'est pas une boutade. La situation économique actuelle fait que beaucoup d'entreprises ont des difficultés à honorer leurs dettes fournisseurs. Une entreprise dans cette situation rencontre rapidement des problèmes d'approvisionnement et est par conséquent beaucoup plus accueillante pour le vendeur inaverti.

moment où vous pouvez être certain que votre client vous porte la plus grande attention, c'est bien celui où il fait des objections. Il est alors dans les meilleures conditions d'écoute pour recevoir vos arguments. Quelques minutes auparavant, il était peut-être en train de penser à son prochain rendez-vous ou à sa facture de téléphone... Dans quelques instants son attention sera peut-être ailleurs, mais maintenant, au moment où l'objection surgit, vous êtes au moins sûr d'une chose : il vous écoute !

Ne considérez donc plus les objections comme des tentatives de blocage de la part du client, mais plutôt comme des *demandes de précisions* sur votre offre ou de *nouvelles opportunités pour valoriser vos points forts.*

Sept principes à respecter

➤ *Soulevez les objections*

Observez votre interlocuteur tout au long de l'entretien. Vous pouvez voir dans son comportement s'il vous est plutôt favorable ou non. Si vous voyez qu'il ne semble pas convaincu, faites-le réagir. Ne vous contentez pas de demi-réponses ou d'acquiescements de pure forme. Si votre client a une objection en tête, le pire qui puisse vous arriver est de ne pas la connaître et par conséquent de ne pas pouvoir la traiter.

Vous devez donc chercher à identifier les résistances et ne pas hésiter à les soulever en posant par exemple des questions du type :

- «Qu'est-ce qui vous fait hésiter ?»
- «J'ai l'impression que je n'ai pas été très clair, voulez-vous que je précise quelque chose ?»
- «Quelque chose me dit que vous n'êtes pas convaincu. Quel est le point important pour vous que je n'ai pas évoqué ?»

☞ ***Ne pas chercher à connaître l'objection que son client a en tête rend l'entretien «confortable» pour le vendeur mais ne fait pas vendre.***

➤ *Acceptez les objections*

Voilà un principe que beaucoup de commerciaux connaissent sans toujours l'appliquer. Que s'est-il passé dans votre tête la dernière fois qu'un vendeur a commencé par vous répondre «mais non», «ce n'est pas possible» ou encore «je ne peux pas vous laisser dire cela» ? Sans doute la même chose que dans celle de vos propres clients lorsque vous vous laissez aller et que vous oubliez ce principe fondamental qui consiste à reconnaître à l'autre le droit de ne pas être d'accord avec vous, au moins au début. Si le client émet une objection, c'est qu'il cherche sans doute à être rassuré.

Même si vous avez déjà entendu une objection à plusieurs reprises, c'est la première fois que le client que vous avez en face de vous l'exprime. Acceptez-la comme une préoccupation légitime de sa part, et ne la contrez pas. Attention, accepter ne veut pas dire confirmer le bien fondé de l'objection elle-même, mais simplement comprendre le point de vue de son interlocuteur. Il s'agit également de donner l'occasion à l'autre d'exprimer complètement ce qu'il a en tête.

Idéalement, tout traitement d'objection devrait commencer par :

- «Oui...»
- «Je comprends...»
- «Bien sûr...»
- «Si j'étais à votre place, j'aurais sans doute la même réaction...»
- «Je suis content que vous ayez souligné ce point...»

Ce sont des «oui» de compréhension. Vous manifestez ainsi votre implication, et surtout vous vous mettez «à côté» de votre client. Cette acceptation initiale l'aidera à accepter à son tour de répondre à vos questions ou d'écouter votre argumentation. D'ailleurs, il sera d'autant plus attentif qu'il aura l'impression que ses «particularités» sont prises en compte.

☞ ***Dire à son client qu'il a tort renforce sa méfiance et ne fait pas vendre.***

➤ *Faites préciser l'objection pour la rendre spécifique*

Il est très difficile de traiter une objection qui a été exprimée en termes généraux. Lorsque c'est possible, demandez des précisions pour savoir exactement ce qui gêne votre client.

Exemples

«Vous êtes trop cher !»
«Sur quel point exactement ?» ou «À quoi faites-vous référence ?»[1]

1. Ces questions sont préférables au trop célèbre et caricatural : «Par rapport à quoi ?»

Vous pouvez également utiliser la *technique du silence ou de l'écho*. La technique de l'écho consiste à répéter la fin de la phrase prononcée par votre client pour lui donner l'occasion de préciser sa pensée.

Exemple

> *Client* : «Vous êtes beaucoup trop loin.»
> *Vendeur* : «Trop loin... ?»
> *Client* : «Oui, la dernière fois que j'ai travaillé avec une société parisienne, il n'y avait pas moyen de les joindre lorsqu'on avait besoin d'eux !»

Désormais cette objection est bien plus facile à traiter. Il suffit de l'interpréter positivement comme une demande d'assurance du client sur la disponibilité du vendeur et/ou du service après vente. L'intérêt de la demande de précision est bien sûr d'avoir le maximum d'informations avant de traiter l'objection, mais aussi de commencer à réduire la portée de l'objection en passant du général au particulier.

☞ ***Répondre trop vite à une objection, c'est affronter un adversaire que l'on ne connaît pas.***

➤ *Ne demandez pas à votre client de se justifier*

Il est dangereux de demander à quelqu'un de justifier sa position. Nous avons tous horreur de perdre la face. Si vous mettez au défi votre client de prouver ce qu'il avance, il le fera. Même si pour cela il doit «arranger» quelque peu la réalité. Il ne faut donc pas confondre ; vous pouvez demander des précisions mais jamais de justification.

Exemples

> *Demande de précision* :
> *Client* : «Les performances sont moins bonnes que celles de vos concurrents !»
> *Vendeur :* «Votre souci est légitime. Sur quel point exactement avez-vous noté une différence ?»
> *Mise au défi inutile et dangereuse* :
> *Client* : «Les performances sont moins bonnes que celles de vos concurrents !»
> *Vendeur* : «Qu'est-ce qui vous permet de dire cela ?»

☞ ***Mettre au défi son client de prouver ce qu'il avance, c'est provoquer une bataille perdue d'avance.***

➤ *Contournez les objections non sincères et non fondées*

Il y a deux catégories d'objections non sincères et non fondées : les manœuvres de déstabilisation et les «fausses barbes».

- *Les manœuvres de déstabilisation.* Ce sont des objections qui viennent souvent en début d'entretien et qui visent à mettre un peu plus de pression sur les épaules du vendeur :

> • «Vous m'avez l'air bien bronzé. Vous revenez sans doute de vacances. Comme quoi, tout le monde n'est pas à plaindre !»
> • «J'ai entendu dire que vous vous étiez planté avec...»

Ces objections ne doivent pas être traitées. Si vous cherchez à y répondre, le client voudra coûte que coûte se justifier et le débat d'opinions qui suivra ne pourra avoir que des conséquences néfastes sur la poursuite de votre entretien. Répondez à ce type d'objections très brièvement et ne cherchez surtout pas à vous justifier, ou pire encore, à démontrer à votre interlocuteur que ses propos ne sont pas fondés. Enchaînez, en posant une question ou en proposant à votre client de revenir sur un détail de votre offre.

- *Les «fausses barbes».* Ce sont des «objections-alibi» qui ont pour but de différer la décision du client.

> • «Je vais réfléchir !»
> • «Je vais voir avec Monsieur Dubois !»
> • «Cela ne m'intéresse pas !»

Vous devez absolument creuser ces propos pour en savoir plus. La méthode CNZ (voir *infra*) s'applique également à ce type d'objections.

➤ *Profitez des objections pour avancer vers la conclusion*

Une objection peut servir d'excellent levier pour préparer la conclusion de la vente. Quand cela vous paraît approprié, vous pouvez tout à fait engager votre client en faisant précéder votre réponse d'une question de pré-fermeture :

> *Client* : «Votre garantie n'est pas aussi complète que celle de vos concurrents !»
> *Vendeur* : «Est-ce le dernier point qui vous fasse hésiter ?» ou «Si je vous montre comment votre préoccupation peut être satisfaite, êtes-vous prêt à vous décider dès à présent ?»

➤ *Entraînez-vous !*

Que le commercial qui n'a jamais été surpris par une objection vous jette la première pierre ! Vous pouvez certes être surpris par une objection, mais pas deux fois de suite !

Des entraînements sur le traitement des objections permettent toujours de constater le même phénomène : les *paper-boards* sont rapidement remplis d'objections difficiles à traiter au premier abord, qui bien sûr sont surmontées quelques minutes plus tard ! Grâce à la méthode CNZ vous pourrez vous entraîner à traiter les objections formulées par vos clients.

CNZ : Une méthode en trois étapes

➤ *1re étape : Creuser l'objection*

Cette première étape doit vous permettre :

1. de *créer un climat de confiance* et de compréhension mutuelle ; d'éviter tout risque de débat stérile ;
2. de *rationaliser l'objection.* Il faut absolument quitter le champ des approximations, des généralités ou du passionnel pour revenir sur le terrain de la précision, du rationnel ;
3. de *remonter au «grain de vérité»,* comme nous l'avons vu avec Victor.

Pour atteindre ces trois objectifs, vous devez absolument acquérir le *réflexe d'accepter l'objection.* Vous devez donc commencer vos réponses par des signes de compréhension tels que :

- Je comprends...
- Vous avez raison...
- C'est vrai...

Ensuite, et seulement après avoir manifesté votre compréhension, il sera judicieux, le cas échéant, de faire préciser les propos de votre client pour obtenir des informations supplémentaires :

- Qu'est-ce qui vous fait dire cela ?
- Pouvez-vous m'en dire plus ?
- À quoi faites-vous référence ?
- En quoi exactement ?

➤ 2e étape : Neutraliser l'objection

On constate généralement que les commerciaux sont très pressés de vouloir présenter leurs arguments. Même lorsqu'on a affaire aux meilleurs d'entre eux (ceux qui ont commencé par accepter l'objection), il est rare de les voir retarder encore le moment d'exprimer leurs arguments. Et pourtant, le client n'est pas toujours disposé à accepter une «contre-argumentation», surtout si on lui répond du «tac au tac».

Nous nous fixerons donc deux objectifs lors de cette deuxième étape :

1. *atténuer la portée* de l'objection afin de traiter une objection finalement moins importante ;
2. nous *permettre d'enchaîner sur l'argumentation* sans contrer directement le client.

Nous allons atteindre ces deux objectifs en utilisant les deux techniques suivantes.

- *Première technique* : la reformulation atténuée. Elle consiste à reformuler l'objection en y apportant un bémol. Il s'agit tout simplement de montrer au client que son objection est prise en compte, tout en lui faisant comprendre que son importance n'est peut être pas aussi fondamentale que cela.

Exemples

Client : «Vous êtes plus cher que votre concurrent Dupond !»
Vendeur : «C'est vrai, nos conditions sont parfois différentes sur certains points.»

Client : «Vous êtes trop éloigné de notre usine !»
Vendeur : «Je comprends, nous sommes en effet situés à deux heures de route de votre usine.»

Client : «Vous êtes tous les mêmes !»
Vendeur : «Nous faisons effectivement le même métier.»

- *Deuxième technique : le «recadrage-question».* Imaginez que vous soyez en train de démarrer votre entretien quand votre prospect vous assène : «J'ai déjà trois fournisseurs pour ce type de matériel !» Êtes-vous à l'aise pour argumenter sur vos points forts ? Pour être beaucoup plus à l'aise il suffit de reformuler l'objection sous forme de question positive, c'est-à-dire de procéder à un recadrage-question. Cette deuxième façon de procéder vous permettra d'enchaîner confortablement sur votre argumentation. Il s'agit de préparer le terrain, de vous assurer que votre client sera réceptif à ce qui va suivre.

Exemples

> *Client* : «Vous êtes trop cher !»
> *Vendeur* : «Je comprends, en fait la question que vous vous posez est de savoir comment nous justifions nos tarifs, n'est-ce pas ?»
>
> *Client* : «J'ai déjà trois fournisseurs !»
> *Vendeur* : «Je savais que vous portiez beaucoup d'importance à vos approvisionnements. Ce que vous voulez savoir, c'est ce que nous pouvons vous apporter de plus que les autres ?»
>
> *Client* : «Je vous trouve un peu jeune !»
> *Vendeur* : «Merci. J'imagine que vous vous demandez si je suis vraiment à même de vous conseiller dans de bonnes conditions, c'est bien cela ?»

Comme vous le voyez, vous pouvez utiliser les deux techniques séparément ou en même temps. En effet, rien ne vous empêche de commencer par apporter un bémol grâce à la reformulation atténuée et de compléter par un recadrage-question. Cette dernière technique est vraiment très efficace et peut vous permettre de retourner quasiment toutes les objections.

Pour manier facilement la technique du recadrage-question, essayez de procéder en plusieurs étapes :

Exemple

> «Vous êtes trop loin !»
> 1.Demandez-vous ce que vous souhaiteriez pouvoir répondre à cette objection. Par exemple que vous pouvez quand même assurer un service satisfaisant.
> 2.Demandez-vous ensuite quelle question positive votre interlocuteur aurait dû vous poser pour pouvoir vous donner l'occasion de lui faire cette réponse. Par exemple : «Comment pouvez-vous m'assurer que je serai approvisionné dans de bonnes conditions ?»
> 3.Suggérez-lui cette question à l'aide du recadrage question : «En fait la question que vous vous posez, c'est de savoir comment une société basée à deux heures de route de votre usine peut assurer ses livraisons dans de bonnes conditions, c'est bien cela ?»

En fait, pour trouver la question positive à poser, il suffit de se demander quelle peut être l'inquiétude de son client et la *positiver*.

Nous avons accepté l'objection, nous l'avons neutralisée ; il ne nous reste plus qu'à passer à la troisième étape.

➤ *3e étape : Zoomer sur l'argumentation*

Bravo, vous avez résisté à la tentation d'argumenter trop vite. Maintenant que le terrain est suffisamment préparé, votre client est à l'écoute et attend une réponse à la question que vous lui avez suggérée par le recadrage-question. Pour ce faire, vous allez utiliser deux principes connus en photographie : le zoom-avant ou le zoom-arrière Tout comme une photo, traiter une objection en faisant un plan rapproché ou un plan général permet de changer le cadre, de donner un autre éclairage, un autre sens à la même situation. Selon le cas, vous choisirez d'utiliser l'un ou l'autre de ces deux procédés.

- *Le zoom-arrière.* Vous utiliserez le *zoom-arrière si l'objection est précise*, et porte sur un point particulier. Cela consiste à répondre sur un plan beaucoup plus large pour relativiser l'objection et montrer que votre offre est très satisfaisante sur de nombreux autres points.

Client qui hésite à investir 400 KF dans un contrat d'assurance-vie»[1] :
Client : «Je sais que je vous avais donné mon accord, mais j'ai lu la presse ce week-end, votre banque se porte mal et j'avoue que je suis très inquiet. Je préférerais différer ma souscription.»
Chargé de clientèle : «Votre souci est légitime. En fait vous vous demandez si l'argent que vous allez nous confier sera géré en toute sécurité, c'est bien cela ?»
Client : «Oui»
Chargé de clientèle : «Je vais vous rassurer en insistant plus particulièrement sur trois points. ...»

Client qui hésite sur le choix d'une imprimante couleur :
Client : «Les couleurs sont moins vives.»
Vendeur : «C'est vrai pour certaines teintes. Par contre, en choisissant ce modèle vous bénéficiez de plusieurs avantages par rapport aux autres modèles. Les trois principaux avantages distinctifs sont les suivants...»

- *Le zoom-avant.* Si par contre *l'objection est générale, le zoom-avant sera plus pertinent.* Il s'agit de sortir du cadre général et d'argumen-

1. Cet exemple m'a été cité par un stagiaire qui a eu l'occasion de mettre en pratique ces principes le lendemain même du stage. Seuls les arguments développés n'ont pas été retranscrits.

ter sur un point précis, en donnant un chiffre, une anecdote, un exemple.

> *Client* (distributeur) : «Mes clients n'achèteront jamais cela !»
> *Vendeur* : «Je comprends tout à fait, ce produit sort effectivement des sentiers battus. En fait, la question que vous vous posez est sans doute de savoir comment réagissent les utilisateurs, n'est-ce pas ?»
> *Client* : «Absolument !»
> *Vendeur* : «Je vais vous donner un exemple. Vous connaissez sans doute votre confrère, Monsieur Dubois, il a eu la même réaction que vous au départ et il a été très surpris du succès de ce produit. Il vient d'ailleurs de renouveler sa commande. Pour quelle raison ? Eh bien…»
>
> *Client* (investisseur) : «Vous êtes trop loin de la zone industrielle !»
> *Négociateur* (intermédiaire immobilier) : «C'est vrai que notre agence est située à une demi-heure du site. En fait vous vous demandez si malgré cela nous serons capables de mener à bien cette mission, n'est-ce pas ? Sachez que nous avons récemment commercialisé sur cette zone un immeuble de 8 500 m^2 !»

Dans tous les cas, quelle que soit la technique employée, il est très important de soigner son argumentation. Les objections citées plus haut ne peuvent pas être traitées à la légère.

Après l'argumentation, il faut observer son interlocuteur. S'il paraît convaincu, n'hésitez pas à le lui faire dire par une question de contrôle : «Est-ce que j'ai bien répondu à votre question ?» ou «Est-ce plus clair à présent ?».

Si au contraire votre interlocuteur a toujours l'air sceptique ; vous avez le choix entre deux solutions :

– soit vous disposez d'une autre réponse possible : dans ce cas, soulevez à nouveau l'objection pour la traiter encore une fois ;
– soit vous ne disposez pas d'une meilleure réponse : dans ce cas, passez rapidement à autre chose sans vous étendre trop longuement sur ce point.

LES POINTS-CLÉS À MÉMORISER

➤ *Si vous rencontrez Victor, respectez les étapes d'un plan d'entretien ADAPTÉ.*

1. **A**ccepter la position de Victor.
2. **D**étendre Victor par un climat propice au dialogue.
3. **A**nalyser la position de Victor pour identifier le «grain de vérité».
4. **P**réciser la marge d'erreur.
5. **T**ravailler la marge d'erreur.
6. **É**noncer ses arguments en respectant le «grain de vérité».

➤ *Pour traiter les objections avec efficacité, respectez six principes de bon sens.*

1. Soulevez les objections
2. Acceptez les objections
3. Faites préciser l'objection pour la rendre spécifique
4. Ne demandez jamais à votre client de se justifier
5. Profitez des objections pour avancer vers la conclusion
6. Entraînez-vous...

➤ *La méthode CNZ : une méthode en trois étapes pour préparer une réponse aux objections que vous rencontrez.*

- ***C**reuser l'objection*

Deux techniques :
1. Accepter l'objection.
2. Faire préciser.

Deux objectifs :
1. Rationaliser.
2. Remonter au «grain de vérité».

- ***N**eutraliser l'objection*

Deux techniques :
1. Reformulation atténuée.
2. Recadrage question.

Deux objectifs :
1. Réduire l'importance de l'objection.
2. Permettre d'enchaîner sur l'argumentation.

- ***Z**oomez sur l'argumentation*

Deux techniques :
1. Zoom-avant.
2. Zoom-arrière

Dans tous les cas :
1. Soignez votre argumentation.
2. Question de contrôle si vous avez convaincu.

À VOUS DE JOUER !

SI VOUS TRAVAILLEZ SEUL

➤ *Pour rester dans la course*

• *Constituez-vous un recueil de réponses aux objections.* Commencez par lister l'ensemble des objections que vous rencontrez quotidiennement. Si elles font partie des exemples cités plus haut, tirez profit des réponses proposées. Si ce n'est pas le cas, alors préparez une réponse adaptée à chacune d'elles en appliquant la méthode CNZ. Formalisez les réponses afin de pouvoir les relire de temps en temps.

➤ *Pour faire la différence par rapport à vos concurrents*

Si vous rencontrez Victor, et qu'il a une position de principe hostile à votre société, il a peut-être également ce comportement avec vos concurrents immédiats qui sont comparables. À vous de jouer pour relever ce challenge !

Pour travailler sur les positions de principe :

1. Réfléchissez au dernier cas de blocage que vous avez rencontré. Essayez d'identifier le moment où Victor s'est manifesté et la réaction que vous avez eue pour gérer cette situation. Essayez ensuite d'imaginer la façon dont aurait pu se dérouler l'entretien si vous aviez respecté les étapes citées ci-dessus.
2. Reprenez les quelques exemples de questions qui sont cités plus haut pour révéler la marge d'erreur, et complétez cette liste par des *questions pertinentes dans votre secteur d'activité.*

SI VOUS ÊTES MANAGER D'UNE ÉQUIPE DE VENTE

Deux exercices vous sont proposés.

➤ *Pour travailler sur les objections classiques*

1. Commencez par lister l'ensemble des objections rencontrées par vos commerciaux.
2. Demandez aux participants de donner des exemples de réponses adaptées.
3. Présentez ensuite la méthode CNZ.
4. Répartissez votre équipe en deux sous-groupes.
   Chaque sous-groupe doit préparer les réponses à la moitié des objections listées précédemment. Ces réponses doivent être formalisées par écrit. Une fois que les travaux de préparation sont réalisés, proposez une compétition entre les deux groupes.
5. Vous allez alors organiser une *bataille d'objections* qui se tiendra de la façon suivante : chaque groupe désigne alternativement une objection préparée par l'autre groupe et le vendeur

qui doit la traiter. Par exemple, le groupe A désigne Michel pour traiter l'objection «Vous êtes trop cher !»

Les points sont attribués en fonction du respect des trois étapes de la méthode CNZ :

- 1 point si l'objection est acceptée ;
- 1 point si l'objection est bien neutralisée ;
- 1 point si l'argumentation qui suit est bien formulée (zoom avant ou zoom arrière).

Il y a donc un maximum de trois points à obtenir par objection traitée.

Cet exercice, qui doit se faire dans la bonne humeur, est toujours un excellent entraînement. Pour qu'il soit encore plus efficace, il est bon de faire en sorte que les deux équipes n'aient pas tout à fait le temps de traiter toutes les objections. Ainsi, certains de vos commerciaux devront traiter des objections sans préparation. Ils découvriront ainsi par eux-mêmes qu'avec un peu de méthode il est possible de traiter avec efficacité les objections qu'ils rencontrent tous les jours. Vous pourrez conclure votre «atelier» sur la nécessité de s'entraîner régulièrement pour acquérir des réflexes efficaces.

6. Récupérez les travaux et assurez vous-même la synthèse.

➤ *Pour travailler sur les positions de principe*

1. Commencez par définir ce qu'est une position de principe.
2. Demandez ensuite aux participants à la réunion de vous citer des exemples de rencontres avec Victor.
3. Parmi les exemples cités par vos collaborateurs, sélectionnez un ou plusieurs cas illustrant chaque «filtre».
4. Une fois que les cas sont sélectionnés, présentez les étapes à respecter pour augmenter ses chances[1] face à Victor.
5. Faites ensuite travailler votre équipe en la répartissant en sous-groupes. Chaque sous-groupe travaille sur un ou deux cas concrets.

L'objectif de l'exercice est de préparer un entretien ADAPTÉ en disposant notamment de la liste la plus large possible de questions pour «travailler» les marges d'erreur rencontrées.

Une fois le temps imparti écoulé, chaque sous-groupe présente le résultat de ses travaux qui sont ainsi validés par l'ensemble des participants et par vous-même.

6. Assurez vous-même la formalisation d'une synthèse.

1. Il n'y a évidemment pas de baguette magique, dans ce cas encore moins que dans d'autres. Les précautions oratoires d'usage s'imposent donc en début de réunion.

CHAPITRE 6

Vendre son prix

- Préparer la présentation de son prix.
- Annoncer son prix.
- Traiter les objections relatives au prix.
- Réagir à une demande d'effort sur le prix.

Cimenter la relation	Adapter sa stratégie d'entretien	Préparer sa vente par un bon diagnostic
Désamorcer les litiges		Influencer ses interlocuteurs
Booster la conclusion	Vendre son prix	Surmonter les objections

Nous sommes tous plus chers que la concurrence

Le plus étonnant est que vos concurrents disent bien souvent la même chose... Il n'y a rien de surprenant. Le prix des choses vendues n'a jamais été autant remis en question qu'aujourd'hui. La négociation du prix de vente est devenue un sport national qui touche tous les secteurs d'activité. Même si le client est conscient que d'autres critères de décision sont importants, il ne peut plus se contenter d'accepter sans discuter la première offre de son fournisseur.

En réponse à cette «agressivité» croissante des acheteurs, s'est développée une certaine fébrilité des vendeurs nuisible à la confiance qu'ils cherchent tant à établir. Par exemple, une stratégie «d'autodéfense» classique consiste à relativiser la question du prix ou à nier son importance. Si cette façon de faire peut être judicieuse dans certaines situations, nous verrons dans ce chapitre qu'il est possible, et parfois même plus efficace, de faire exactement l'inverse.

Testez vos réflexes lors de la présentation du prix

Avant d'entrer dans le détail, nous vous proposons de vous mettre dans la peau d'un vendeur qui annonce son prix. Pour les trois minutes qui suivent, vous êtes donc un vendeur de rayonnage industriel. Vous rencontrez le responsable de la gestion des stocks d'une grande entreprise. Il s'agit d'un entretien à fort enjeu pour vous, car si vous arrivez à obtenir une commande aujourd'hui, il existe ensuite un potentiel d'achat réellement très important. Vous avez mené jusqu'alors un entretien très efficace qui vous a permis de présenter le produit de votre gamme le plus adapté au besoin de votre prospect. Tous les aspects de votre offre ont été abordés, et nous faisons l'hypothèse que le client est convaincu de la qualité de votre produit. Cependant, il reste tout de même un «détail» à aborder : le prix.

Bien entendu, chaque réaction du client pourrait donner lieu à de nombreuses réponses que nous aborderons au cours de ce chapitre. Par souci de simplification, vous n'avez le choix qu'entre *trois options possibles*. Choisissez spontanément parmi les réponses A, B ou C celles qui vous paraissent les plus adaptées, nous les commenterons par la suite.

Test

Client : «C'est vrai que cette solution me fera gagner beaucoup d'espace. Mais j'espère que c'est bon marché, car j'ai très peu de budget. Allez-y, dites-moi combien cela coûte !»

Vous (réponses n° 1) :

A. «Combien êtes-vous prêt à investir pour ce projet ?»

B. «Compte tenu des options que vous avez retenues, le prix sera de 28 550F HT.»

C. «Cela devrait vous coûter aux alentours de 28 000 F HT...»

Client : «Je vois que vous avez le sens de l'humour ! Non, restons sérieux, c'est vraiment trop cher !»

Vous (réponses n° 2) :

A. «Cher ? Par rapport à quoi ?»

B. «Je comprends votre réaction, vous vous demandez si ce prix est parfaitement justifié. Comme vous le savez, les coefficients de sécurité dont vous avez besoin pour tenir compte de la grande variété des charges que vous allez stocker, vous imposent de choisir un système dont la robustesse est assurée par les caractéristiques suivantes...»

C. «Dans la mesure où je serais prêt à faire un effort, seriez-vous prêt vous-même à prendre votre décision dès à présent ?»

Client : «Écoutez, quels que soit vos arguments, il n'en reste pas moins que votre prix est supérieur de 10 % à celui que j'ai obtenu hier chez Rayonplus !»

Vous (réponses n° 3) :

A. «Pouvez-vous me montrer une proposition écrite de leur part ?»

B. «C'est vrai, nous sommes plus chers que beaucoup de nos concurrents et cela se justifie notamment par les garanties tout à fait exceptionnelles que nous sommes en mesure de proposer à nos clients ! Il s'agit notamment de....»

C. «Mis à part le prix, sommes-nous bien d'accord sur le reste ?»

Client : «Bon, d'accord, je veux bien admettre que votre produit est de meilleure qualité, mais de toute façon je ne paierai pas ce prix ! Faites un effort, si cette affaire vous intéresse.»

Vous (réponses n° 4) :

A. «Il n'est pas question de baisser le prix, c'est un produit de qualité que vous ne retrouverez nulle part ailleurs !»

B. «Si nous nous mettons d'accord sur le prix, êtes-vous prêt à prendre votre décision dès à présent ?»

C. «Je suis prêt à faire un effort de 5 %, mais alors il faut absolument que vous preniez votre décision dès à présent !»

Il s'agissait à la fois de tester vos réactions et également de vous faire découvrir la logique des idées qui vont suivre et qui vous permettront d'aborder la présentation du prix. Vous trouverez, en fin de chapitre, un «corrigé» du test (p. 208). Avant de vous y reporter, nous vous conseillons de lire les pages qui suivent et de refaire le test pour confirmer ou modifier vos réponses.

Nous allons aborder successivement quatre points :

- *Comment préparer la présentation de son prix.* Annoncer un prix peut se préparer en amont dans l'entretien. Nous verrons de quelle façon.
- *Comment annoncer son prix.* Il arrive un moment où il faut se jeter à l'eau et dire clairement «combien ça coûte». Nous verrons quelques idées de présentation et de formulation pour annoncer le prix de sa prestation avec assurance.
- *Comment traiter les objections relatives au prix.* C'est trop cher, ou c'est plus cher qu'Untel sont des objections classiques et aujourd'hui systématiques, sauf lorsqu'on rencontre un client qui ne peut pas payer ! Autant ne pas être surpris et se préparer à traiter cette réaction naturelle du client.
- *Comment réagir à une demande d'effort sur le prix* (ou sur les autres points des conditions tarifaires). Quelle que soit la qualité des étapes précédentes, très rares sont aujourd'hui les clients qui n'insisteront pas pour obtenir ne serait-ce qu'un «geste commercial». Il s'agit de bien gérer cet instant crucial qui peut remettre en cause toute la vente.

Préparer la présentation de son prix

Demandez une estimation du budget

Dans certains métiers, la connaissance du budget dont dispose le client est une aide précieuse pour préparer la présentation du prix. Si le budget de votre prospect est très faible, la solution «toutes options» n'est peut-être pas celle à privilégier. En outre, en ce qui concerne la question du niveau de prix à annoncer proprement dit, les plus habiles négociateurs proposent généralement un prix légèrement supérieur au budget avoué par leur client afin de se préserver une marge de manœuvre. Encore faut-il connaître ce budget et pour cela le demander à son client.

Méfiez-vous, une question sur le budget peut donner l'impression à votre client que votre prix va être calculé en fonction de sa réponse, c'est-à-dire à la «tête du client». Vous devez prévenir ce risque en soignant la formulation de votre question.

Exemple

> «J'ai maintenant bien compris quels sont vos objectifs. Nous avons plusieurs solutions possibles à vous proposer. Afin de ne pas vous faire perdre de temps, pouvez-vous me donner une idée du budget que vous comptez consacrer à cet investissement ?»

Quelle que soit la qualité de votre formulation, il est néanmoins possible que votre client fasse de la résistance, et ne souhaite pas vous répondre. Si vous considérez que ce point est réellement important pour vous, alors voilà deux idées complémentaires pour tenter d'obtenir ne serait-ce qu'une estimation.

➤ *Prêchez le faux pour avoir le vrai*

Cette technique un peu provocatrice consiste à demander au client s'il est prêt à vider son compte en banque pour cet achat, ou s'il s'est tout de même fixé une limite à ne pas franchir.

Exemple

> *Vendeur* : «Est-ce que je dois comprendre que si mon offre est de qualité, vous n'avez pas de limite pour la financer ?»
> *Client* : «Vous plaisantez ? J'ai bien entendu un budget à respecter.»
> *Vendeur* : «Je comprends. Dans ce cas, je vous propose d'au moins m'en donner une estimation pour que je puisse adapter ma proposition.»

➤ *Les statistiques*

Vous allez vous appuyer sur des exemples comparables pour demander au client de se situer.

Exemple

> «Je comprends votre réticence, et pourtant j'ai besoin d'avoir au moins une estimation de votre budget, car tous nos clients ne sont pas prêts à investir dans les mêmes proportions.
> Par exemple, nous savons que notre clientèle se décompose à peu près en trois catégories :

> Pour 10 % de nos clients, ce type d'investissement est plutôt considéré comme une dépense superflue. Ils ne sont donc pas prêts à investir plus de X francs.
> Pour 10 % d'autres clients, au contraire, ce type de produit est tellement important que le maximum doit être fait pour obtenir la plus grande qualité, et par conséquent ils investissent dans des solutions qui dépassent Y francs.
> Enfin, pour 80 % de nos clients, la solution se situe entre X et Y francs.
> Alors dites-moi, où vous situez-vous ?»

Cette technique est redoutable. Vous constaterez que deux fois sur trois votre interlocuteur choisira de se rallier aux 80 % des clients qui se situent entre X et Y. Bien entendu, les bornes annoncées sont variables en fonction du projet pressenti. Il ne s'agit pas de tromper votre client sur le niveau de prix, mais simplement de lui faire citer un niveau de budget envisageable pour dédramatiser ce point et vous éviter de faire une offre disproportionnée.

Déterminez les autres composantes du coût pour le client

Si votre produit est une composante d'un ensemble de production plus large, il est utile que vous connaissiez bien l'environnement économique de votre contribution. Ceci vous permettra de relativiser le prix de votre prestation par rapport au coût total du projet.

Exemple

> Un vendeur de rayonnage habile posera à son client des questions sur le coût annuel de la gestion des stocks, sur le prix du mètre carré, ou encore sur le nombre de personnes qui travaillent sous sa responsabilité. Toutes ces questions ont en commun de flatter d'autant plus le responsable que les chiffres qu'il annonce sont importants. Elles permettront donc au vendeur de bénéficier de nombreux «appuis» pour relativiser le moment venu le coût du rayonnage en tant que tel par rapport au budget global.

Déterminez le coût unitaire

La technique qui consiste à diviser le prix par le nombre d'utilisations ou par le nombre d'utilisateurs est vieille comme le monde. Elle réclame cependant la plus grande attention afin d'éviter les stéréotypes ; de plus le risque est qu'elle soit identifiée comme une «grosse ficelle». Si vous décidez d'utiliser cette astuce pour relativiser votre prix, il est donc préférable et plus efficace de faire citer préalablement par votre client les éléments susceptibles d'être comptabilisés.

Exemple

> Les chefs de publicité qui commercialisent les espaces publicitaires de journaux parlent de «coût pour mille», c'est-à-dire du coût de revient de l'investissement pour «toucher» mille personnes.

Préparez la défense de votre offre

Il est de plus en plus rare de pouvoir annoncer un prix sans qu'il soit remis en cause. Quels sont les arguments que vous pouvez développer lorsque vos conditions tarifaires sont contestées ? C'est une question importante à laquelle vous devez absolument apporter une réponse. Ne pas se préparer à cette éventualité compromet les chances de réussite. Nous reviendrons sur ce point plus loin lorsque nous aborderons les réactions possibles face à une demande d'effort du client.

Pour l'instant, voici pêle-mêle quelques idées pour justifier vos tarifs. Sélectionnez parmi ces points ceux qui vous paraissent les plus adaptés et complétez-les, si nécessaire, par des éléments plus proches à votre métier.

- Les économies générées par l'utilisation.
- Les caractéristiques techniques.
- Le niveau des prestations.
- La certification qualité.
- La qualité du SAV.
- Le conseil en amont.
- L'assistance lors de la mise en route.
- Les références
- La formation à l'utilisation
- Le suivi personnel
- La qualité des matières premières
- La qualification du personnel
- Les performances techniques
- La valeur de revente
- La durée de vie

Choisissez le bon timing ou adaptez-vous à la situation

Il est préférable d'annoncer le prix d'un produit *après* l'avoir présenté avantageusement.

> Imaginons que vous passiez un entretien de recrutement. Il paraît en effet judicieux de discuter de votre prix, c'est-à-dire de votre salaire, *après* avoir donné envie à votre interlocuteur de vous embaucher.

Ceci étant, vous rencontrez parfois des clients qui ne l'entendent pas de cette oreille, et souhaitent avoir une idée du prix avant même d'aborder les détails du produit. Dans ce cas *tentez tout de même de différer* cet aspect de l'entretien, et si ce n'est vraiment pas possible, alors *préparez une bonne surprise* pour la suite.

➤ *Une dernière tentative pour tenter de différer la présentation du prix*

Si la question du prix est abordée trop rapidement dans l'entretien par votre client et que vous souhaitez en différer la présentation, dites-le naturellement, sans agressivité ni fébrilité qui témoigneraient d'un certain manque de confiance en vous.

> «Je comprends que la question des conditions tarifaires soit importante pour vous. *Elle l'est également pour moi* et je tiens vraiment à aborder ce point aujourd'hui. Cependant, il m'est difficile à cet instant de vous répondre car je ne connais pas encore tous les éléments de votre demande. D'ailleurs pouvez-vous me préciser…»

L'avantage de cette formulation est qu'elle témoigne d'une grande assurance du vendeur et qu'elle est donc parfaitement adaptée pour répondre à ce «piège» de début d'entretien.

Une erreur à éviter : répondre que le prix n'est pas important.

Même si votre client a en tête d'autres critères de choix, il n'aura de cesse de vous dire que le prix est le plus important si vous lui affirmez le contraire. Or, il est très fréquent d'entendre des vendeurs réagir à une question trop rapide de leur client, en affirmant que «le prix n'est pas important». Il est évident que le client ne peut pas laisser passer ce genre d'affirmations sans réagir négativement. Mais il ne s'agit là que d'une question de présentation, car il est fort possible qu'une fois intégrées toutes les autres dimensions, le prix ne soit effectivement pas si important que cela.

➤ *Ménagez une bonne surprise*

Imaginons maintenant que, quelle que soit la technique utilisée, vous n'ayez pas réussi à différer la question du prix ; Votre client veut savoir immédiatement combien votre offre peut lui coûter et affirme ne pas pouvoir vous écouter davantage sans savoir. Cette position peut tout à fait se comprendre, surtout si votre interlocuteur doit rendre des comptes régulièrement à son patron. Ne pas y donner de réponse, sous prétexte de respecter les principes classiques des techniques de vente, serait interprété comme une fuite inacceptable par le client.

Dans ce cas, il est judicieux de s'octroyer une marge de manœuvre. En effet, il est fort probable qu'une telle obstination de votre client soit le signe annonciateur d'une «discussion serrée». Quitte à ce que votre tarif soit remis en cause, autant que ce soit à un niveau qui vous laisse une marge de discussion possible.

Exemple

> «Je comprends que ce soit un point important pour vous. Eh bien, compte tenu des éléments dont je dispose à cet instant, il me semble que le budget total se situera entre 30 000 et 35 000 F. Je vous propose d'affiner ce point en examinant maintenant dans le détail les objectifs de votre projet. À ce sujet, pouvez-vous me dire...»

Compte tenu des précautions oratoires prises pour annoncer cette «fourchette», il n'y a pas de risque de perdre sa crédibilité dans le cas d'une proposition définitive moins onéreuse. De plus vous ne vous serez pas enfermé dans un budget initial trop faible par rapport aux attentes exprimées par la suite.

Annoncer son prix

Les points abordés jusqu'à présent visent à préparer le terrain à ce qui va maintenant nous intéresser : la présentation du prix en tant que telle. De manière générale, *il faut présenter son prix avec assurance et avec une conviction à toute épreuve.* Il est clair que si vous n'êtes pas vous-même convaincu de sa légitimité, il est probable que votre client ne le sera pas non plus. La force de l'autorité, décrite dans la case «Influencer ses interlocuteurs», sera votre plus précieux allié. La façon d'énoncer votre prix devra donc être sûre, à la fois dans le ton de la voix mais également dans le langage non verbal. Il est évident qu'un prix annoncé en bredouillant par un vendeur qui rougit ou qui d'un seul coup a un regard fuyant, incite inévitablement le client à le remettre en cause.

Les quelques idées qui suivent vous aideront à afficher l'assurance nécessaire à cette étape.

N'argumentez plus !

Nous avons vu plus haut qu'il vaut mieux parler du prix après avoir argumenter. C'est un principe qu'il est bon de respecter si l'on pense à la logique globale de l'entretien. En revanche, dès lors que le moment est venu, il est inutile, voire inquiétant, d'argumenter davantage. Ainsi, si vous avez argumenté sur les caractéristiques qui répondent aux attentes du client et traité les objections il est naturel que la question du prix soit abordée. Si à ce moment-là, au lieu de répondre directement, vous argumentez encore sur le produit, vous risquez de donner le sentiment de tourner autour du pot par manque de confiance. Devant votre fébrilité, votre client n'hésitera pas à contester vos tarifs.

☞ ***C'est le client qui doit être fébrile à l'idée de remettre en cause le prix du vendeur, pas le contraire !***

Prenez le pouvoir !

Les vendeurs se posent souvent la question de savoir s'il vaut mieux annoncer son prix et voir comment réagit le client, ou plutôt laisser le client prendre l'initiative de dire le prix qu'il est prêt à payer et ensuite seulement annoncer son prix.

Exemples

1. *Le vendeur annonce d'abord* : «Le prix de cette installation sera de 28 750 F HT», et gère ensuite une éventuelle remise en cause du tarif.

> 2. *Le client annonce d'abord* : «Pour cette installation, je ne suis pas prêt à mettre plus de 25 000 F».

Il est plus habile de choisir la première option. En effet, contrairement à ce que l'on peut penser c'est plutôt celui qui conteste la légitimité de ce qui est annoncé par l'autre partie qui subit une certaine pression psychologique. D'ailleurs, vous-même la subissez sans doute également…

> Souvenez-vous de la dernière fois où vous êtes allé «négocier» une remise pour un achat important, que ce soit une voiture, un vélo ou une bibliothèque. Bien décidé à obtenir une remise, vous avez quitté votre domicile fier et déterminé à revenir rapidement décrire à vos proche la qualité de votre brillante négociation. Une fois devant le vendeur, vous avez bien entendu fait en sorte de dégager une assurance à toute épreuve, mais au moment-clé ou vous avez posé la question de la remise, n'aviez-vous pas quand même un doute à l'esprit ? D'un seul coup, c'était vous le demandeur…

Il est plus facile pour le vendeur de justifier un prix qu'il vient d'annoncer que de contester un prix maximum fixé par l'acheteur. Inversement, il sera sans doute plus difficile psychologiquement pour le client de remettre en cause un prix présenté avec assurance, que de tenter un coup de bluff en annonçant d'emblée un prix très bas.

☞ ***Il est généralement plus facile de défendre sa position que de conquérir celle de l'adversaire.***

Renforcez la légitimité du prix

Lorsqu'un client conteste un prix, c'est parfois simplement pour s'assurer qu'il a vraiment eu les meilleures conditions possible. Même s'il a les moyens de payer, il ne veut pas découvrir par la suite qu'il n'a pas su négocier correctement. L'amour-propre est beaucoup plus sensible que le porte-monnaie. Tout ce qui sera fait pour rassurer le client sur la légitimité du prix sera donc positif.

➤ *Présentez des supports écrits*

Il est plus difficile de contester ce qui est écrit noir sur blanc que ce qui est simplement dit. Un bon moyen de réduire les contestations sur le prix est donc d'en renforcer la légitimité par les supports que le vendeur présente au client. Si vous pouvez appuyer votre présentation sur un document spécifique, vous renforcerez le caractère «incontestable» de votre tarif. Idéalement, et si le produit que vous vendez s'y prête, le support choisi sera légèrement cartonné pour montrer qu'il a été réalisé en grande série et pas juste avant le rendez-vous[1].

➤ *Choisissez le bon chiffre*

Le choix du chiffre annoncé est également important. Un prix qui tombe juste est plus souvent contesté qu'un prix précis qui n'est pas rond.

Exemple

> La gestion de l'épargne salariale entraîne la facturation de frais de tenue de compte, proportionnels au nombre de salariés. Ils sont moins souvent remis en cause lorsqu'on annonce par exemple 31,50 F par salarié et par an plutôt que 30 F tout rond.

Lorsque les montants à annoncer sont importants, il peut être également judicieux de se poser la question du choix à effectuer entre valeur absolue, valeur relative ou valeur unitaire.

Exemple

> Un équipementier automobile qui présente le prix d'un équipement particulier (climatisation, ABS...) a le choix entre :
> • «Sur l'ensemble du programme[2], cet équipement représente un investissement de 1, 350 milliard de francs.»
> • «Cet équipement revient à 900 F par voiture.»
> • «Cet équipement ne représentera que 0, 45% du coût de revient du modèle.»

Choisissez toujours l'ordre de grandeur qui vous paraît le plus favorable. Mais si vous avez le sentiment que parler de valeur unitaire présente le risque d'être interprété comme une «ficelle de vendeur», alors contentez-vous de ne la citer que pour pondérer la valeur absolue.

Exemple

> «L'investissement à prévoir est de 150 000 F, soit 64 F par utilisation sur les bases habituellement constatées.»

---

1. Pour les métiers qui impliquent la réalisation de prestations sur mesure, ce n'est évidemment pas conseillé.
2. La notion de programme intègre le nombre d'années de fabrication.

Profitez de la force du contraste

Imaginez la situation suivante :

> Vous êtes sur le point de partir en province pour plusieurs jours. Juste avant de quitter votre domicile, vous demandez à votre conjoint d'enregistrer à la télévision une émission économique qui passe le dimanche soir et que vous appréciez particulièrement. Le lendemain, après une journée de travail qui vous a épuisé, vous appelez chez vous pour prendre des nouvelles. Votre conjoint décroche, et ces premiers mots sont : «Ah c'est toi ! Écoute tu vas vraiment être furieux !» A quoi pensez-vous à ce moment précis ? Les enfants ont refait la peinture du salon ? Votre belle-mère emménage chez vous pour le reste de l'année ? Votre voiture a pris feu et la copropriété vous a envoyé trois huissiers accompagnés de Pittbulls ? Après avoir pris soin de vous asseoir, vous osez demander : «Que s'est il passé ?» Et là, on vous annonce : «J'ai oublié d'enregistrer ton émission». Ressuscité par ces paroles, vous répliquez que cela n'a vraiment rien de dramatique et que ce n'était pas la peine de prendre cette voix d'outre-tombe !
>
> Si jamais cette histoire ressemble à quelque chose de vécu, dites-vous qu'il y a deux possibilités.
>
> – soit vous êtes réellement une terreur à la maison et un peu de repos vous ferait du bien ;
>
> – soit votre conjoint est un fin stratège et a compris que la force du contraste peut relativiser beaucoup de choses.

Ainsi, si vous craignez que votre prix paraisse trop élevé, profitez de l'impact du contraste. La perception contrastée peut en effet avoir un impact très fort sur notre vision des choses. Le contraste pourra parfois aussi vous aider à faire admettre plus facilement un niveau de prix. Par exemple, vous en tirerez profit *en faisant à chaque fois que c'est possible une double proposition.* Pour que cette tactique reste crédible, il est conseillé de réellement faire deux propositions détaillées et de ne pas se contenter de jouer sur les volumes. Idéalement, il faut que le client hésite réellement entre les deux propositions, l'une et l'autre lui paraissant de qualité.

Exemple

> Revenons à notre vendeur de rayonnage industriel. Imaginons qu'il ne réponde pas sur le champ à la question du prix et qu'il doive envoyer une proposition écrite ou simplement revenir pour présenter un devis.

S'il choisit de présenter une solution unique, il annoncera un prix de 28 550 F pour son projet.

S'il veut profiter du contraste, alors il aura intérêt à faire une double proposition. Celle-ci consisterait par exemple à présenter en parallèle un système de rayonnage classique dont le budget serait de 28 550 F, et un système de plate-forme plus sophistiqué qui permettrait de doubler les capacités de stockage pour un budget total de 54 500 F.

Outre le fait de relativiser le budget de la première option présentée, cette stratégie vous permettra de remporter des affaires plus importantes, car, à la grande surprise des vendeurs, il arrive assez souvent que le choix du client se porte sur la solution la plus complète.

Détaillez votre proposition

Il est fréquent d'entendre des commerciaux se plaindre de la complexité des tarifs qu'ils doivent présenter aux clients. En effet, le jeu du client est de chercher à globaliser la dépense, et sa réaction naturelle est d'inciter le vendeur à lui présenter un forfait. Cependant, accepter de «forfaitiser» peut être très dangereux car une fois que les conditions de tous les fournisseurs sont parfaitement comparables, c'est le moins cher qui gagne. En outre, les négociations qui s'articulent autour d'un seul point à négocier sont toujours plus difficiles à mener que celles qui comportent plusieurs composantes. Dans le premier cas, chacun à tendance à s'arc-bouter sur ses positions de départ, dans l'autre la diversité des points à discuter implique une discussion plus large et multiplie les pistes possibles pour trouver un accord mutuellement satisfaisant.

Traiter les objections relatives au prix

L'assurance que le vendeur développe pour annoncer son prix lui permettra d'en renforcer la légitimité. Cependant, il y aura toujours des cas où le client aura du mal à l'admettre et émettra des objections.

Nous allons voir successivement comment traiter trois types d'objections relatives au prix.

C'est cher !

On peut considérer que sur l'échelle de Richter des objections au prix, celle-ci est la moins virulente.

➤ *Commencez par «ne pas entendre !»*

Ce n'est pas parce qu'un client dit et pense qu'un produit ou un service est cher qu'il ne va pas l'acheter. Il ne s'agit parfois que d'un réflexe conditionné par la prise de décision qui vient de s'amorcer dans son esprit. «C'est intéressant, mais est-ce vraiment raisonnable ?».

«Ne pas entendre» consistera simplement à enchaîner avec naturel sur la suite de l'entretien, voire sa conclusion, sans rebondir sur les paroles du client.

Exemple

> *Vendeur* : «Comme vous le voyez, vous allez pouvoir réorganiser tout votre système de stockage et gagner beaucoup de temps et de surface.»
> *Client* : «C'est vrai, mais quand même, le budget est important.»
> *Vendeur* : «Qu'allez-vous faire de la surface au sol que vous allez gagner avec ce système ?»
> *Client* : «Je pense qu'on va enfin pouvoir installer un bureau correct à notre responsable des expéditions.»
> *Vendeur* : «Ah bon ? Mais qu'est-ce qu'il en pense ?»
> *Client* : «Il est ravi, depuis le temps qu'il signait les bons d'expédition, appuyé sur le mur…»
> *Vendeur* : «Comment comptez-vous organiser l'installation ?»
> *Client* : «Eh bien, il faudrait que ce soit prêt avant la réception de la nouvelle gamme.»
> *Vendeur* : «Compte tenu des délais de réalisation, je vous propose de passer aux aspects administratifs pour formaliser définitivement ce projet.»[1]

➤ *Appuyez-vous sur la règle de la profession*

Dans certains métiers, les prix ou conditions tarifaires peuvent être justifiés par des règles de fonctionnement internes strictes, des index

1. La méthode de conclusion utilisée ici reprend la méthode PIC développée dans la case «Booster sa conclusion».

professionnels, des normes ou la législation. Si votre métier vous offre cette possibilité, n'hésitez pas à l'utiliser.

➤ *Acceptez puis rassurez*

Si votre produit représente effectivement un investissement important, pourquoi ne pas le reconnaître ? Dans ce cas, l'effet de surprise est assez fort. Traditionnellement les vendeurs ont plutôt l'habitude de se mettre sur la défensive lorsqu'on les attaque sur le prix. Il s'agit donc en fait d'utiliser l'approche paradoxale.

Exemple

> *Client* : «C'est intéressant, mais vos prix sont vraiment très élevés...»
> *Vendeur* : «C'est vrai, nous sommes chers. (silence) Si malgré cela nos clients continuent à nous faire confiance, c'est qu'il est évident que la qualité des prestations que nous leur apportons est à la hauteur.»
> *ou*
> «C'est vrai, nos prospects nous trouvent chers, jamais nos clients !»

C'est trop cher

«C'est trop cher» est une objection un peu plus délicate à traiter. En tout cas, on ne peut pas se contenter de l'ignorer.

➤ *Vérifiez que l'objection sur le prix ne cache rien d'autre*

«C'est trop cher» peut vouloir dire «je ne suis pas sûr que ce soit bien adapté pour moi !». Vous devez vous assurer qu'il n'y a pas une objection cachée derrière, ce qui ne serait finalement qu'une «fausse barbe». Peut-être êtes-vous passé un peu trop vite sur certains points de votre offre ou bien votre client ne vous a pas cité toutes ses attentes... Il est donc important de «creuser» pour savoir s'il n'y a pas quelque chose de plus important derrière cette remise en cause du prix.

Exemples

> • «Je comprends parfaitement votre réaction. Est-ce que cela veut dire que sur le reste de notre proposition, tout est clair ?»
> • «S'il n'y avait pas la question du budget, est-ce que vous retiendriez cette solution ?»

Une erreur à éviter : répondre du tac au tac «Par rapport à quoi ?».

Cette expression fait partie des stéréotypes de la vente, qui ont tellement été développés dans les stages ou dans les ouvrages spécialisés que beaucoup de vendeurs utilisent cette réplique, non sans une certaine agressivité. Imaginons un client qui rencontre trois vendeurs dans la journée, qui chacun à leur tour lui demande «Par rapport à quoi» on peut comprendre que les nerfs de certains puissent lâcher… Préférez des expressions plus adaptées, par exemple : «sur quel point en particulier ?», «à quoi faites-vous référence exactement ?», «sur quelle base avez-vous fait votre comparaison ?»

➤ *Utilisez la méthode CNZ*

La méthode CNZ décrite dans la case «Traiter les objections» peut bien sûr être mise en œuvre pour l'objection sur le prix.

Exemple

Client : «Votre salon professionnel a beau être très fréquenté, le prix du mètre carré est vraiment trop cher. Au total, cela va me coûter plus de 180 000 F.»
Vendeur : «C'est vrai, cela représente un investissement important. En fait, j'imagine que la question que vous vous posez est de savoir si oui ou non ce budget sera rentabilisé, c'est bien cela ?»
Client : «Absolument, il y a bien longtemps que les budgets communication ne sont plus extensibles.»
Vendeur : «Eh bien, c'est pour cette raison que j'aimerais à nouveau vous donner des éléments d'appréciation tangibles. Laissez-moi vous rappeler trois chiffres importants :
• Le premier chiffre est le taux de décideurs parmi les visiteurs : 79 % des visiteurs étaient des décideurs de votre marché.
• Le deuxième chiffre est le nombre moyen de contacts par stand. Nous avons comptabilisé, grâce aux bornes informatiques qui sont mises à votre disposition, 72 contacts utiles et qualifiés en moyenne quotidienne.
• Et enfin, le troisième chiffre est le nombre de contrats signés pendant le salon ou lors des actions qui ont suivi ; nous avons recensé 8 540 contrats signés par les exposants, sans compter bien entendu les exposants qui n'ont pas répondu à notre enquête.
D'ailleurs à ce sujet, avez-vous déjà réfléchi à la façon dont vous allez

gérer vos contacts sur le salon ou souhaitez-vous qu'on vous aide à sensibiliser votre force de vente sur les principes à respecter pour être efficace ?

➤ *Changez l'ordre de grandeur*

Passer du budget global au coût unitaire est une technique assez efficace si elle utilisée lorsque le contexte s'y prête.

Deux personnes m'ont récemment fait part de l'achat d'une superbe cafetière d'un fonctionnement assez nouveau. Il s'agit d'un modèle assez proche de ce que l'on pourrait trouver chez un professionnel, et dont l'alimentation en café se fait par des capsules hermétiques. C'est pratique, le café est excellent, mais bien sûr cela coûte plus cher que les modèles classiques. Ces deux personnes, sans se concerter, m'ont cité spontanément le même argument pour justifier le bien-fondé de leur achat : «Cela revient à 1, 80 F le café.» Elles auraient pu d'abord me dire que le café était bon, ou que l'usage était facilité. Mais non ! Le vendeur avait sans doute parfaitement maîtrisé la vente du prix et elles mirent en avant le coût modique de chaque café.
Faisons tout de même un petit calcul : si l'on considère que le prix moyen d'un paquet de café torréfié de 250 g est d'environ 14 F, et que l'on peut avec ce paquet faire à peu près 20 express, le café unitaire revient à 70 centimes. Donc finalement, le vendeur a réussi la prouesse de faire croire que quelque chose qui coûte presque trois fois plus cher est très bon marché. Ceci est d'autant plus remarquable que le prix de la cafetière elle-même coûte selon les modèles entre quatre et dix fois plus cher qu'un modèle standard. Il faut parfois savoir s'incliner devant une telle maestria...

Ce qui a sans doute rendu cette technique efficace dans ce cas précis, c'est que la qualité du café est vraiment excellente et surtout que la plupart des gens ne calculent pas le prix de leur café quotidien. La seule référence en la matière est plutôt celle du cafetier qui demande entre 6 et 10 francs pour un express.

➤ *Jouez sur la cohérence !*

Si votre interlocuteur vous dit que c'est trop cher, il va peut-être enchaîner par une demande d'effort sur vos conditions. Cette demande sera d'autant moins virulente qu'il aura manifesté son attachement à votre solution. Une façon de «l'aider» à vous dire qu'il pense que votre solution est bonne est de proposer d'en supprimer certains avantages. Si la solution est vraiment séduisante aux yeux de votre client, il réagira et implicitement s'engagera un peu plus sur la voie de la conclusion.

Exemple

> *Un vendeur de rayonnage qui ne renonce décidément pas facilement* :
> *Client* : «Vraiment, le devis est plus important que ce que j'avais imaginé, c'est trop cher !»
> *Vendeur* : «Je comprends. Peut-être pouvez-vous vous passer dans un premier temps des cloisons intermédiaires. Dans ce cas le budget pourrait se réduire.»
> *Client* : «Surtout pas ! On a tellement de références différentes que ce serait pire que notre organisation actuelle, et si on change il faut vraiment que ce soit mieux.»

➤ *Calculez le retour sur investissement*

> Imaginez que vous soyez sur le point de recruter un collaborateur. Si un candidat peut vous démontrer qu'il est en mesure d'augmenter la rentabilité de votre entreprise de 10 %, il y a fort à parier que vous n'examinerez pas la question de son salaire avec autant de précision que pour les autres candidats.

À chaque fois que vous le pouvez, calculez le retour sur investissement que pourrait obtenir votre client grâce à votre produit. C'est une excellente façon de pondérer l'objection «c'est trop cher».

C'est plus cher que…

Enfin, on remarque que beaucoup de vendeurs considèrent que l'objection sur le prix la plus difficile à traiter est celle qui mentionne la concurrence. Comment réagir lorsqu'on vous annonce que votre concurrent est moins cher, beaucoup moins cher… ?

➤ *Confirmez que vous êtes plus cher*

On incite trop souvent les vendeurs à dire systématiquement que leur produit n'est pas cher, ou moins cher que celui du concurrent. Il existe néanmoins des situations où il est plus efficace de dire le contraire. Un vendeur de Mercedes ne prétend pas que sa voiture est moins chère qu'une autre marque moins prestigieuse. Et s'il le faisait, les clients s'en inquiéteraient.

Si vous êtes plus cher que les autres, vous avez sans doutes d'excellents arguments pour le justifier. Commencez donc par le reconnaître, voire par amplifier le fait même, pour finalement rebondir sur vos différences par rapport à la concurrence.

Exemple

> *Client* : «Je ne comprends pas pourquoi la concurrence me propose la même chose pour un budget inférieur de 10 %. Vous êtes vraiment plus chers que vos concurrents.»
>
> *Vendeur* : «C'est vrai nous sommes plus cher que la plupart des autres intervenants, je ne vous dirai pas le contraire. *Bien entendu, quelles que soient les apparences les niveaux de prestations ne sont absolument pas comparables.* Par exemple, nous sommes les seuls à garantir un coefficient de sécurité de 1,75 alors que la plupart de nos confrères n'offre que 1,25. Le jour où les manutentionnaires oublient les niveaux de charge maximum à ne pas dépasser, on s'aperçoit que nos systèmes justifient parfaitement leur différence de prix.»

➤ *Ramenez l'écart de budget à la différence unitaire*

Il s'agit encore une fois de changer l'ordre de grandeur qui sert à la comparaison. Si votre client compare les deux niveaux de budget en valeur absolue, il est parfois judicieux de recentrer le raisonnement sur la différence unitaire.

Exemple

> *Client* : «Nous avons fait le calcul. Si nous vous confions l'organisation de notre voyage de fin d'année, il nous revient à 20 000 F de plus que si nous choisissons votre confrère, alors que les destinations sont les mêmes.»
>
> *Vendeur* : «C'est vrai, c'est une différence importante. En fait, la question à se poser est de savoir si nous apportons suffisamment de valeur ajoutée à vos collaborateurs pour compenser les 200 F supplémentaires par participant. J'en suis persuadé et j'aimerais vous rappeler…»

➤ *Créez le doute sur le prix de la concurrence.*

Si les techniques précédentes ne suffisent pas, il sera parfois nécessaire de monter d'un cran en matière «d'agressivité commerciale». Il ne s'agit pas de dire du mal de votre concurrent, mais plutôt d'amener votre client à douter du sérieux de la proposition concurrente. Il ne faut en effet jamais perdre de vue la pression qui est sur les épaules de l'acheteur au moment de l'achat. Elle est au moins aussi forte que celle que s'inflige le vendeur.

La carte du doute[1] peut être mise en œuvre de différentes façons, avec des degrés de pression plus ou moins forts. Plusieurs façons d'instiller le doute peuvent être envisagées. Vous choisirez parmi les différents exemples qui suivent ceux qui pourront le plus facilement être transposés dans votre métier.

- *Le silence.* Il s'agit de faire en sorte que le client cite le montant de la différence. Si celle-ci est très importante, la technique du silence sera complétée par une maîtrise du langage non verbal. En effet, tout doit traduire à cet instant précis votre stupéfaction d'entendre une telle «aberration». Si vous parvenez à ne pas reprendre la parole le premier, il est quasiment certain que votre interlocuteur, devant la surprise qu'il a provoquée, aura tendance à pondérer lui-même la qualité de l'offre sur les autres aspects. Une fois la brèche créée, à vous de vous y engouffrer pour rappeler une nouvelle fois vos différences.
- *Lo barato sale carissimo* ! Cette expression espagnole traduit bien un adage de bon sens : Ce qui est bon marché finit par coûter très cher, voire plus cher que n'importe quelle proposition. Sans prendre pour autant un ton de maître d'école, il peut être utile de rappeler au client que si la solution aujourd'hui jugée bon marché se révèle à l'usage inadaptée ou insuffisante, c'est l'ensemble de l'investissement qu'il faudra revoir.
- *Combien de temps* ? Les spécialistes de la fonction «achats» conseillent de raisonner dans la durée et de réserver les techniques de marchandage aux opérations ponctuelles sans lendemain. Si la prestation que vous offrez nécessite des investissements importants et réguliers, il est probable que votre client ne puisse se permettre de changer de partenaire trop souvent. Ceci impliquerait à la fois des

1. La carte du doute est décrite dans la case «Influencer ses interlocuteurs».

coûts de transfert[1] et parfois une remise en cause de la crédibilité de l'acheteur en interne. Il est donc habile de rappeler à l'acheteur qu'il prend tout de même un risque sur la durée. Vous pouvez par exemple poser une question naïve sur la durée des contrats signés :

> • «Je comprends que cette proposition soit séduisante. Avez-vous des garanties sur sa validité, ou les prix annoncés aujourd'hui sont-ils révisables ?»

- *Pourquoi est-ce si bon marché* ? Enfin, vous pouvez tout simplement demander à votre client s'il comprend pourquoi le prix qu'on lui propose est si bas.

Exemple

> *Vendeur* : «Vous m'avez dit que la qualité de ce produit était identique au nôtre, c'est bien cela ?»
> *Client* : «Oui.»
> *Vendeur* : «Vous êtes également certain que le service après-vente est équivalent ?»
> *Client* : «Absolument.»
> *Vendeur* : «Les garanties, elles aussi sont comparables.»
> *Client* : «Exactement.»
> *Vendeur* : «Et pourtant, le prix de ce produit est quand même très inférieur au nôtre, c'est bien ce que je dois comprendre ?»
> *Client* : «C'est cela.»
> *Vendeur* : «À votre avis pourquoi ? [marquer un silence, puis enchaîner]. Pourquoi une entreprise qui peut proposer un produit aussi performant serait-elle obligée de baisser ces prix dans de telles proportions pour pouvoir le vendre ?»

Cette dernière version qui est sans doute la plus «violente» est à manier avec précaution.

Une erreur à éviter : Fermer la porte à la discussion.

L'utilisation du doute est très utile mais il faut absolument éviter que le client se sente piégé. Après quelques secondes de silence, il est conseillé de reprendre le dialogue en aidant votre interlocuteur à sauver la face.

1. Les coûts de transfert sont les coûts générés par l'organisation du changement de fournisseur.

Exemple

> «Je comprends tout à fait que ce soit séduisant, et moi-même je crois qu'à votre place j'aurais sans doute été très attiré par une telle proposition. Cependant, je suis persuadé que ce n'est pas comparable et je vous propose de revoir ensemble une nouvelle fois les différentes caractéristiques de nos offres, et notamment sur le plan de... (Zoom-avant[1] sur un point particulier).»

Réagir à une demande d'effort sur le prix

Nous avons vu jusqu'à présent les façons de traiter les objections sur le prix. Cet exercice est difficile car ces objections transmettent implicitement au vendeur le message suivant : «Moi client, je ne suis pas demandeur.»

Dès lors que le client demande au vendeur de faire un effort sur le prix en particulier ou sur les conditions tarifaires en général, il faut absolument que le vendeur comprenne que le message transmis n'est plus le même, bien au contraire. Cette fois le client lui dit : «Je suis intéressé, j'ai envie d'acheter mais je veux être sûr d'avoir le meilleur prix.» On a coutume de dire que l'on passe à ce moment précis du terrain de la vente au terrain de la négociation[2]. Les principes qui suivent vous permettront de bien gérer votre réponse.

Restez calme !

Le plus dur est fait. Si votre client vous demande de faire un effort, c'est qu'il est intéressé. Il n'y a donc pas lieu de s'affoler, bien au contraire. Même si vous êtes prêt à faire un effort, il ne faut surtout pas vous précipiter sous peine de tout remettre en cause. Si vous vous précipitez pour répondre favorablement à votre client, vous risquez plus d'augmenter son appétit que de le freiner.

1. La technique du zoom-avant est décrite dans la case «surmonter les objections».
2. La négociation du prix en tant que telle ne fait pas l'objet de cet ouvrage. Le livre de Philippe Korda, *Vendre et défendre ses marges*, (Paris, Dunod, 1994) se concentre sur cet aspect et peut d'ailleurs être considéré comme la suite logique des principes développés ici.

Un ancien acheteur de la grande distribution me confiait récemment que son métier avait fini par l'ennuyer profondément. Assez surpris par une telle affirmation je lui demandai des précisions : «Je ne comprends pas, tu étais bien souvent en situation de force, cela devait pourtant être satisfaisant de négocier dans ces conditions». Il me répondit du tac au tac : «Tu parles ! La plupart du temps il suffisait que je fronce les sourcils et que je monte le ton de la voix pour gagner 5 %. Non, les rares fois où c'était intéressant c'était lorsque les représentants des grandes marques nationales venaient. Là, je savais qu'il allait falloir se battre...»

N'ayez donc pas de scrupules à résister, aujourd'hui plus que jamais, votre client ne s'en offusquera pas car la remise en cause des tarifs est entrée dans les mœurs. Il ne faut plus s'en inquiéter ; c'est désormais la règle du jeu.

Argumenter d'abord

Quelle que soit votre envie de réussir la vente, n'oubliez jamais ce principe.

Imaginez que vous alliez acheter une voiture d'occasion, et que vous demandiez au vendeur de revoir ses prétentions à la baisse. Il vous a annoncé 70 000 F et vous lui avez fait une offre à 50 000 F.
Imaginez maintenant qu'il vous dise immédiatement : «D'accord pour 50 000 F, marché conclu !» Que se passe-t-il dans votre tête ? Eh bien, le doute sur la qualité de la voiture, la frustration de ne pas avoir proposé une offre inférieure, mêlés au sentiment de vous «faire avoir», vous inciteront sans doute à trouver une bonne excuse pour différer votre achat et laisser ce voyou de vendeur trouver un autre client.

Le réflexe naturel peut être de se dire qu'argumenter encore en fin d'entretien, alors qu'il vous est possible de faire plaisir à votre client, est risqué. En fait c'est ne pas le faire qui est bien plus risqué !

☞ ***Quel que soit le niveau de prix annoncé, il est indispensable de le justifier avant de le négocier !***

➤ *Appuyez-vous sur la déontologie*

Une tactique très efficace pour justifier une résistance forcenée à une demande de concession est de faire appel à la déontologie et/ou à la transparence des tarifs qui sont les mêmes pour tous.

Exemples

• «Vous comprendrez aisément qu'on ne fasse aucune remise sur le prix du m^2. Les exposants vont se côtoyer pendant toute la durée du salon et il serait parfaitement incompréhensible pour eux de s'apercevoir que le prix du mètre carré n'est pas le même pour tous.»

• «Les droits d'entrée de ce fonds commun ne sont pas négociables. D'une part ils couvrent des frais d'investissement en bourse. Ne pas vous les facturer reviendrait en fait à les faire payer par d'autres adhérents. D'autre part le conseil de surveillance réunit chaque année les porteurs de parts. Il ne serait pas admissible pour un adhérent de découvrir à cette occasion qu'il n'a pas été traité de la même façon que les autres.»

Demandez une contrepartie

Si vous êtes prêt à faire un effort, ne le faites qu'après avoir obtenu une contrepartie. Il existe de multiples raisons pour justifier cette démarche. Que ce soit pour préserver la rentabilité, pour engager votre interlocuteur ou simplement pour freiner l'appétit de l'acheteur. Cependant, si vous ne deviez retenir qu'une seule bonne raison de demander une contrepartie, songez à votre crédibilité. En effet, si votre client vous demande de faire un effort et que vous acceptez sans lui demander de contrepartie, c'est donc que vous avez failli lui faire payer plus que le prix normal… Un tel constat donnera très envie à votre client de ne plus continuer à travailler avec vous.

Les réponses du test

- *Réponses n° 1 :*
La réponse B est sans doute la meilleure à cette étape de l'entretien. La réponse C est satisfaisante si le vendeur n'a pas encore les informations nécessaires à l'élaboration d'une offre précise. La réponse A, par contre est à éviter car elle traduit trop clairement une ouverture à la négociation. Ce n'est surtout pas au vendeur de provoquer la négociation.

- *Réponses n° 2 :*
La réponse C est prématurée. C'est une excellente formulation pour répondre à une demande d'effort, pas pour traiter une objection. La réponse A risque de provoquer une réaction encore plus dure à gérer. La réponse B est par conséquent la meilleure des trois options. Elle contribue à rassurer le client sur la qualité du produit proposé.

- *Réponses n° 3 :*
Attention à la réponse A qui met en demeure le client de prouver ce qu'il avance. S'il s'agissait d'une simple tactique sans fondement réel, le client se retrouve contraint à justifier sa position pour ne pas perdre la face. C'est donc une excellente façon d'amorcer un dialogue de sourds. La réponse C est très bonne mais encore un peu prématurée. Attendez que l'on vous demande explicitement de faire un effort pour utiliser cette technique de pré-fermeture[1]. La réponse B est la plus appropriée. Elle traduit une grande assurance et finalement rassurera davantage votre client.

- *Réponses n° 4 :*
La réponse A ferme définitivement la porte à toute discussion et aujourd'hui cette extrémité est rarement envisageable. La réponse C est bonne sur le fond mais très mal formulée sur la forme. La réponse B permet par contre d'engager le client vers la conclusion, et en plus elle inclut une excellente contrepartie qui est l'engagement immédiat.

LES POINTS-CLÉS À MÉMORISER

➤ *Préparez en amont la présentation de votre prix en :*
- demandant une estimation du budget,
- déterminant les autres composantes du coût pour le client,
- préparant la justification de vos tarifs,

1. La technique de pré-fermeture est décrite dans la case «Booster sa conclusion».

– attendant le bon moment.

➤ *Annoncez votre prix avec aisance en :*

– arrêtant d'argumenter,
– prenant le pouvoir,
– renforçant sa légitimité,
– jouant sur le contraste,
– détaillant votre proposition.

➤ *Préparez les réponses aux différentes objections relatives au prix :*

– «C'est cher.»
– «C'est trop cher.»
– «C'est plus cher que…»

➤ *Réagissez sereinement à une demande d'effort :*

– Argumentez d'abord.
– Appuyez-vous sur la déontologie.
– Demandez une contrepartie.

À VOUS DE JOUER !

SI VOUS TRAVAILLEZ SEUL

➤ *Pour rester dans la course*

Votre capacité à résister à la remise en cause de votre prix dépend en grande partie de votre argumentation pour en défendre la légitimité.

1. Listez sur chaque point de vos offres les arguments réflexes qui peuvent vous servir à les défendre.
2. Préparez les réponses adaptées à votre contexte aux trois types d'objections sur le prix, et entraînez vous à les développer naturellement.
3. Constituez une liste de contreparties susceptibles d'être demandées en échange d'un effort tarifaire de votre part.

➤ *Pour faire la différence par rapport à vos concurrents*

Vous devez pouvoir résister à une comparaison défavorable par rapport aux prix proposés par vos concurrents.

1. Listez les 5 arguments-réflexes que vous pouvez développer pour justifier la différence de prix par rapport à vos principaux concurrents.
2. Réfléchissez à la possibilité de rendre vos propositions commerciales non-comparables à celles de vos concurrents.
3. Recherchez et évaluez les autres composantes du budget global de vos clients.

Si vous êtes manager d'une équipe de vente

➤ *Aidez vos vendeurs à justifier leur prix*

Il est fréquent que les vendeurs ne soient pas à l'aise pour défendre leur offre initiale si celle-ci est remise en cause par un client avec aplomb. Un travail sur la justification du prix peut être organisé lors d'une réunion de la façon suivante :

1. Listez toutes les composantes de vos conditions tarifaires (prix, délais de paiement, frais de transport...). Cette liste est constituée de façon participative avec le groupe et détaillée sur un *paper-board*.
2. Rappelez l'importance sur la rentabilité de votre entreprise que revêt la défense de chacune de ces conditions.
3. Demandez aux participants, préalablement répartis par groupes de trois personnes au maximum, de constituer la liste la plus importante possible de justifications pour chaque composante de vos tarifs.
4. Après une demi-heure de travaux en sous-groupes, animez une restitution des différents travaux. Complétez-les par vos propres idées.
5. Assurez vous-même la synthèse de ces travaux. Vous venez de constituer un mémo très utile à votre force de vente.

➤ *Constituez une liste de contreparties*

Si votre marché vous impose une certaine souplesse en matière de négociation, alors établissez également avec votre équipe une liste de contreparties à demander en échange d'un effort :

1. Rappelez l'importance de ne pas rentrer dans le jeu de la négociation trop rapidement pour justifier votre position initiale.
2. Insistez ensuite sur la nécessité de demander des contreparties en échange d'un éventuel effort. Si vous devez convaincre des vendeurs réticents, vous choisirez parmi les arguments suivants. Demander une contrepartie avant de faire un effort c'est renforcer la crédibilité de l'offre initiale, engager son client, se faire respecter, préserver la rentabilité, donner de la valeur à ce qui est finalement accordé par le vendeur.
3. Demandez aux participants, préalablement répartis en sous-groupes, de constituer la liste la plus importante possible de contreparties à demander à leurs clients en échange d'un effort sur les tarifs.
4. Après une demi-heure de travaux en sous-groupes, animez une restitution des différents travaux. Complétez-les par vos propres idées.
5. Assurez vous-même la synthèse de ces travaux. Vos vendeurs sauront désormais quoi demander à leur client en échange d'un effort sur le prix.

CHAPITRE 7

Booster la conclusion

- Aborder la conclusion sereinement.
- La méthode PIC.
- Maîtriser les suites à donner.

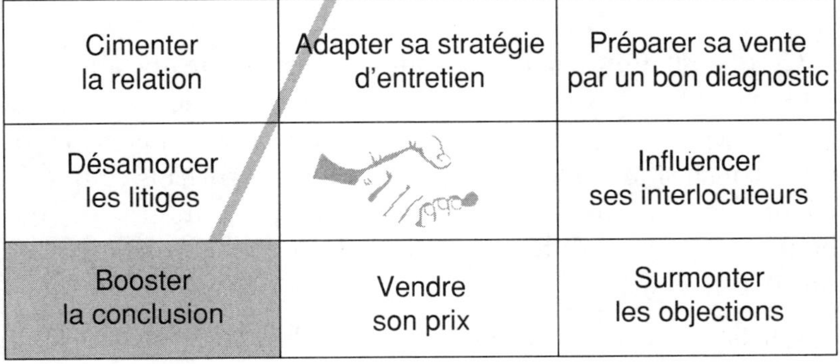

La conclusion de la vente est l'objectif final de la démarche commerciale. C'est cette étape qui concrétisera les efforts déployés jusqu'alors. Pour cette raison, les vendeurs attendent beaucoup des techniques de conclusion pour gérer cet instant fatidique. Il n'existe malheureusement pas de technique qui permette à un mauvais entretien de se conclure positivement. La conclusion de la vente, pour être un succès, doit constituer *l'issue logique et naturelle de votre entretien.*

Une conclusion positive est surtout conditionnée par les différentes étapes qui la précèdent, que ce soit le diagnostic, l'argumentation, la façon dont vous avez traité les objections ou encore la qualité du relationnel que vous avez su mettre en place. Toutes ces ressources doivent vous permettre d'instaurer la confiance du client nécessaire à la signature du contrat, sans que tout repose sur une technique de conclusion.

D'ailleurs, les meilleurs vendeurs interviewés à l'occasion d'études sur la fonction commerciale n'ont pas conscience d'utiliser une technique de conclusion à proprement parler. Ils s'appuient sur la confiance du client, et prennent leur commande naturellement. De ce point de vue, la différence essentielle entre les meilleurs vendeurs et les autres est sans doute fondée sur la maîtrise du stress qui surgit en fin d'entretien.

Une conclusion de vente réussie doit donc apparaître comme naturelle aux yeux du client. Pour cela il faut que le vendeur soit confiant, et qu'il *ose conclure.* Beaucoup de ventes n'aboutissent pas parce qu'on n'ose pas ou parce qu'on ne sait pas comment conclure. Ainsi, d'excellents professionnels, qui ont su faire une remarquable démonstration, échouent parfois parce qu'il n'osent pas franchir le cap ultime.

☞ ***100 % des gagnants ont tenté leur chance !***

Cette hésitation fatale se manifeste souvent par une argumentation excessive. Dans ce cas, on a coutume de dire que le vendeur «rachète» à son client le produit qu'il vient de lui vendre. En effet, le moment où la conclusion aurait été opportune est franchi sans coup férir, et le client découvre au fil du flot ininterrompu d'arguments, quelques bonnes raisons de différer sa décision ou d'aller voir la concurrence une dernière fois.

Quelle que soit la méthode, elle n'est d'aucune utilité si le vendeur n'ose pas conclure. C'est pourtant l'obstacle principal qui menace la réussite de la vente ; nous verrons quelques ressources pour vous aider à le surmonter. Si vous pensez être dans ce cas, soyez rassuré, vous n'êtes pas le seul. La peur de conclure est largement répandue car elle est naturelle. Elle provient essentiellement de deux phénomènes.

➤ *L'inversion des rôles*

Si l'entretien s'est bien déroulé, la confiance entre les deux parties s'est manifestée par un dialogue constructif autour de la solution proposée. Pendant la majeure partie de l'entretien, c'est-à-dire la phase de présentation des solutions, le vendeur a donc répondu aux questions de son client en lui apportant son savoir-faire. Psychologiquement, on peut considérer qu'en développant ainsi son expertise, le vendeur se valorise et se positionne plutôt en «parent» qui explique, donne des conseils d'utilisation et rassure sur le fonctionnement futur[1] du produit. Au moment de la conclusion, les rôles s'inversent car c'est au client de dominer la situation en accordant ou pas sa confiance. Psychologiquement, le vendeur, tel un enfant, doit demander à son client si oui ou non il a bien fait son travail. C'est une situation qui peut être difficile à supporter et justifie pour certains l'absence de conclusion active, c'est-à-dire à l'initiative du vendeur.

➤ *La peur de l'échec*

Un article sur la réussite des autodidactes publié dans le magazine *L'Entreprise*[2] concluait que «l'autodidacte ose l'impossible parce qu'il n'a appris nulle part que c'était impossible». Il est clair que dans notre société, la plupart des gens ont été programmés pour redouter l'échec. Malheureusement, penser à l'échec est la meilleure façon de le rencontrer. Les émotions négatives générées par cette crainte sont très efficaces pour lutter contre votre objectif. L'exemple du sport est intéressant. Lorsqu'en finale de la Coupe du Monde, les équipes doivent se départager par les tirs au but, il est évident que tous les joueurs qui sont sur le terrain sont largement capables de transformer leur tentative... Et pourtant, certains vont craquer nerveusement, paralysés par

1. L'analyse transactionnelle parlerait de «parent bienveillant».
2. N° 127, avril 1996.

la crainte de devoir supporter la responsabilité de la défaite. Les spécialistes de la PNL suggèrent de rayer définitivement le mot «échec» de son vocabulaire pour le remplacer par «expérience» ou «résultat». Une «expérience» négative est en effet une information utile pour modifier sa stratégie et chercher une façon différente d'atteindre son but.

Ainsi, la conclusion de la vente a beaucoup plus de chances d'être un succès si le vendeur est capable de la déclencher lui-même. Pour cela, il est nécessaire qu'il se sente sûr de lui et de ses chances de réussite. C'est ce que nous verrons tout au long de ce chapitre.

Tout d'abord, nous évoquerons *plusieurs ressources* pour aborder la conclusion sereinement. Ensuite, *une «méthode»* de conclusion vous sera proposée : elle tient compte du stress final du vendeur et a pour but de le réduire, afin de *concrétiser naturellement.* Comme pour les autre chapitres, cette méthode peut être personnalisée pour s'adapter à votre contexte.

Aborder la conclusion sereinement

Les quelques idées qui suivent ont pour but de vous aider à surmonter le stress de la conclusion.

Préparez la conclusion en amont

Une première façon de réduire le stress de la conclusion est de préparer le terrain à une conclusion positive *tout au long* de l'entretien. L'objectif est de faire en sorte que le moment venu, la conclusion de la vente apparaisse comme naturelle. Pour cela vous devez vous préoccuper :
– de faire apparaître les objections avant la phase finale ;
– d'engager progressivement votre interlocuteur.

➤ *Faites apparaître les objections avant la phase finale*

Si votre client a encore des objections en tête au moment final, sa confiance ne sera pas suffisante pour qu'il accepte de donner son accord. Il est donc utile et nécessaire de «tester» l'adhésion et la compréhension du client pendant votre argumentation. Encore une fois, la meilleure façon de savoir si quelqu'un adhère à vos propos est de le lui demander.

Exemples

- «C'est bien ce que vous recherchez ?»
- «Cela correspond bien à vos attentes ?»
- «Est-ce qu'il y a des points importants pour vous que je n'ai pas encore abordés ?»
- «Ai-je bien répondu à toutes vos questions ?»
- «Avez-vous désormais toutes les informations nécessaires ?»
- «Souhaitez-vous des informations complémentaires ?»
- «Est-ce que tout est clair pour vous ?»

Si la réponse à cette question est favorable, vous réduisez les risques d'objection de dernière minute. Si elle est négative, vous conservez toutes vos chances de traiter l'objection. De plus, vous venez de donner à votre client l'image de quelqu'un qui se préoccupe réellement de son point de vue sans tenter le passage en force. Bien entendu, ne vous contentez pas d'écouter les réponses, regardez attentivement votre interlocuteur, car le langage du corps ne ment pas. En effet, quelqu'un peut vous répondre positivement parce qu'il n'ose pas vous dire qu'il n'adhère pas à vos propos, ou parce qu'il n'a pas compris. Si vous observez bien votre interlocuteur, vous devez pouvoir identifier si oui ou non il pense réellement ce qu'il dit. Par exemple, quelqu'un qui vous dit «oui» en croisant les bras et en prenant du recul est probablement en train de penser le contraire. Vous devez être attentif à la cohérence du langage verbal et non verbal. Si vous pensez que votre interlocuteur n'est pas aussi convaincu qu'il prétend l'être, sollicitez-le à nouveau pour qu'il vous dise ce qui le gêne, afin d'avoir la possibilité de répondre à son inquiétude.

Exemples

- «J'ai l'impression que quelque chose vous gêne, de quoi s'agit-il ?»
- «Qu'est-ce qui vous fait hésiter ?»
- «Je ne suis pas sûr d'avoir été assez clair, sur quel point souhaitez-vous que je revienne ?»

➤ *Engagez progressivement votre interlocuteur*

Votre interlocuteur aura plus de mal à refuser votre offre si vous lui en avez déja fait accepter le principe en amont. Pour cela, vous pouvez utiliser des questions dites de principe. Ces questions ont pour but d'obtenir du client un accord de principe sur ses dispositions à travailler avec vous. Elles sont posées généralement en fin de découverte des besoins ou au moment où le client demande un effort tarifaire.

Exemples

- «Si je vous propose une solution qui vous permette de gérer votre trésorerie en toute simplicité, êtes-vous prêt à la tester ?»
- «Si je trouve une solution qui réponde aux objectifs que vous m'avez exposés, êtes-vous prêt à nous confier ce projet ?»

Les questions de principe vous permettent d'obtenir un accord intermédiaire qui *engage votre interlocuteur*, mais également de valider que vous avez bien *affaire au décideur*.

Prendre l'initiative de la conclusion au bon moment

Pour augmenter ses chances de réussite il est également important de saisir les opportunités. En effet, il y a des moments où le client est prêt à prendre sa décision. Ces moments magiques doivent être exploités par le vendeur. Dans le cas contraire, il risque de «survendre» en continuant à argumenter, et ainsi générer des objections ou un délai de réflexion supplémentaire.

Pour illustrer cette notion de bon moment, il suffit de se référer au tennis. Si un joueur n'est pas capable de conclure un point lorsque l'adversaire renvoie une balle courte, il risque de perdre le point. Les meilleurs joueurs de tennis ne sont pas ceux qui espèrent que l'adversaire va faire la faute, mais plutôt ceux qui essaient de construire leurs points, et qui profitent de la première ouverture dans le jeu de leur adversaire pour conclure.

Le bon moment est arrivé lorsque votre client envisage sérieusement de vous faire confiance. Selon le type de vente que vous êtes en train de mener, et bien sûr selon la personnalité de votre client, le bon moment peut apparaître très rapidement ou venir après plusieurs entretiens. L'essentiel est de savoir le repérer pour ne pas le laisser passer.

Sachez être attentif à trois indices.

➤ *Le client change d'attitude*

Vous avez pu, tout au long de l'entretien, découvrir la personnalité de votre client et identifier les principaux aspects de son comportement :

– Il est calme ou plutôt nerveux.
– Il est proche de vous ou maintient une certaine distance.
– Il se tient très droit ou a une posture générale plus détendue.
– Il parle beaucoup ou est plutôt discret.
– Il parle au conditionnel ou est très affirmatif.
– Il plaisante ou reste très sérieux.

On pourrait sans doute décliner de nombreuses autres caractéristiques du comportement général d'un individu. Vous devez y être attentif pour pouvoir repérer les changements. Le stress de la prise de décision provoque effectivement des modifications inconscientes mais bien réelles de notre attitude.

Souvenez-vous de la dernière vente que vous avez conclue, il est probable que votre interlocuteur ait exprimé de cette façon sa prise de décision. Il est devenu songeur alors qu'il parlait beaucoup jusqu'alors, il s'est mis à plaisanter alors que ses questions étaient très sérieuses avant cela, ou a pris un peu de recul comme pour pouvoir mieux peser le pour et le contre.

➤ *Le client s'intéresse à des détails*

Qu'est-ce qu'un détail dans la vente ? C'est un point qui, *a priori*, n'est pas particulièrement discriminant par rapport aux autres solutions envisageables. Il s'agit des «modalités pratiques» de mise en route ou de fonctionnement courant. Par exemple, votre interlocuteur vous pose des questions sur :

- les garanties,
- le fonctionnement du service après-vente,
- la compatibilité avec une solution déja en place,
- les délais de livraison,
- les possibilités de revente,
- les interlocuteurs privilégiés pour telle ou telle opération,
- les possibilités de vous joindre en cas de problème…

En vous posant ces questions, votre client vous indique clairement qu'il est en train de s'imaginer avec votre solution, «il se voit avec» et vient donc de franchir un cap. La gestion de cette étape doit vous permettre d'engager davantage votre client sur le chemin de la conclusion.

Deux réflexes vous aideront à atteindre cet objectif :

- Validez l'adéquation de votre réponse à l'attente du client. Ce n'est pas parce que la fin de l'entretien approche, ou parce qu'il ne s'agit que de points de détail, qu'il faut oublier cet excellent principe. À ce moment-là, la validation vous permet d'ancrer dans l'esprit du client l'adaptation à son besoin de tout ce qui a été vu jusqu'a présent.

Exemple

> *Client* : «Est-ce que ce local est équipé d'interphone ?»
>
> *Négociateur* : «Absolument. Toute l'installation a été revue et vous pourrez filtrer toutes les entrées sans bouger de votre bureau. Cela correspond bien à ce que vous souhaitez, n'est-ce pas ?»

- *Évitez le retour en arrière avec des questions de pré-fermeture.* La question de pré-fermeture, comme son nom l'indique, consiste à refermer doucement mais sûrement la porte derrière le dos du client.

Exemple

> *Annonceur* : «Je ne voudrais pas me retrouver noyé au milieu de nos concurrents...»
>
> *Chef de pub* : «Je comprends. Est-ce le dernier point qui vous fasse hésiter ?»
>
> *Annonceur* : «Oui, mais vraiment c'est important.»
>
> *Chef de pub* : «Eh bien je suis prêt à vous garantir un emplacement en premier cahier ce qui vous permettra d'être en position de premier annonceur informatique, sans aucune marque concurrente à proximité.»

Si votre client répond par l'affirmative à une question de pré-fermeture, la voie de la conclusion se dégage très nettement. Ne vous précipitez donc pas pour répondre immédiatement aux questions qui portent sur des points de détail. Préférez engager votre client avant de répondre, surtout si vous êtes en mesure d'apporter une réponse satisfaisante.

Une erreur à éviter : négliger les questions qui portent sur des points de détail.

Ces questions permettent également au client de se rassurer sur votre professionnalisme. Vos réponses peuvent très bien confirmer ou infirmer l'impression dégagée jusqu'alors.

➤ *Votre client vous demande de faire un «effort»*

C'est sans doute la le signal le plus évident à repérer. Beaucoup de commerciaux deviennent plutôt fébriles lorsqu'on leur demande de faire un effort sur les conditions tarifaires ou quand le client demande un avantage supplémentaire. Cette fébrilité, parfaitement compréhensible, n'est pourtant pas justifiée, car lorsque le client en vient à «négocier», le plus dur est fait.

Vous-même, allez-vous tenter de négocier avec un vendeur si vous n'êtes pas intéressé pas ce qu'il vous propose ? Il est clair que la demande d'un effort supplémentaire traduit un intérêt pour la solution et une envie d'aboutir. Là encore, il est important de prendre conscience que le moment de conclure est arrivé et surtout de garder son calme pour appliquer au moins deux principes avant de faire quelque effort que ce soit.

- *Rappeler que le prix que vous avez proposé était parfaitement justifié.* Vous devez toujours chercher à rassurer votre client sur le sérieux de votre proposition et la qualité de la solution en question. C'est pour cette raison qu'il est judicieux de commencer à répondre à une demande d'effort par une justification des conditions préalablement proposées. Vous développez sans doute ce réflexe naturellement si vous n'avez pas de marge de négociation. Il s'agit de faire exactement la même chose lorsque vous pouvez faire un effort. Sans cette précaution, vous risquez davantage de créer le doute sur la qualité du produit ou laisser penser que vous «en avez encore sous le pied...», ce qui n'est pas mieux.
- *Utilisez à nouveau les questions de pré-fermeture.* Après avoir rappeler la qualité de votre proposition initiale, précédez votre réponse par une question de pré-fermeture.

Exemple

Client : «Enlevez les frais de livraison et on est d'accord !»
Vendeur : «Si nous nous mettons d'accord sur ce point, êtes-vous disposé à prendre votre décision dès à présent ?»

Ce genre de questions vous permet non seulement d'engager votre client mais également de justifier un recul de votre part sans remettre en cause votre crédibilité.

Une erreur à éviter : répondre trop vite favorablement.

En matière de négociation, il est frappant de constater que les messages que l'on souhaite exprimer sont parfois interprétés de façon radicalement opposée. Ainsi, un commercial soucieux de satisfaire son client et qui répond trop rapidement à une demande d'effort ne rassure pas son interlocuteur et, en prime, l'incite à en demander davantage

William Ury[1] illustre ce point par l'image suivante : «Ce n'est pas à force de donner des steaks à un tigre qu'on le rend végétarien !». Cette observation est tout à fait pertinente. Sans être un spécialiste de la diététique des félins, on observe effectivement qu'un client à qui l'on fait une remise sans discuter est rarement satisfait et a souvent tendance à accroître ses exigences.

Nous venons de voir trois indices qui permettent d'identifier le bon moment pour conclure sa vente. Ces indices doivent certainement se traduire dans votre activité par des comportements particuliers ; à vous de les recenser.

Se programmer positivement

On prépare parfois ses dossiers, les aspects techniques de la négociation ou les réponses aux objections éventuelles, mais on prend rarement la peine de se préparer mentalement. Or, quelle que soit la technique de conclusion mise en œuvre, l'obstacle le plus difficile à franchir peut venir de votre propre fait. En effet, la fébrilité inhérente à ce moment-clé de l'entretien peut très bien se transformer en stress négatif susceptible de vous faire échouer. Ce stress négatif se manifeste par

1. William Ury : *Comment négocier avec les gens difficiles : de l'affrontement à la coopération*, Paris, Seuil, 1993.

une crainte excessive de l'échec, voire par la conviction que le client ne voudra pas vous suivre.

On attribue à Henri Ford l'adage suivant : «Que l'on se croit capable ou non de réussir, dans les deux cas nous avons raison...» Quelle que soit l'activité concernée (sport, études, rencontres...), il est possible de se «programmer» mentalement pour réussir ou pour échouer. Il en va de même pour la vente en général et pour la conclusion en particulier. Bien entendu, il ne s'agit pas de s'imaginer que se programmer positivement va suffir pour convaincre la terre entière de choisir votre offre. Mais, même s'il ne s'agit pas d'une condition suffisante, elle est néanmoins nécessaire.

➤ *Souvenez-vous de votre dernière vente*

Notre mémoire enregistre les événements heureux ou malheureux de notre vie personnelle et professionnelle. Si «l'enregistrement» se fait naturellement et inconsciemment, nous pouvons par contre «gérer» notre mémoire en sélectionnant les bons souvenirs ou les mauvais. Dans le domaine de la vente, vous souvenez-vous plus facilement des ventes que vous n'avez pas conclues ou préférez-vous vous rappeler votre dernier coup d'éclat ? De ce genre de réflexes dépend grandement votre état d'esprit à l'approche de la conclusion.

Un excellent moyen pour se programmer positivement est de s'appuyer sur une expérience positive antérieure. Les spécialistes de la PNL évoquent la notion d'ancrage positif qui consiste à «stocker» un état psychologique particulièrement positif pour ensuite pouvoir le retrouver à volonté. On parle alors d'un «état de ressource».

Juste avant de débuter votre entretien, respectez les étapes suivantes :

1. Souvenez-vous de la réussite professionnelle dont vous êtes le plus fier ou, plus précisément, de la vente la plus valorisante que vous ayez jamais réalisée.
2. Entrez réellement en contact avec les sensations que vous avez ressenties à cette occasion. Il s'agit de consacrer quelques secondes à reconstruire les différentes composantes de cette situation.
   - Quel était l'environnement ?
   - Quels étaient vos interlocuteurs ?
   - Comment ont-ils réagi ?
   - Comment avez-vous fait pour conclure ?

- À quoi avez-vous pensé ?
- Comment avez-vous fêté votre réussite ?

Répondre à des questions de ce type doit vous permettre de revivre la situation de façon suffisamment précise pour provoquer une «bouffée d'ondes positives».

3. Restez en contact avec ces sensations quelques instants, le temps nécessaire pour influencer positivement votre état d'esprit du moment.

«L'obsession flexible»

En matière de conclusion, ces deux termes apparemment opposés vont bien ensemble.

➤ *Une obsession…*

La conclusion de la vente doit être votre obsession si vous ne voulez pas vous réfugier dans une solution de facilité (fuite ou renoncement rapide) face à une hésitation du client ou à un refus.

Certains prétendent que la vente commence réellement quand le client dit «non»…

Si le client repousse votre offre, il vient en fait de repousser votre «première offre», rien de plus. Il faut savoir insister et faire preuve d'une certaine obsession. Si vous avez des enfants, alors vous savez que contrairement aux adultes, ils hésitent rarement à insister, et que cette méthode est souvent efficace.

➤ *…mais une obsession flexible*

Flexible car si le client est prêt à accepter qu'on insiste pour le convaincre, il n'est sans doute pas prêt à entendre répéter à l'infini la même question ou le même argument.

Dans la méthode de conclusion proposée ci-dessous, la flexibilité porte sur la façon de créer l'impulsion nécessaire à la prise de décision. Il s'agit de prévoir plusieurs façons de procéder afin de pouvoir changer de stratégie lorsqu'une première tentative a échoué.

La méthode PIC

L'objectif de cette méthode est de gérer avec le maximum d'efficacité la phase finale de l'entretien qui consiste à obtenir la commande. Ce qui gêne bon nombre de commerciaux lors de cette étape est la crainte de l'échec. Les vendeurs craignent qu'on leur dise «non. La méthode PIC permet de réduire à néant cette crainte de l'échec lorsque la prise de commande est proposée. Plutôt que la méthode Coué qui consiste à dire «n'ayez pas peur du non», nous allons tout faire pour que le «oui» soit quasiment assuré avant de proposer la signature. Pour ceci, trois étapes sont à respecter.

- Propulser la Conclusion
- Inviter le client à valider
- Concrétiser

Ces trois étapes sont représentées sur le schéma page 224. Une description détaillée de chaque étape vous permet de trouver ensuite des exemples de mises en œuvre et des pistes de transposition.

Première étape : Propulser la conclusion

La méthode PIC consiste à réaliser une «boucle» tant que l'adhésion du client n'est pas complètement obtenue, avant de proposer la signature. Ceci est possible et peut être réalisé avec naturel si le vendeur a en tête plusieurs «boosters» susceptibles d'accentuer la dynamique d'achat. Il est important de pouvoir relancer plusieurs fois la conclusion sans donner l'impression de se répéter pour ne pas froisser ni agacer son interlocuteur.

Plusieurs idées de «boosters» sont proposées ci-dessous. À vous de sélectionner celles qui peuvent se transposer le plus facilement dans votre activité.

➤ *L'ultime répétition*

Il s'agit de revenir sur le ou les arguments qui ont été les plus convaincants aux yeux du client. Vous avez sans doute pu repérer pendant l'entretien les points sur lesquels votre client portait le plus d'attention. Au moment de la conclusion, alors que votre client se demande si oui ou non il va vous faire confiance, le fait de revenir sur ces points le rassurera. Vous allez ainsi profiter de la force de la cohérence.

L'entretien s'est bien déroulé, et vous venez d'identifier un signal d'achat. Le moment de conclure est donc venu et vous entrez dans la phase finale de l'entretien.
Pendant la **première étape** de la méthode, vous allez d'abord **accentuer la dynamique d'achat** en utilisant ce que l'on pourrait appeler des «boosters», c'est-à-dire des fusées d'appoint pour faire «décoller» la décision d'achat de votre client, pour la «propulser».
Nous verrons plus loin plusieurs idées de «booster» à utiliser pour lancer votre conclusion.

Cette **deuxième étape** doit vous permettre de valider la décision d'achat et ainsi de minimiser les risques d'échec.

- **Si le test est positif**, la voie est ouverte et vous pouvez passer tranquillement à la troisième étape.
- **Si le test est négatif**, «l'honneur est sauf» car il ne s'agit pas d'un refus en tant que tel et vous reprenez tranquillement le procédé : vous traitez l'objection avec la méthode CNZ (méthode vue dans la case «Surmonter les objections») et vous utilisez ensuite un autre «booster».
- **Si après plusieurs boosters, le test reste négatif** : manifestement la conclusion n'est pas pour aujourd'hui. Il s'agit dans ce cas de générer la «suite à donner» la plus pertinente possible.

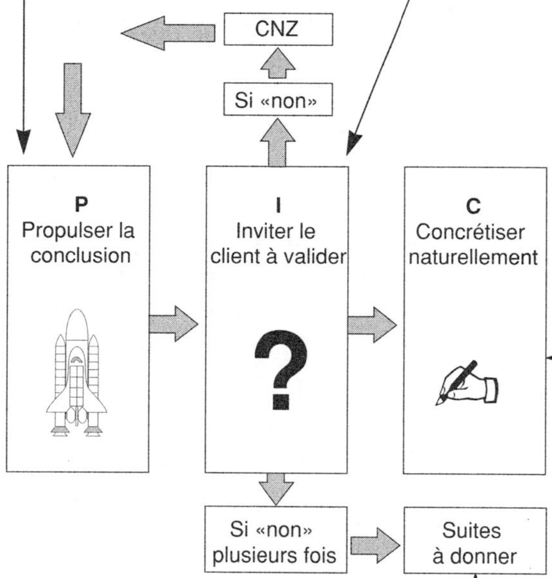

Dès que le test est positif, il ne vous reste plus qu'a entériner la décision en proposant la signature.
C'est l'unique objet de cette *troisième étape*.

Si, après avoir effectué plusieurs «boucles», la signature ne peut pas être obtenue, il est important de bien soigner votre «sortie» et de garder l'initiative des suites à donner à cet entretien.

Une conclusion qui tombe à PIC

Pour vous en convaincre, pensez à votre dernier achat important. Il y a certainement eu, pendant l'entretien, un argument développé par le vendeur qui vous a plus particulièrement séduit. Si ce fut le cas, je suis persuadé que vous-même, vous êtes revenu sur ce point pour demander une confirmation.

Et si vous n'avez pas pris votre décision sur le champ, quelle est la première caractéristique dont vous avez parlé autour de vous ? Toujours le même point. Ceci est parfaitement logique, car vous cherchiez à rationaliser votre achat, à vous rassurer.

C'est pour cette raison que «l'ultime répétition» est un excellent moyen de lancer votre conclusion. *Selon le cas, vous choisirez de revenir sur un seul ou sur plusieurs points.* Si vous choisissez de revenir sur plusieurs points, prenez garde à rester très clair pour ne plus soulever de questions.

Pour procéder à l'ultime répétition, deux façons de procéder sont à votre disposition :

- *Guidez vous-même la répétition.* Si vous décidez de procéder de cette façon, vous allez vous-même revenir sur le ou les points importants qui vous semblent avoir été les plus percutants.

Exemples

Vendeur : «Finalement, ce qui vous intéresse c'est surtout la rapidité de l'horloge interne, n'est-ce pas ?»

Client : «Oui, cela va vraiment me permettre d'utiliser plus facilement mes logiciels de gestion.»

Ou s'il y a plusieurs points :

Vendeur : «En résumé, avec 500 méga d'espace sur le disque dur vous pourrez donc gérer en toute tranquillité votre base de données, n'est-ce pas ?»

Client : «C'est sûr, il y aura même de la marge…»

Vendeur : «Mais pour vous, c'est surtout la rapidité de l'horloge interne qui va faire une différence, est-ce que je me trompe ?»

Client : «Ça va vraiment me permettre d'utiliser plus facilement mes logiciels de gestion.»

Vendeur : «Et si j'en juge à l'intérêt que vous avez porté à la connexion gratuite de trois mois sur Internet, j'ai l'impression que vous allez bientôt être contaminé…»

Client : «J'en ai peur, depuis le temps que mes enfants me parle du "web", il faudra bien que je me mette à la page.»

- *Laissez faire votre client.* Une autre façon de procéder à l'ultime répétition va consister à demander au client de revenir lui-même sur les points qui lui paraissent les plus importants. Vous l'aiderez ainsi réellement à prendre sa décision, car en répétant les arguments-clés, il va se rassurer.

Exemples

- «Finalement, quels sont les avantages de cette formule pour vous ?»
- «Si vous deviez convaincre votre conjoint, que lui diriez-vous ?»
- «Nous avons vu beaucoup de choses, mais je sais bien que certains clients attachent plus d'importance à certains points en particulier. Pour vous qu'est-ce qui fait la différence ?»

➤ *La mise en situation*

La mise en situation consiste à transformer son client en «propriétaire». Pour cela vous allez le projeter dans sa nouvelle situation en lui posant des questions sur l'utilisation qui va être faite du produit. Les questions seront bien formulées si les réponses engendrées conduisent votre client à vous décrire les conditions d'utilisation ou de mise en œuvre de la solution.

Exemples

- «Quelle sera votre première utilisation ? La gestion de votre base de donnée ou plutôt un tour sur internet ?»
- «Quels sont les premiers logiciels que vous allez installer ?»
- «Avez-vous prévu un endroit spécifique chez vous pour être au calme ?»

➤ *Le «grand seigneur»*

Qu'est-ce qu'un «grand seigneur» ? C'est quelqu'un qui est prêt à prendre de grandes décisions, sans pinailler sur les détails pourvu que ses proches en profitent. Faire appel à cette «fibre» est un autre moyen de lancer votre conclusion. Il s'agit de rappeler à votre client – directement en l'affirmant ou indirectement en le lui faisant dire – le bénéfice apporté par sa décision aux personnes qui l'entourent (famille ou collaborateurs).

Exemples

- «Je suis persuadé que votre fils sera très content de votre choix !»

ou

- «À votre avis, quelle sera la réaction de votre fils lorsque vous lui annoncerez votre décision ?»

- «Chaque fois que nous avons mis en œuvre ce genre de solution, les utilisateurs ont considérablement renforcé leur efficacité commerciale.»

ou

- «À votre avis, que penseront vos collaborateurs lorsqu'ils prendront conscience que leur travail va être autant facilité ?»

➤ *Le moment ou jamais*

Un autre «booster» de qualité pour lancer votre conclusion consiste à rendre la décision urgente. Il s'agit en fait d'accélérer la prise de décision, en faisant prendre conscience à votre client que *c'est le moment ou jamais pour optimiser la décision.*

☞ ***Comment pouvez-vous rendre la décision d'achat urgente dans votre métier ?***

Pour guider votre réflexion, inspirez-vous des quelques idées suivantes :

- *Rappeler les gains sur le plan financier à acheter immédiatement.* Cela consiste par exemple à chiffrer les économies ou les gains générés annuellement par votre solution, et à conclure en les rapportant au délai de réflexion supplémentaire évoqué par le client.

Exemples

- «Nous avons vu ensemble que si l'on se réfère aux résultats moyens générés par ce produit chez vos confrères, il vous permettra d'augmenter votre chiffre d'affaires annuel d'environ 600 KF. Un mois de réflexion supplémentaire consiste donc à vous priver de 50 KF de chiffre d'affaires.
- Compte tenu de la régularité de la rémunération tirée de ce contrat, on peut estimer que dans un mois votre capital aura déja progressé d'environ 6 000 F.»

Si vous choisissez d'utiliser cette technique, n'hésitez pas à rentrer dans le détail et à calculer très exactement le résultat escompté. De grandes firmes d'informatique illustrent ainsi, chiffres à l'appui, les économies qui peuvent être générées par leur installation. Une fois la démonstration validée par le client, il devient évident que plus vite la décision est prise, mieux c'est...

- *Rappeler le plaisir d'utilisation.* Vous pouvez utiliser également la même technique, en substituant aux arguments strictement financiers des raisons plus subjectives. Vous allez jouer par exemple sur le confort d'utilisation, ou tout simplement sur le plaisir de disposer dès à présent d'une solution plus agréable.

Exemple

> *Vendeur* : «Vous voyez, la taille de l'écran rend le texte beaucoup plus lisible et réduit très nettement la fatigue. J'imagine que vous travaillez toute l'année sur votre ordinateur, c'est bien le cas ?»
> *Client* : «Oui, bien sûr.»
> *Vendeur* : «Alors rendez-vous service et profitez dès votre prochain dossier de conditions de travail plus agréables.»

- *Rappelez que la disponibilité est limitée.* C'est sans doute difficile à admettre pour l'individu parfaitement rationnel que vous êtes, mais savez-vous que vous attachez beaucoup plus d'importance aux choses dont vous n'êtes pas sûr de pouvoir disposer à volonté ? Nous attribuons en effet beaucoup plus de valeur aux choses qui sont rares, *ou sur le point de le devenir*, qu'à celles que l'on est sûr de pouvoir obtenir sans difficulté.
  Ce phénomène tout à fait naturel est fondé sur ce que les psychologues appellent la *réactance psychologique*. Des expériences réalisées avec des enfants ont démontré que la *réactance psychologique* se manifeste dès l'âge de deux ans et demi. Il s'agit en fait de notre aversion viscérale pour la *privation de liberté*. Or, la perspective de ne plus pouvoir disposer de quelque chose est perçue, consciemment ou inconsciemment, comme une privation de liberté. Cette perception déclenche le réflexe d'accorder subitement plus de valeur à l'objet en question. Par conséquent, si la disponibilité de votre produit est limitée, vous avez intérêt à le mentionner.

Exemples

> • *Limiter l'offre dans la durée* :
> Beaucoup de firmes s'appuient régulièrement sur ce principe dans leur stratégie marketing. Que ce soit pour vous vendre des voitures avec les séries limitées, des hamburgers avec la spécialité du mois, ou encore des yogourts avec les saveurs d'été.

- *Évoquer la disponibilité limitée du produit* :
«Ce produit recueille un grand succès auprès de nos clients. Je ne suis pas en mesure de vous garantir que je pourrai encore vous le proposer très longtemps.»

Une erreur à éviter : jouer sur le risque d'indisponibilité lorsque ce n'est pas crédible.

Vous utiliserez cette tactique seulement si vous pouvez justifier votre position. Dans le cas contraire, vous serez sans doute démasqué et votre crédibilité en sera affectée.

- *Dramatiser.* Il s'agit d'être encore plus radical en démontrant les conséquences négatives qu'il y aurait à retarder la décision. Afin de rendre vos propos plus acceptables par le client, il est conseillé de parler de la solution et non pas du produit.[1]

Exemples

- «Plus on attend, plus cela coûte cher.»
- «Plus la décision est retardée, plus sa mise en œuvre sera compliquée.»

- *Évoquer les éventuelles hausses de tarifs.* Dans certains métiers, il est tout à fait possible et crédible de jouer sur ce facteur. C'est le cas par exemple de la banque ou des industries dont le coût des matières premières fluctue.

Exemples

- «Compte tenu des tensions observées sur le marché du travail américain, il n'est pas exclu que les taux remontent un petit peu à court terme. De mon point de vue, il est donc plus prudent de profiter du niveau actuel des taux pour mettre en place cette opération.»
- «Vous savez que le prix de la pâte à papier vient d'augmenter subitement sur les marchés. Il est clair que nos tarifs vont prochainement être réajustés. Afin de profiter des conditions actuelles, je vous propose de concrétiser cette affaire aujourd'hui même.»

Cette façon de faire peut paraître un peu «violente», mais elle aide

1. Par exemple la solution est de disposer d'un contrat de prévoyance pour s'assurer des revenus le moment venu ; le produit est le support «X».

souvent le client à justifier sa décision vis-à-vis de son entourage et parfois à gagner de l'argent.

➤ *Le dernier argument*

Pendant l'entretien, vous avez pris soin de sélectionner les arguments les plus adaptés à votre client. Vous n'avez donc pas tout dit, et il est probable que votre produit a d'autres atouts que le client ne connaît pas encore.

Cette technique consiste donc à compléter ce qui a été dit jusqu'a présent en présentant un avantage supplémentaire qui rend l'offre encore plus complète.

Exemple

> «Je viens de me rendre compte que j'ai oublié de vous dire que vous bénéficierez de conditions privilégiées sur les pièces détachées.»

➤ *La vente partielle*

Votre client peut être séduit par votre proposition mais peut encore hésiter parce qu'il n'est pas rassuré à 100 % par la garantie de son succès. Ceci est d'autant plus fort lorsqu'il doit rendre des comptes en interne et qu'il s'imagine déja en train de supporter les reproches sur les conséquences d'un mauvais choix. La vente partielle ou la proposition d'un «test» sera une façon de le libérer de cette crainte en lui donnant la possibilité de juger sur pièce.

Exemples

> • «Je vous propose de commencer par un premier versement de 5 000 F, ce qui vous permettra de juger vous-même des performances de ce produit.»
> • «Plutôt que de prendre une décision globale dès à présent, je vous suggère d'organiser un stage-test avec les principaux décideurs et vous envisagerez la suite en fonction de leurs réactions…»

Cette technique est d'autant plus efficace que vous avez su viser haut dans un premier temps. Il faut en effet qu'il y ait un appel d'air libérateur entre la première proposition qui représente un volume très important, et donc lourd de conséquence, et la deuxième qui apparaît plus anodine. Si votre métier vous le permet, il peut être encore plus efficace de donner carrément la possibilité à votre client de revenir sur sa décision. C'est par exemple la technique utilisée par les commerçants qui proposent de reprendre l'article en question s'il ne convient pas. La technique est très efficace car les cas de retour sont marginaux, et lorsqu'ils surviennent, c'est un avoir qui est donné au client, ce qui sous-entend une vente quoiqu'il arrive.

➤ *Déculpabiliser son interlocuteur*

Parfois, votre client peut parfaitement comprendre l'intérêt de votre produit, en avoir très envie et encore hésiter parce qu'il se demande toujours si cet achat est vraiment justifié. Ce phénomène se rencontre plutôt dans les ventes de produits à caractère ludique ou d'agrément.

Exemple

> «Je suis un adepte de la moto depuis plusieurs années. C'est sans doute le moyen de transport le plus pratique pour se déplacer à Paris. J'ai récemment changé de modèle et je roule aujourd'hui sur une superbe moto aux très nombreuses caractéristiques qui sont loin d'être indispensables à l'utilisation parisienne. J'ai longuement hésité avant de me décider à faire cette "folie".
> L'argument le plus puissant pour me convaincre de passer du rêve à la réalité fut sans doute celui prononcé par un de mes amis qui me dit la chose suivante : «On regrette toujours davantage ce que l'on n'a pas fait que ce que l'on a fait. Si cela te fait plaisir, fais-le et profites-en ! …»

Il est parfois nécessaire de rassurer son client sur le fait qu'il ne doit pas y avoir de gêne à se faire plaisir…

Déculpabiliser peut également consister à aider votre client à faire une infidélité à son fournisseur actuel. En effet si vous êtes en prospection, ce que vous vendez le sera sans doute au dépend d'un fournisseur déja référencé. Or, si votre client entretient de bonnes relations avec ce fournisseur, il peut se sentir gêné vis-à-vis de lui. Vous devez dans ce cas le rassurer en l'aidant à justifier sa position vis-à-vis du concurrent et surtout vis-à-vis de sa propre conscience.

Exemples

> • «Il ne s'agit évidemment pas de tout remettre en cause, mais simplement de compléter ce qui vous est proposé aujourd'hui.»

> • «C'est votre rôle de rechercher constamment sur le marché les offres les plus adaptées à vos objectifs.»

➤ *Recentrez sur le besoin du client*

Si malgré plusieurs tentatives, votre client hésite encore, il peut être judicieux de ne plus vous concentrer sur votre produit en tant que tel, et de revenir en amont, au niveau du besoin du client.

Exemple

> *Agent d'assurance face à un client qui hésite au moment de souscrire un contrat d'assurance «assur2000»* :
> «Finalement toute la question est de savoir si oui ou non vous souhaitez défiscaliser une partie de vos revenus ?»
> (L'agent ne parle plus du produit «assur2000», mais ramène le débat sur le terrain des objectifs poursuivis par le client.)

Cette tactique présente deux avantages majeurs :
- elle permet de rationaliser le débat, lorsque le client hésite et que la discussion a tendance à tourner en rond. La surprise du client face à une question de principe sur le besoin permet de provoquer un réflexe de confirmation des objectifs fondamentaux poursuivis ;
- le fait de se concentrer sur les objectifs globaux permet également de relativiser les éventuelles objections sur des points de détail qui n'ont pas pu être traitées parfaitement et qui provoquent l'hésitation du client.

➤ *Faire un bilan comparatif avec le client*

Si malgré plusieurs tentatives votre client hésite toujours, et que vous avez le sentiment que cette hésitation n'est pas fondée, votre produit étant meilleur que celui de votre concurrent, proposez alors à votre interlocuteur de faire un bilan comparatif.

La technique du diagnostic comparatif décrite dans la case «Préparer sa vente par un bon diagnostic» peut vous servir de guide. Si toutefois vous voulez faire plus simple, contentez-vous de tracer une ligne verticale sur une feuille, et de lister avec votre client d'un côté les avantages et de l'autre les inconvénients de votre solution ; puis faites de même avec celles de vos concurrents.

➤ *La position basse*

Les psychologues affirment que la *position basse*, qui consiste à «s'en remettre à l'autorité de son interlocuteur», est une stratégie de communication très efficace pour dominer la relation. Comment réagir par exemple devant une collaboratrice qui entre en pleurs dans votre bureau pour vous présenter une requête ?

Bien entendu, ce «booster» ne va pas consister à pleurer devant votre client. Il s'agira simplement de jouer sur l'émotion, sur la «fibre» de votre interlocuteur.

Exemples

- «Je suis vraiment désolé car je suis persuadé que ce produit est exactement ce qu'il vous faut, et pourtant vous n'êtes pas encore décidé ? Je n'ai sans doute pas été assez clair sur un point ou quelque chose m'a échappé. *Aidez-moi. …*»
- «*Je m'en voudrais de ne pas insister.* Je suis persuadé que ce produit est adapté à vos objectifs et pourtant je n'ai pas réussi à vous convaincre. Il s'agit sans doute d'un problème de présentation. *Comment me conseilleriez-vous de présenter les choses* ?»

Deuxième étape : Inviter le client à valider

De nombreuses idées pour lancer votre conclusion vous ont été proposées. Vous allez maintenant *tester l'adhésion finale* du client afin de vous assurer définitivement contre un risque de refus, et être ainsi dans une relation de pleine confiance avec votre interlocuteur pour passer à la troisième et dernière étape de votre conclusion.

Voici trois idées de tests.

➤ *Poser une question-déclic[1] pour générer une dernière adhésion*

Il s'agit une nouvelle fois de profiter de la *force de la cohérence*. La dernière question-déclic va faire le lien entre le ou les points d'accord précédents et la prise de décision finale.

1. Les questions-déclic sont décrites dans la partie réservée aux techniques de questionnement de la case «Préparer sa vente par un bon diagnostic».

- «*Si on résume*, compte tenu de l'utilisation que vous allez en faire, vous retenez plutôt ce modèle, *c'est bien cela ?*»
- «Finalement, compte tenu de tout ce que vous m'avez dit sur votre situation, cette solution est la plus adaptée, *n'est-ce pas ?*»
- «Vous voyez que nous avons répondu à toutes les questions que vous vous posiez. *Est-ce que maintenant tout est clair pour vous ?*»

Une réponse positive à une question de ce type, et la voie de la conclusion vous est ouverte. En revanche, si votre client n'est pas encore convaincu, il vous le dira. Si c'est le cas, creusez l'objection pour en savoir plus, et après l'avoir traitée, lancez à nouveau votre conclusion avec un autre «booster».

➤ *Poser une question sur un point détail*

Il s'agit de poser une question sur un point accessoire par rapport à la décision principale. Cette question portera par exemple sur les quantités, les modes de paiement, les délais de livraison, les garanties, les utilisateurs, le lieu de livraison, etc.

Sur la forme, cette question peut être alternative ou non.

- «Vous souhaitez régler immédiatement ou préférez-vous profiter de nos offres de financement ?»
- «Quel type de souris préférez-vous ?»
- «De combien auriez-vous besoin pour satisfaire vos besoins ?»
- «Qui utilisera les premiers exemplaires livrés ?»
- «Comment souhaitez-vous organiser l'installation ?»

En effet, si le client accepte de répondre sans réticences à ce type de question c'est que la décision de principe est prise, le cap est franchi, et vous pouvez passer à la troisième étape. Si ce n'est pas le cas, il est probable qu'il vous réponde très vite et enchaîne à son tour par une question ou par une objection. Vous devez dans ce cas traiter l'objection avant de revenir à la première étape de la méthode.

➤ *Demander si le client à une «dernière» question*

Il s'agit tout simplement de demander à votre interlocuteur s'il a «une dernière question» à vous poser. Idéalement, cette façon de procéder ne vient qu'après plusieurs boucles entre «booster» et test de validation. La réponse du client peut être positive ou négative.

- *Si la réponse est positive.* Si le client vous répond qu'il y a encore un point à préciser, le fait d'avoir spécifié «dernière question» induit qu'en toute logique, dans la mesure où votre réponse à cette question est satisfaisante, il n'y aura plus ensuite de raison supplémentaire d'hésiter.

Exemple

> *Vendeur* : «Je crois que nous avons vu l'essentiel, mais peut-être avez-vous une dernière question ?»
> *Client* : «Euh... que se passe-t-il si nous souhaitons résilier le contrat avant la fin ?»
> *Vendeur* : «En effet, c'est un point important. Votre contrat vous garantit cette possibilité à tout moment, moyennant un préavis d'un mois. Cela correspond bien à ce que vous souhaitiez ?»
> *Client* : «Oui, comme cela on se sentira plus libre.»

Après avoir validé votre réponse par une question de contrôle, si vous sentez que toutes les chances de succès sont de votre côté, vous pourrez enchaîner sur la troisième étape. Si ce n'est pas le cas, alors revenez à la première étape et remettez votre client dans une dynamique positive grâce à un nouveau «booster».

- *Si la réponse à cette question est négative.* Existe-t-il une invitation plus claire à conclure la vente ? À ce niveau-là, si vous ne passez pas à l'étape suivante, vous pourrez être accusé avec raison de «non-assistance à personne ayant envie de signer !...»

Une erreur à éviter : tester l'adhésion du client quand sa décision est prise.

Cette deuxième étape ne doit avoir lieu que si vous avez encore un doute. Dans le cas où le client vous invite lui-même à la concrétisation, il ne faut surtout pas risquer de provoquer une hésitation en proposant un test superflu.

Troisième étape : Concrétiser naturellement

Du point de vue de la «technique», la dernière étape est la plus facile à réaliser. Reprenons l'image du tennis évoquée en début de chapitre : après avoir validé l'adhésion du client, nous nous trouvons dans la position du joueur monté à la volée qui a tout le court devant lui pour «déposer» son point gagnant. «Il n'y a plus qu'à» mettre la raquette en face de la balle péniblement renvoyée par l'adversaire débordé. Et pourtant, il arrive parfois que les coups les plus faciles soient loupés...

> Imaginez-vous en train d'acheter quelque chose. Comme il s'agit d'un achat important pour vous, vous avez longuement réfléchi. Une fois votre décision prise, vous vous sentez soulagé, satisfait et vous n'avez plus qu'une hâte, concrétiser. C'est à ce moment-là que le vendeur reprend de plus belle et part dans une description technique qui n'en finit plus. Quand va-t-il s'arrêter ? Vous l'ignorez, mais plus il argumente, plus vous vous impatientez... Soudain, il vous parle d'un point que vous n'aviez pas abordé jusqu'alors : le service après-vente. Vous n'aviez pas posé de questions sur ce point puisque vous étiez jusqu'alors persuadé que ce type de produit ne pouvait pas tomber en panne. D'un seul coup, votre certitude en a pris un coup. Vous manifestez votre inquiétude au vendeur. Il bredouille alors d'autres arguments pour vous rassurer et finit par vous demander avec l'assurance d'un automobiliste qui vient d'emboutir la voiture de Mike Tyson : «Voulez-vous le prendre maintenant ou préférez-vous réfléchir encore un peu ?»
> Une fois rentré chez vous, vous vous demandez déjà comment vous allez faire pour vous priver d'un tel produit, celui dont vous rêviez, et qu'on n'a pas voulu vous vendre...

Bien entendu, vous n'avez jamais rencontré un vendeur de ce type, mais les ventes les plus importantes, celles qui ne sont pas censées être faciles à concrétiser, peuvent provoquer un stress générateur de maladresses fatales.

➤ *Deux idées-clés à se remémorer*

- *C'est au vendeur de conclure.* N'attendez pas que votre client vous demande de conclure votre vente. Même s'il en a très envie, c'est à vous qu'il appartient de proposer de passer à la concrétisation. Qu'il s'agisse de la signature d'un contrat, d'un bon de commande ou d'un règlement, c'est à vous de prendre les choses en mains pour aborder cette étape. Traditionnellement, les vendeurs qui hésitent à conclure se réfugient dans l'argumentation et «rachètent» leur vente. En effet, une fois que le client a pris sa décision, argumenter à nouveau ne présente aucun intérêt. Bien au contraire, cela soulèvera des inquiétudes.

- *La fébrilité est contagieuse.* Le client cherche à se rassurer. Il a besoin d'avoir en face de lui quelqu'un qui l'aide à rationaliser sa décision. Si, au moment crucial de la conclusion, il a affaire à un vendeur qui manifeste un doute, ou qui ne semble pas complètement convaincu, le malaise de l'acheteur peut réellement être très important et provoquer l'hésitation fatale. Il est donc absolument nécessaire de *rester parfaitement naturel* au moment de conclure la vente. Il ne s'agit en fait que de *l'issue logique du reste de l'entretien*, et le client ne doit pas percevoir chez vous de changement d'attitude.

➤ *Quelques exemples de formulation*

Le test de la deuxième étape avait pour but de rassurer le vendeur sur l'issue favorable de sa vente. Dès lors que le test est positif, il s'agit d'enchaîner le plus naturellement du monde et de proposer la signature.

Exemples

- «Il ne nous reste plus qu'à passer aux aspects administratifs. Pouvez-vous m'épeler votre nom s'il vous plaît ?»
- «Je vous propose de remplir ensemble le contrat, votre nom s'écrit bien…»
- «Je vous propose de mettre en place votre dossier dès à présent. Quelle sera l'adresse de livraison ?»
- «Pouvez-vous inscrire votre nom et votre adresse dans cet espace ?»
- «Je vais tout noter dès à présent afin de déclencher la livraison le plus vite possible.»

➤ *Après la conclusion*

Une fois l'engagement du client obtenu, il ne vous reste plus qu'à remercier le client, lui exprimer votre satisfaction, et lui rappeler votre engagement personnel pour la suite. Considérez maintenant que vous avez en face de vous un ambassadeur susceptible de vous envoyer d'autres clients, et traitez-le en tant que tel.

Deux erreurs à éviter après la conclusion

- **En faire trop...**

Vous avez vraiment fait une excellente affaire ! Vous ne le regretterez pas ! À votre place j'aurais pris la même décision, etc.

Pitié pour l'acheteur ! N'en rajoutez pas. Restez calme jusqu'au bout, même s'il s'agit de «la vente de l'année». N'oubliez pas que la loi autorise parfois les clients à revenir sur leur décision dans les jours qui suivent, s'ils se mettent à douter... Ne les faites donc pas douter en arborant un sourire un peu trop large, ou en les noyant sous les compliments superlatifs.

- **...ou pas assez !**

Inversement, si après avoir rangé rapidement le bon de commande vous disparaissez aussi vite, le client risque d'éprouver une certaine frustration.

Maîtriser les suites à donner

Bien maîtriser une méthode pour conclure vous aidera sans aucun doute à augmenter votre taux de concrétisation. Mais quelle que soit votre dextérité, il est évident qu'il y aura encore des entretiens qui ne pourront pas être immédiatement concrétisés par une commande.

Nous allons envisager trois cas de figure.

➤ *Le client dit «non» définitivement*

Vous avez tout tenté, déployé tous les efforts, en vain. Finalement votre solution n'a pas été retenue et c'est la concurrence qui a remporté cette affaire.

Une erreur à éviter : rater sa sortie par un comportement de «mauvais perdant».

La déception est légitime, mais elle peut parfois provoquer des réactions dommageables par la suite. Or, *il faut savoir rester beau joueur dans la défaite pour préserver l'avenir !*

Trois principes sont à respecter lorsque la partie est perdue :

- *Donnez des regrets à votre interlocuteur.* Il s'agit de rester exemplaire jusqu'au bout. Exprimez vos regrets de ne pas avoir conclu cette affaire et souhaitez à votre client de réussir dans la mise en œuvre de son projet :

  > «Je suis déçu de ne pas vous avoir convaincu. Néanmoins, j'ai été ravi de vous connaître et je reste à votre disposition au cas où vous souhaiteriez avoir d'autres informations...»

  Plutôt que de lui dire qu'il s'est trompé, manifestez-lui le plaisir que vous aurez à répondre le cas échéant à une demande d'information complémentaire. Il faut que le client conserve un bon souvenir de vous, qu'il se sente presque coupable de ne pas vous avoir suivi (pour cette fois...).
- *Minez le terrain de la concurrence.* Rien ne vous empêche de terminer votre entretien en donnant un conseil à votre client. Il peut s'agir par exemple de surveiller de près un point particulier. Bien évidemment, le point en question correspond à une faiblesse notoire du produit concurrent par rapport à votre offre. Si votre attitude a été suffisamment positive pour que votre interlocuteur vous apprécie, il se peut qu'il suive votre conseil et soit particulièrement vigilant à l'encontre de son fournisseur.
- *Laissez la porte ouverte.* Si la solution concurrente n'est pas satisfaisante, et que votre interlocuteur se met à regretter son choix, il faut qu'il puisse «sauver la face» vis-à-vis de vous. En effet, votre client peut avoir envie de revenir vous voir, mais ne pas oser parce qu'il ne veut pas avoir l'impression d'avouer son erreur. Vous devez donc faciliter le «retour en arrière» en prenant vous-même l'initiative du contact. Il est même judicieux *de prévoir d'emblée, et avec lui, une date de contact ultérieur* pour «prendre des nouvelles».

➤ *Le client juge l'investissement prématuré*

Il ne s'agit pas d'un refus, mais simplement le moment d'achat n'est pas encore venu. Votre obsession doit être de rester dans le paysage, afin d'être là au bon moment.

> Un responsable d'une société de conseil en immobilier d'entreprise illustre cette notion par l'expression suivante : «Être le premier lorsque le

lapin sort du fourré». Dans cette profession, les commerciaux rencontrent souvent lors de leurs actions de prospection des entreprises qui ne savent pas toujours très clairement quelle sera l'option retenue en fin de bail : rester dans les lieux ou chercher de nouveaux locaux. Par contre, un jour, subitement, la décision est prise et la recherche commence. C'est à ce moment précis que le commercial doit être présent pour obtenir son mandat. Ainsi, tous les prétextes sont bons pour générer des contacts intermédiaires.

- *Garder la maîtrise de la suite à donner.* Quels que soient les prétextes invoqués par le client pour différer sa décision, *il est important que le vendeur conserve la maîtrise des étapes suivantes.* Vous devez terminer l'entretien sur un accord concernant la suite des événements.
- *Prévoir des suites à donner.* Pour vous aider à générer des contacts réguliers avec votre prospect, il est judicieux de disposer de «bonnes raisons» pour le contacter de temps à autre. Les quelques idées qui suivent vous aideront à constituer votre liste personnelle.

- Envoyer un écrit récapitulatif de l'entretien (et suivre au téléphone).
- Envoyer une documentation complémentaire.
- Rappeler pour répondre à une question soulevée pendant l'entretien (d'où l'importance de ne pas toujours avoir réponse à tout).
- Rappeler pour faire part de la sortie d'un nouveau produit.
- Rappeler pour prendre connaissance de l'évolution de ses attentes et/ou critères de choix.
- Rappeler pour proposer de remettre une analyse ou une étude sur l'utilisation de votre produit dans le secteur d'activité du prospect.
- Rappeler pour obtenir un rendez-vous avec les utilisateurs afin de mieux comprendre les implications internes.
- Rappeler pour faire part d'une information nouvelle sur une évolution technique (prestations) du produit pressenti.
- Rappeler pour proposer une invitation à une manifestation.
- Faire une visite de proximité.
- Appeler pour le tenir informé sur l'état des disponibilités.
- Rappeler pour poser une question supplémentaire.
- Profiter de la publication dans la presse d'une information particulière le concernant et demander au client si ceci fait évoluer la demande.
- Rappeler pour préciser l'arrivée de la date butoir d'une échéance (fiscalité, millésime, bail, garantie...).
- Proposer un rendez-vous avec un tiers.

➤ *Le client souhaite réfléchir*

Si votre client souhaite réfléchir pour mûrir sa décision, ou si la décision doit être prise de façon collégiale avec d'autres personnes, il est également très important de bien maîtriser la fin de l'entretien, *car la vente se réalisera peut-être en interne et en votre absence.* Il faut que votre interlocuteur parte avec la meilleure impression et surtout qu'il soit en mesure de choisir ou de faire choisir votre solution le moment venu.

Voici deux conseils pour conditionner la réflexion de votre client.

- *Rappeler les critères de choix importants avec la «carte de la sélection»*[1].Lorsque votre interlocuteur s'apprête à vous quitter pour comparer ensuite votre solution à d'autres, il est important qu'il parte en ayant en tête les principaux points à comparer. Vous allez donc les lui rappeler juste avant de clôturer votre entretien.

Exemple

> «J'espère vivement que nous aurons le plaisir de travailler ensemble, mais je comprends que pour un tel investissement, vous preniez soin de recueillir toutes les informations utiles. Nous avons vu ensemble des tas de choses. Pour résumer, je crois qu'il est bon que vous ayez à l'esprit *les trois principaux points* à comparer, et ainsi vous assurer d'avoir véritablement la solution la mieux adaptée à vos objectifs.
> *Le premier point à comparer* est celui du coût des consommables. À la longue cet aspect peut largement contrebalancer un prix d'appel séduisant sur la machine.
> *Le deuxième point à comparer* est la facilité d'utilisation. Compte tenu du nombre très important des utilisateurs potentiels, vous devez absolument avoir une machine qui n'impose pas de longues heures de formation.
> *Et enfin, le troisième point à comparer* est la solidité de votre fournisseur. Compte tenu des mouvements constatés dans ce secteur, il est important d'avoir à l'esprit qu'avec cet investissement vous choisissez un partenaire pour dix ans.»

Si cette technique est bien maîtrisée, vous verrez sans doute votre prospect prendre des notes sur les trois points en question. Si c'est le cas, c'est bon signe et votre concurrent n'a qu'à bien se tenir…

1. Cette technique est décrite en détail dans la case «Influencer ses interlocuteurs».

- *Rappeler votre engagement personnel en utilisant «la carte de l'émotion».* Si vous avez le sentiment que tout a été dit et que l'aspect rationnel de l'achat a été traité de façon exhaustive, jouer la carte de l'émotion sera peut être l'ultime signal rassurant à émettre. Il s'agit de jouer sur la relation et de mettre en avant son engagement personnel.

Exemple

> «Au-delà de tout ce que nous avons pu dire sur ce produit, je tiens à vous dire que si vous nous accordez votre confiance, je serai particulièrement fier de travailler avec vous et tout sera mis en œuvre pour vous assurer la plus grande satisfaction.»

Beaucoup de commerciaux rencontrés à l'occasion de séminaires se déclarent (dans un premier temps) un peu mal à l'aise pour manier cette technique. Pour bien en percevoir l'utilité, il faut être conscient *que la vente ne peut reposer uniquement sur ce point.* Il s'agit simplement de la touche personnelle supplémentaire qui démontre encore une fois que vous avez vraiment envie de travailler avec votre client. Personne ne vous reprochera jamais de trop le montrer dès lors que vous êtes sincère. D'ailleurs c'est souvent le contraire qui est préjudiciable. Vous-même, ne vous est-il jamais arrivé de dire d'un vendeur : «Celui-là, il n'avait vraiment pas envie de vendre !...»

LES POINTS-CLÉS À MÉMORISER

La conclusion est entre les mains du vendeur. C'est à lui d'en prendre l'initiative. Pour surmonter le stress inhérent à ce moment-clé de l'entretien, nous avons vu :

➤ *Quatre ressources pour aborder la conclusion sereinement*

- préparer la conclusion en amont :
- percevoir le «bon moment» pour conclure ;
- se programmer positivement ;
- manifester une «obsession flexible».

➤ *Une méthode en trois étapes pour une conclusion qui tombe à PIC :*

- *P comme propulser la conclusion avec dix «boosters» :*
  1. L'ultime répétition.
  2. La mise en situation.
  3. Le «grand seigneur».
  4. Le moment ou jamais.
  5. Le dernier argument.
  6. La vente partielle.
  7. Déculpabiliser son interlocuteur.
  8. Recentrer sur le besoin du client.
  9. Faire un bilan comparatif avec le client.
  10. La position basse.
- *I comme inviter le client à valider :*
  1. Poser une question-déclic pour générer une dernière adhésion.
  2. Poser une question sur un point de détail.
  3. Demander si le client a une «dernière» question.
- *C comme concrétiser la vente.*

➤ *Comment maîtriser les suites à donner.*

À VOUS DE JOUER !

SI VOUS TRAVAILLEZ SEUL

➤ *Pour rester dans la course*

1. Identifiez les principaux signaux d'achat émis par vos clients.
2. Prenez également le temps de revoir un par un chaque «booster» afin de chercher comment le transposer dans votre activité.

➤ *Pour faire la différence par rapport à vos concurrents*

La différence se fera à deux niveaux :

1. Par votre abnégation devant les premières hésitations du client.

Beaucoup de vendeurs sont à l'aise pour délivrer des conseils et perdent leur aplomb lorsqu'il s'agit de concrétiser.
2. Par votre façon de gérer vos sorties lorsque la vente n'est pas réalisée immédiatement, ou lorsque votre client a choisi un autre fournisseur.

Pensez donc à préparer une «carte de la sélection» sur les critères de choix dont il faut tenir compte.
Posez-vous également la question sur les «mines» susceptibles d'être laissées sur le terrain de la concurrence afin de préserver l'avenir.

Si vous êtes manager d'une équipe de vente

Il est clair que la technique doit être maîtrisée par vos commerciaux, mais rien ne remplacera un véritable entretien face au client pour vérifier que les membres de votre équipe «ose» conclure.
Ainsi, pour faire progresser vos troupes sur ce point, vous respecterez les étapes suivantes :

1. Organisez une réunion sur le thème de la conclusion.
2. Demandez aux commerciaux de s'exprimer sur leurs «trucs et ficelles» pour conclure.
3. Complétez les réponses par les principes méthodologiques vus dans ce chapitre.
4. Demandez à chacun de préparer au moins trois «boosters» personnalisés.
5. Organisez des mini-situations pour vérifier la validité des transpositions.
6. Fixez avec chaque commercial des dates consacrées à l'accompagnement-terrain[1]. Cet accompagnement-terrain aura pour but de vérifier la bonne mise en œuvre de la méthode.
7. Pour réussir cet accompagnement, vous respecterez les principes suivants :
   - les commerciaux auront le temps nécessaire pour se préparer à réussir (inutile de chercher à les piéger, l'objectif est de les aider à progresser).
   - vous vous répartirez les rôles avant de rencontrer le client.
   - vous n'interviendrez pas au moment de la conclusion afin que le vendeur puisse la prendre en charge.
   - vous consacrerez le temps nécessaire à un debriefing constructif après chaque entretien.

1. Pour en savoir plus sur ce thème, l'ouvrage de Pascal Debordes, *Le Coaching efficace des commerciaux*, Paris, Dunod, 1996, vous apportera de nombreux conseils supplémentaires.

CHAPITRE 8

Désamorcer les litiges

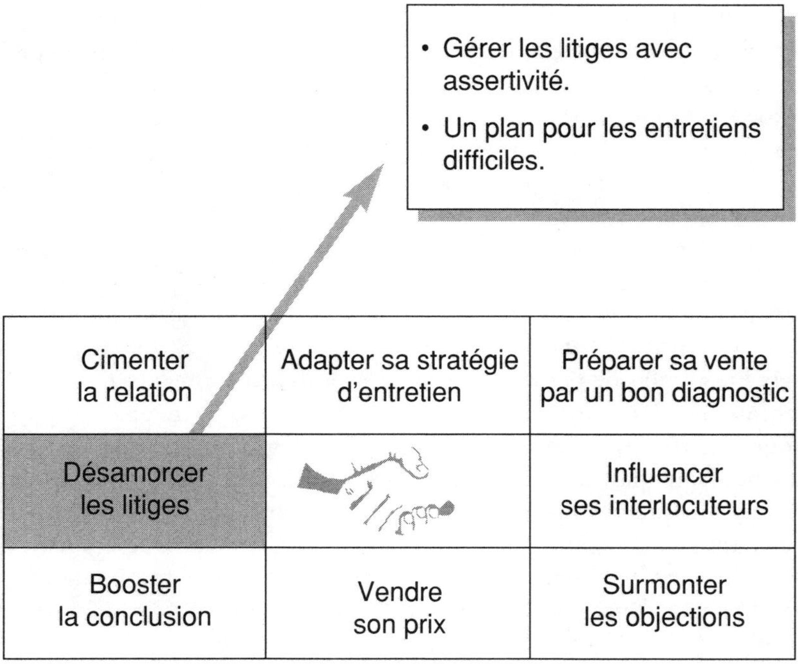

Une des raisons essentielles de la perte de clientèle est la mauvaise gestion de situations de tension en général, et des réclamations des clients en particulier. Il est illusoire de penser qu'une activité commerciale peut se dérouler sans ne jamais donner lieu à des incidents, ou a des frictions dues aux enjeux.

Un vendeur doit non seulement savoir vendre, mais doit également être capable de gérer les tensions et les inévitables conflits qui peuvent survenir lorsqu'on a une relation durable avec un client. La façon de traiter ces conflits peut conforter une relation comme la détruire définitivement. Certes, le stress généré par ces situations rend la tâche difficile et trouble souvent l'esprit de ceux qui sont censés les désamorcer.

Exemple

Trois vendeurs et leur directeur commercial, Xavier Lefranc se sont réunis pour définir la meilleure attitude à adopter face au comportement inadmissible de leur client, Monsieur Lefort.

La dernière négociation avec ce client avait abouti à un accord apparemment satisfaisant pour les deux parties puisqu'il prévoyait des conditions tarifaires dérogatoires pour Monsieur Lefort, en contrepartie de commandes en progression d'au moins 20 % dès le mois suivant. Or, trois mois se sont maintenant écoulés, et les commandes sont toujours au même niveau. Monsieur Lefort n'a donc pas respecté ses engagements, alors qu'il a bien bénéficié de conditions tarifaires plus avantageuses.

Le directeur commercial demande alors à chacun des vendeurs de proposer une solution.

Vincent Tapdur commence et dit : «C'est simple, il n'a pas respecté ses engagements, alors on lui téléphone, et on lui dit ses quatre vérités. Il n'y a pas de raisons pour qu'on laisse passer un tel comportement. Si vous voulez, je vais lui dire moi-même...»

Le deuxième vendeur, Michel Ledoux, prend alors la parole. «Écoutez, pourquoi faire tant d'histoires et risquer ainsi de perdre un bon client ? Est-ce que cela en vaut vraiment la peine ? De toute façon, nous devrons le revoir en fin d'année pour discuter de la prochaine campagne, alors il sera bien temps de parler des volumes promis à ce moment-là.»

Enfin, Jean Futé se lève et annonce : «Entre une brute épaisse qui veut tout remettre en cause et un agneau qui préfère se laisser marcher dessus, on ne risque pas de s'en sortir ! Alors moi, je vais prendre les choses en mains. Ce que je vous propose, c'est de remonter les tarifs sans rien dire. Avec un peu de chances, il ne s'en apercevra même pas, et si jamais il se manifeste, eh bien nous dirons que c'est une erreur de l'informatique...»

Le directeur commercial, guère satisfait par ces trois façons de faire, propose alors à son équipe de lire la suite de ce chapitre...

Il ne s'agit là que d'un exemple, mais il est inspiré de situations qui gênent bon nombre de commerciaux.

Nous allons voir dans ce chapitre quelques *recommandations* pour aborder avec sérénité les situations conflictuelles, qu'elles soient initiées par une défaillance de votre part ou par un comportement indélicat de votre client, et nous terminerons par un *plan d'entretien* qui vous permettra de préparer vos entretiens difficiles.

Gérer les litiges avec assertivité

L'assertivité est la traduction littérale du verbe anglais *to assert* dont le dictionnaire Webster donne la définition suivante : «affirmer, prétendre, s'affirmer, défendre ses droits, respecter ceux des autres, donner son opinion tranquillement même en face d'interlocuteurs hostiles, se prononcer avec sérénité».

Le but d'un comportement assertif est donc d'affirmer ses objectifs, de recevoir les critiques, de défendre sa position sans agressivité, sans tricher ni truquer la réalité et en préservant la relation avec l'autre. L'assertivité est donc une alternative satisfaisante aux trois modes de comportements-refuges classiques que sont l'attaque, la fuite, ou la manipulation.

Traitez le différend sans délai

Laisser les choses se décanter est une solution de facilité qui ressemble beaucoup à la fuite de Monsieur Ledoux. Un comportement assertif exige d'intervenir dès l'apparition du litige. Attendre ne peut qu'aggraver les conséquences.

- S'il s'agit d'une réclamation d'un client, chaque jour qui passe augmentera son insatisfaction, voire son agressivité.
- S'il s'agit d'un comportement indélicat du client, le temps qui passe sans réaction du vendeur lui laisse penser que son comportement n'a rien de répréhensible. Le jour où enfin le vendeur se manifeste, il lui est d'autant plus facile de minimiser l'importance d'un incident qui n'a pas fait réagir le fournisseur plus tôt.

Prenez du recul

Au lieu de réagir du tac au tac, il est plus judicieux de «s'élever» afin d'avoir une vision globale du problème à résoudre et de se concentrer ainsi sur les raisons du litige et les véritables objectifs de la discussion qui s'annonce, plutôt que sur des jugements de valeurs improductifs. En fait, les trois comportements refuges décrits plus haut – l'attaque, la fuite ou la manipulation – ne sont pas toujours des comportements réellement réfléchis, mais plutôt des réactions émotives générées par une situation stressante.

Négociez en direct

> Il vous est sans doute arrivé d'avoir une conversation courtoise avec un interlocuteur que votre assistante vous avait pourtant annoncé comme odieux et très en colère après vous.
> La tension est souvent exagérée et amplifiée lorsqu'elle passe par un tiers.

➤ *Adressez-vous directement à l'intéressé*

Il est parfois tentant pour le vendeur de passer par un tiers pour transmettre des messages délicats, mais le risque est alors grand de voir ses propos déformés et amplifiés. C'est bien en *s'engageant personnellement* dans la résolution du problème que l'on a le plus de chances de régler un conflit.

Il convient donc :

- d'insister pour voir la personne qui s'est plainte, et si possible remonter au plus haut niveau. Un litige ne se règle pas avec les assistants. C'est au donneur d'ordre que vous devez démontrer votre capacité à régler l'incident ;
- de ne pas envoyer un «émissaire» à votre place. La solution de facilité consiste parfois à «envoyer au charbon» un technicien, son patron ou un autre collègue. Si c'est le cas, il vous sera ensuite difficile de conserver votre crédibilité aux yeux de votre interlocuteur.

Un adage dit que c'est dans les moments difficiles que l'on reconnaît ses amis. Dans le domaine commercial, c'est également dans les moments difficiles que l'on reconnaît les interlocuteurs sur lesquels on peut compter. Votre implication personnelle dans la gestion des litiges solidifie les relations à long terme.

➤ *Négociez sans témoins*

La scène se déroule à l'occasion d'un salon professionnel.

Un exposant vient de s'apercevoir que pour la troisième fois depuis le début du salon, l'installation électrique de son stand est défaillante. Excédé, il convoque séance tenante le commissaire général du salon. En attendant sa venue, l'exposant annonce à ses collaborateurs et aux exposants qui l'entourent la façon dont il va «recevoir cet incapable». À l'entendre, son interlocuteur va passer un «sale quart d'heure.»

Dans ces conditions, compte tenu de l'engagement implicite qui a été pris par l'exposant vis-à-vis des personnes qui l'entourent, les chances du commissaire de traiter cet incident sans excès passionnels sont malheureusement proches de zéro.

Devant témoins, l'amour-propre de chacun est tel qu'on pense parfois davantage à ce qui sera ensuite rapporté qu'au problème que l'on cherche à résoudre. Aussi est-il important de chercher à s'isoler avec le client pour ne pas subir l'influence négative de la mise en scène qu'impose le public.

Faites tomber la tension

Désamorcer un litige passe inévitablement par la présentation de solutions, mais la meilleure des solutions sera inévitablement balayée par un client trop agressif.

➤ *Laisser le sac se vider*

Lorsqu'un client furieux se manifeste, et commence l'entretien en vous exposant de façon véhémente tous ses reproches, il faut absolument considérer cette phase comme un passage obligé et salvateur. Passage obligé, car tant que votre interlocuteur ne vous aura pas tout dit, vous ne serez pas en mesure de traiter l'incident complètement. Passage salvateur, car une fois que la colère est exprimée, il est possible de se concentrer sur l'essentiel, pas avant.

En effet, le client insatisfait prévoit à l'avance ce qu'il va dire à son interlocuteur. C'est pourquoi il est important de le laisser aller jusqu'au bout. Il sera ensuite soulagé et son esprit sera débarrassé d'une partie de sa rancœur.

☞ ***Au tout début de l'entretien, le client mécontent attend surtout d'être écouté.***

➤ *Reconnaissez le problème*

Le meilleur moyen de perdre un client est de lui dire que le problème qu'il vient de vous soumettre n'est pas grave. Si un client vient vous rencontrer, furieux de subir les inconvénients d'une défaillance de votre service, il le sera davantage encore si vous n'acceptez pas de le reconnaître.

➤ *Reformulez les sentiments*

Un moyen très puissant pour calmer l'agressivité consiste à reformuler les sentiments de la personne qui se plaint. Il ne s'agit pas simplement de dire «je suis désolé», mais de réellement et sincèrement manifester sa compréhension des sentiments de l'autre.

Exemples

- «Vous êtes furieux et je le comprends tout à fait. Je suis persuadé qu'à votre place j'aurais exactement la même réaction.»
- «Je comprends. Vous avez le sentiment de ne pas disposer du service que vous attendiez et cela vous déplaît. C'est parfaitement compréhensible.»

Cette technique peut quasiment être considérée comme une formule magique tant elle est efficace pour faire chuter la pression. Son efficacité vient du fait qu'elle manifeste une réelle reconnaissance au client, et qu'elle ne se limite pas à un enregistrement impersonnel de la plainte.

Appuyez-vous sur les faits

«C'est vraiment incroyable avec vous ! Quelle bande d'incapables ! cela fait trois fois que je vous dis que les livraisons doivent être faites avant 17 h le vendredi soir. Je ne suis vraiment pas content de la qualité de vos services. Vendredi dernier, encore une fois, votre camion est arrivé à 17 h 15. C'est vraiment inadmissible ! On ne peut jamais compter sur vous.»

Lorsqu'un client vous fait des reproches, et qu'il est vraiment en colère, plusieurs choses peuvent être exprimées : des faits, des opinions et des sentiments.

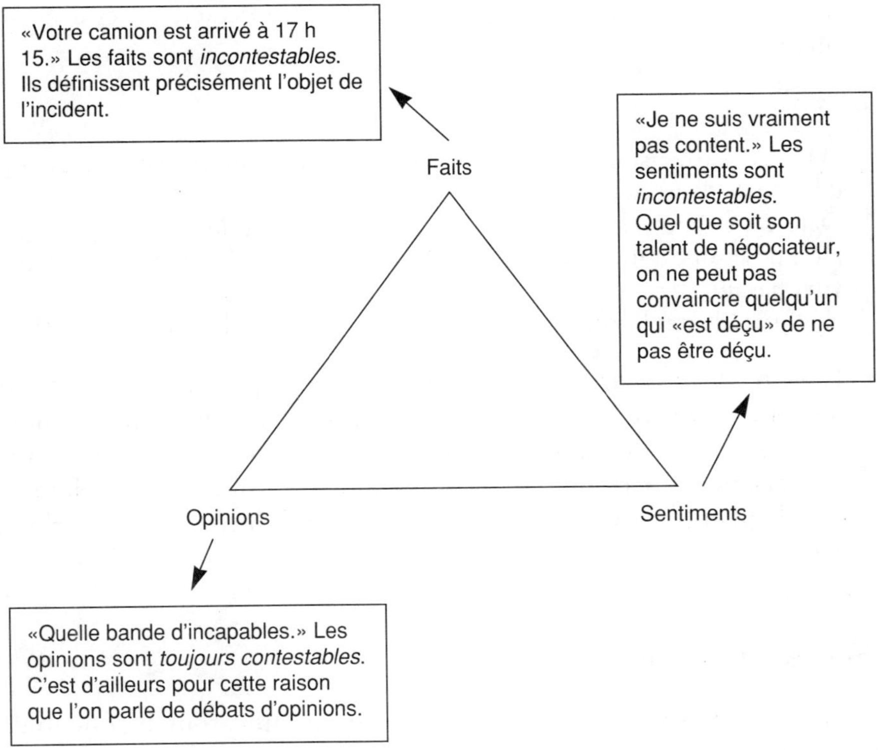

Les *opinions* sont le terrain le plus fertile pour les disputes. Il convient de ce fait de ne surtout pas rebondir sur les opinions exprimées pas votre interlocuteur. Il est d'ailleurs fréquent que dans ce type de circonstances, les mots dépassent la pensée. Inutile d'en rajouter en mettant son interlocuteur au défi de se justifier.

On ne peut pas lutter contre l'expression des *sentiments*. Il est par conséquent superflu de perdre du temps à essayer de convaincre son interlocuteur qu'il n'est pas déçu.

Enfin, il reste les *faits*. Étant incontestables, ils procurent les éléments essentiels à l'établissement d'un consensus.

- *Si vous êtes en faute*. Après avoir laissé votre interlocuteur vider son sac et avoir exprimé votre compréhension, vous enchaînerez sur la reformulation précise des faits constatés. N'exprimez pas de jugement sur les propos, et même si vous avez d'excellentes excuses, contentez-vous dans un premier temps d'extraire de tout ce qui vous a été dit les faits incontestables. Bien souvent, cette façon de faire illustre une certaine disproportion entre la colère et les événements constatés.

Exemple

> «Donc, la livraison de vendredi dernier a été assurée avec un quart d'heure de retard, c'est bien cela ?»
> Dans cet exemple, si le vendeur pense que c'est exceptionnel, il aura intérêt à poser une autre question sur les livraisons précédentes afin de relativiser davantage :
> «Les précédentes livraisons étaient-elles bien arrivées à l'heure ?»

- *Si votre client est en faute.* Si c'est vous qui devez exprimer votre mécontentement à votre interlocuteur, vous commencerez également en décrivant les faits, rien que les faits, pour démarrer votre conversation sur ce qui est incontestable. Ce point sera développé avec le plan d'entretien présenté dans la deuxième partie de ce chapitre.

Évitez l'humour

Autant l'humour peut être considéré comme un atout formidable pour séduire, autant les situations de tension de n'y prêtent pas. Pratiquer l'humour dans une situation de tension est en fait l'expression d'une certaine agressivité. Il sera plutôt interprété comme de l'ironie, voire du mépris, ce qui a toutes les chances de jeter de l'huile sur le feu.

Proposez un challenge

Dans les cas de réclamation particulièrement justifiée, cette technique peut permettre au vendeur de trouver une issue favorable.

Exemple

> Un chargé d'affaire d'une société de gestion d'épargne salariale, convoqué par le responsable des ressources humaines d'une société textile du nord de la France, se retrouva devant les membres du comité d'entreprise et le

> DRH. Ce dernier commença la réunion en posant devant le commercial une énorme pile de fiches individuelles, destinées aux salariés. Toutes les fiches présentaient des erreurs de calcul et avaient provoqué une réaction violente des salariés. Le DRH poursuivit par un long exposé des reproches qu'il avait à faire à la société de gestion (cohérence vis-à-vis du comité d'entreprise présent dans la salle oblige), puis déclara au commercial en conclusion : «Vous comprendrez maintenant pourquoi nous avons décidé de changer de prestataire !»
> Devant une situation aussi délicate, le commercial n'avait d'autre recours que de se mettre «à côté» de ses interlocuteurs et de ne surtout pas chercher à minimiser ce qui était de toute façon incontestable.
> Il répondit alors : «Vous avez parfaitement raison d'être irrité. Ce que vous venez de me montrer est inacceptable, et à votre place j'aurais sans doute la même réaction, je chercherais un autre prestataire. Bien entendu, je tiens à faire le maximum pour réparer cet incident. Ce que je vous propose c'est de me donner jusqu'à vendredi. Nous sommes aujourd'hui lundi, si vendredi tous vos salariés n'ont pas reçu une nouvelle fiche individuelle corrigée, alors changez de prestataire. Mais avant d'en arriver là, je vous demande de me laisser jusqu'à vendredi. Est-ce que vous êtes d'accord ?[1]»

Le commercial a dans cet exemple «mis au défi» son client de lui accorder quatre jours pour réparer l'incident. Cette technique est intéressante, car elle démontre au client l'engagement personnel du commercial, et propose une échéance précise qui rassure sur la prise en charge de l'incident.

Calmez les excès

Il se peut que votre client dépasse vraiment les limites et tienne des propos qui soient vraiment d'une violence extrême. Dans ce cas, il est tentant de réagir, cela peut même être une sorte de réflexe d'autodéfense. Au bout du compte, le client a toujours raison, et si vous vous emportez, il est certain que vous en tirerez plus de conséquences négatives que positives.

> J'ai eu l'occasion d'accompagner un exploitant bancaire à un rendez-vous chez un patron d'une chaîne de superettes de la région parisienne. Avant

1. Le commercial en question a d'ailleurs mis lui-même dans les enveloppes les quelques 500 fiches individuelles, et a conservé son client.

d'en venir à l'objet essentiel de notre rendez-vous, notre interlocuteur voulut aborder avec l'exploitant, le responsable de la gestion de son compte, «un point de détail». Ce détail était en fait le ramassage des fonds en fourgon blindé qui venait de faire pour la première fois l'objet d'une facturation. En quelques secondes, le client s'emporta et exprima dans une fureur absolument incroyable toute sa révolte devant cette facturation. L'exploitant bancaire avait à ce moment-là toutes les raisons valables pour quitter le bureau ou pour répliquer sur le même ton à son interlocuteur. Malgré la tension extrême qui se lisait sur son visage, il n'en fit rien, bien au contraire. Il se contenta de répéter tout au long des assauts du client : «Si vous le souhaitez, nous pouvons revoir l'ensemble des conditions» ; ce qui signifiait en substance que les efforts consentis sur les autres conditions de fonctionnement du compte étaient tels que celle-là en particulier ne serait pas modifiée.
Au bout de quelques minutes la tension tomba, et l'objet essentiel de l'entretien fut abordé. Le plus stupéfiant eut lieu au moment de se quitter. Le client, en nous raccompagnant, tapa amicalement dans le dos de l'exploitant en disant : «Ah, finalement vous n'êtes pas si mauvais !»

Si ce banquier n'avait pas su conserver son calme, il est probable qu'il aurait perdu un client, qui manifestement utilisait avec lui une technique d'intimidation classique en grande distribution et qui ne doit pas donner lieu à une interprétation au premier degré. Si un jour, vous vous trouvez dans ce genre de situation, alors pensez aux trois idées suivantes.

- *Sortez l'édredon.* Plutôt que de répliquer sur le même ton, utiliser la technique de l'édredon[1] vous permettra de calmer l'agressivité de votre interlocuteur sans risquer de remettre en cause la relation par des excès de votre part. Cette technique consiste à répondre mollement aux attaques, que celles-ci portent sur des faits ou même sur votre personne.

Exemples

Si l'attaque porte sur un fait :
- «C'est vrai.»
- «C'est exact.»
- «C'est possible.»
- «C'est logique.»

1. Formalisée par le psychologue américain Manuel J. Smith ; voir son ouvrage *When I say no, I feel guilty*, Bantam Book, New York.

> *Si l'attaque porte sur votre personne* :
> • «C'est votre opinion.»
> • «Vous êtes libre de le penser.»

Ainsi, l'interlocuteur qui s'attend à «un match de boxe» est obligé de se rendre à l'évidence ; mieux vaut se calmer pour arriver à une solution.

- *Faites jouer le «disque rayé».* Lorsque le ton est excessif, et que vous devez défendre votre position, il est dangereux d'argumenter, car tout ce que vous pouvez dire est susceptible de se retourner contre vous. Ainsi, le «disque rayé» sera un moyen beaucoup plus sûr de défendre votre position. Cette technique consiste à répéter, calmement, mot à mot, exactement la même chose que votre client afin de lui faire comprendre que vous ne bougerez pas de votre position.
- *Évitez les mimiques.* Dans une situation de tension, votre interlocuteur est aux aguets du moindre signe qui pourrait lui démontrer que sa colère est encore plus justifiée. Les mimiques seront pour lui quasiment insupportables, car synonymes de sous-entendus peu flatteurs à son encontre. Préférez plutôt dire clairement ce que vous ressentez.

Préparez-vous calmement

Lorsqu'une discussion difficile s'annonce, il est naturel d'envisager le scénario catastrophe. Aussi est-il prudent de savoir ce que l'on fera si tout se passe mal, mais il faut faire attention à ne pas se conditionner trop négativement. Il arrive fréquemment que des discussions annoncées comme «perdues d'avance» se révèlent finalement positives.

C'est votre sérénité qui vous aidera le plus à gérer les litiges. Afin d'être le plus serein possible, il est utile d'investir un peu de temps pour préparer ces entretiens.

➤ *Évaluez les positions de repli respectives*

On dit que le meilleur négociateur est celui qui a la meilleure position en cas d'échec des discussions. Savoir ce que vous pourrez faire si la négociation n'aboutit pas vous donnera la confiance nécessaire pour aborder la résolution d'un litige sereinement, et vous assurera plus de chances de succès.

Essayez également d'identifier la solution de repli de votre interlocuteur. Ceci vous permettra de savoir s'il a réellement les moyens d'aller au bout du conflit. Attention néanmoins à ne pas la surestimer. Vos clients peuvent parfois avoir plus de difficultés à vous quitter qu'ils ne veulent bien l'avouer. Si ce n'était pas le cas, la prospection «dans le dur» serait plus facile !

➤ *Prévoyez une marge de manœuvre*

Si la résolution du litige passe par une véritable négociation, il est possible que votre interlocuteur cherche à obtenir le maximum de réparation possible. Il va donc préparer sa négociation et il ne se contentera probablement pas de votre première offre. Il est donc important de ne pas tout donner d'emblée. Ainsi, vous éviterez de donner le sentiment d'imposer une décision unilatérale, et votre client aura le sentiment d'avoir bien mené sa négociation et d'avoir gagné le dernier round.

Tirez profit de la bonne gestion d'un litige

> Une étude réalisée par le département du commerce révèle que 95 % des clients mécontents qui se manifestent resteront fidèles à leur fournisseur si leur réclamation a été réglée avec diligence, efficacité et amabilité.

La gestion d'un litige est un moyen de fidéliser. C'est pourquoi il est bon de suivre la gestion du litige jusqu'au bout, et de s'assurer que le problème est définitivement réglé. Un appel de courtoisie, plusieurs jours *après* la résolution du problème, avec pour objet unique de se préoccuper de la satisfaction du client, vous permettra d'ancrer définitivement le fait que l'on peut compter sur vous en cas de problème.

Un plan pour les entretiens difficiles[1]

Le DESC est un outil pratique qui vous aidera à préparer vos entretiens difficiles lorsque vous en aurez le temps, mais également à gérer les entretiens «surprises» en vous «accrochant» à sa logique.

1. Plan d'entretien mis au point par Sharon Anthony Bower et Gordon Bower. Voir leur ouvrage, *Asseting Yourself*, Addison-Wesley, Amsterdam, 1976.

DESC signifie :

- Décrire les faits.
- Exprimer un sentiment.
- Soumettre des solutions.
- Conclure positivement.

Si la tension en début d'entretien est importante, le DESC ne pourra être efficace que si le client a déjà «vidé son sac». Les principes vus plus haut pour faire tomber la pression seront très utiles à ce moment-là.

Nous allons passer en revue chacune des étapes.

Décrire les faits

Il s'agit d'exprimer de façon neutre et exhaustive le rappel des faits. Il est important de se limiter aux faits, sans dévier vers les opinions ou les jugements de valeur.

- *Si c'est votre client qui fait une réclamation*, vous commencerez donc votre entretien en reformulant les faits, sans tenir compte des autres éléments exprimés.
- *Si c'est vous qui êtes à l'initiative de l'entretien* pour manifester votre mécontentement à un interlocuteur, vous commencerez alors par décrire de façon factuelle ce que vous avez observé.

Il est également recommandé d'éviter de mettre en cause directement votre client en employant le pronom personnel «vous». Utilisez de préférence des expressions qui ne sous-entendent pas une mise en accusation.

Exemples

- «Nous étions convenus que…»
- «Il était convenu que…»
- «Je constate que…»

Par contre, ne vous excusez pas. En effet, si c'est vous qui êtes mécontent d'une situation, il n'y a aucune raison de vous excuser d'exprimer votre mécontentement. En procédant ainsi, vous vous mettriez d'emblée dans une position d'infériorité.

Exprimer un sentiment

Les sentiments, parce qu'ils sont incontestables, permettent d'exprimer des choses très fortes sans prendre de risques sur la relation.

- *Si c'est votre client qui fait une réclamation*, vous reformulerez ses sentiments à ce moment-là. Les exemples de formulation vus plus haut sont appropriés.
- *Si c'est vous qui êtes à l'initiative de l'entretien*, c'est en exprimant clairement votre sentiment que vous allez montrer à votre interlocuteur votre mécontentement, sans pour autant prendre les risques sur la relation qu'impliquerait l'expression de vos opinions.

Exemples

- «Je suis surpris.»
- «Je suis très gêné.»
- «Je suis déçu.»

L'expression des sentiments est tellement peu fréquente qu'elle est quasiment «insupportable» pour celui qui la reçoit. Elle entraîne la plupart du temps un réflexe conditionné du client vers la recherche de solution. Cette étape est, sans doute la plus importante. Elle doit être réalisée avec le ton adéquat (certitude et assurance), et doit être suivie d'une pause. Il arrive parfois que l'auteur du DESC veuille «sauver» trop vite son interlocuteur, et ruine d'emblée tous les effets escomptés.

Votre interlocuteur va certainement profiter de ce petit espace de silence qui suit l'expression de vos sentiments pour aller vers vous et vous proposer des solutions. Si ce n'est pas le cas, vous allez alors passer à l'étape suivante.

Soumettre des solutions

La troisième étape focalise l'entretien sur la recherche de solutions. Selon les cas de figure, trois façons de procéder seront à votre disposition.

- *Le mode coopératif.* C'est le mode à adopter si le conflit n'est pas trop important.

Exemples

- «Que pouvons-nous faire pour trouver une solution ?»
- «Que proposez-vous ?»
- «Quelle serait à votre avis la solution la plus satisfaisante pour les deux parties ?»
- «Je vous propose que nous listions ensemble les solutions envisageables, et que nous choisissions ensuite celles qui seront les plus satisfaisantes pour nous deux.»

- *Le mode directif.* Si l'ampleur du litige ne vous laisse pas la possibilité d'adopter un mode coopératif, alors vous serez un peu *plus directif en suggérant des solutions.* L'utilisation d'une question alternative vous permettra de donner le sentiment à votre interlocuteur de gagner le dernier round, parce qu'il choisit lui-même, mais aussi d'être beaucoup plus directif en orientant la discussion.

Exemple

«En fait, il y a deux solutions. Soit, il vous est impossible de respecter les échéances de paiement, ce que je peux tout à fait comprendre, et dans ce cas nous suspendons provisoirement les livraisons, soit vous pouvez trouver une solution, et nous continuons sur le même rythme. Que préférez-vous ?[1]»

- *Le mode impératif.* Enfin, *si vous n'avez pas le choix,* et qu'il n'y a plus lieu de discuter, alors le mode impératif sera utilisé. Vous maîtrisez maintenant parfaitement l'outil qui vous permettra d'y arriver, à savoir le «disque rayé».

Exemples

Vendeur : «Les factures doivent être réglées à l'échéance, c'est la règle.»
Client : «Je sais, mais vous pouvez bien faire une exception.»
Vendeur : «Les factures doivent être réglées à l'échéance, c'est la règle.»
Client : «Un de mes amis m'a dit qu'il avait pu différer son paiement de dix jours supplémentaires.»
Vendeur : «C'est possible, mais chez nous les factures doivent être réglées à l'échéance, c'est la règle.»

1. Là encore vous pouvez faire le test dans votre vie personnelle. Donnez le choix par exemple entre le pyjama vert ou le pyjama bleu permet à l'enfant de sauver la face en exprimant son choix, mais permet également aux parents d'exprimer fermement le fait qu'il est l'heure d'aller se coucher.

Il est très rare que l'on ait à répéter plus de deux fois la même phrase lorsque la technique est utilisée avec la plus grande assurance dans le ton et dans le comportement non verbal.

Conclure positivement

Il est important de conclure l'entretien sur une note positive. Ceci sera fait en valorisant les conséquences positives de la solution retenue. Même si elles vous paraissent évidentes, il est important de les exprimer pour s'assurer que le client les prendra en compte.

Exemples

- «Vous serez ainsi en mesure d'exiger la plus grande qualité de service de notre part.»
- «Vous allez gagner du temps dans l'utilisation quotidienne.»
- «Vous allez pouvoir bénéficier des conditions d'escompte les plus avantageuses.»

L'efficacité du DESC repose en partie sur le respect scrupuleux des étapes. Le schéma ci-dessous montre que les étapes interviennent logiquement. La tension du début d'entretien n'est pas propice à la discussion de solution. Il convient d'abord de calmer le jeu avec les deux premières étapes avant de passer à l'objectif essentiel de l'entretien. Les raccourcis sont de fait inutiles.

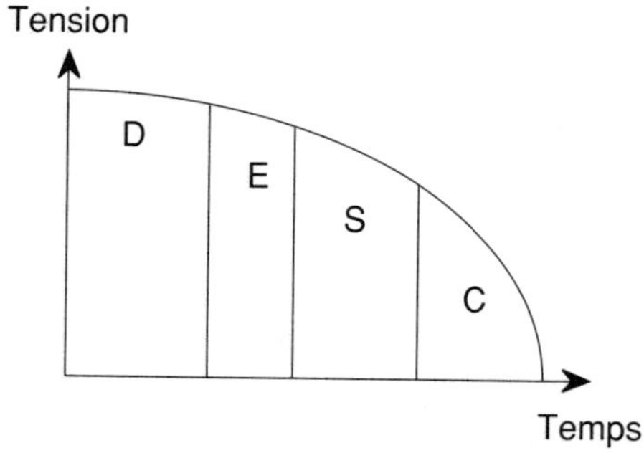

Nous terminerons ce chapitre par l'entretien que Xavier Lefranc a fini par mener face à son client Monsieur Lefort, et qui désormais servira de référence pour ses trois vendeurs.

Le texte ci-dessous décrit le moment-clé de l'entretien, c'est-à-dire la mise en œuvre du DESC, et ne reprend pas les courtoisies d'usage du début de rendez-vous.

Description des faits :
M. Lefranc : «La dernière fois que nous nous sommes rencontrés, nous avons longuement discuté de nouvelles conditions tarifaires. Alors que le taux de remise habituellement accordé aux professionnels du secteur est de 12 %, nous avons accepté à titre exceptionnel de le passer pour vos prochaines commandes à 17 %, ce qui est un effort très important. Ceci a été appliqué dès le lendemain. Il avait été également convenu que les commandes mensuelles seraient augmentées de 20 % pour nous permettre de compenser la baisse de tarif. À ce jour, je constate que les volumes des commandes n'ont pas évolué. Nous sommes toujours au même niveau.»
[La première étape est terminée. Le client sait exactement où le commercial veut en venir, mais il ne se sent pas pour autant «agressé» par des propos accusateurs.]

Expression du sentiment :
«Je vous avoue que je suis extrêmement gêné par cette situation.» [silence]

Suggestion des solutions :
«En fait, il y a deux hypothèses. Soit vous êtes dans l'impossibilité d'augmenter les commandes, ce que je peux parfaitement comprendre, et dans ce cas nous nous libérons de nos obligations respectives. Soit il s'agissait d'un retard de mise en route, et dans ce cas nous restons sur les mêmes bases. Alors, quelle est la bonne hypothèse ?»
M. Lefort : «Il s'agit simplement d'un retard, nos clients étrangers nous ont demandé de différer certaines livraisons, mais maintenant tout est rentré dans l'ordre.»
M. Lefranc : «Donc, vous pouvez me confirmer que le volume de ce mois sera bien revu à la hausse ?»
M. Lefort : «Absolument, je vous le confirme.»
M. Lefranc : «Eh bien j'en suis ravi. Cela nous permettra de continuer à travailler ensemble dans de bonnes conditions.»

Si M. Lefort n'est pas d'aussi bonne volonté, alors l'arme du «disque rayé» peut être utilisée. Nous reprenons ci-dessous le même exemple à partir de la troisième étape.

Suggestion des solutions :
«En fait, il y a deux hypothèses. Soit vous êtes dans l'impossibilité d'augmenter les commandes, ce que je peux parfaitement comprendre, et dans ce cas nous nous libérons de nos obligations respectives. Soit il s'agissait

d'un retard de mise en route, et dans ce cas nous restons sur les mêmes bases. Alors, quelle est la bonne hypothèse ?»
M. Lefort : «Il n'avait pas été clairement prévu de date, alors je pensais augmenter les volumes l'année prochaine. De plus vous savez bien que j'ai plusieurs fournisseurs. Je ne peux pas pénaliser les autres en vous privilégiant à ce point.»
M. Lefranc : «Je comprends, mais si les commandes sont identiques, les prix seront ceux habituellement pratiqués pour les professionnels.»
M. Lefort : «Il n'en est pas question. Non mais pour qui vous vous prenez ! N'oubliez pas que je peux changer de fournisseur en claquant des doigts.»
M. Lefranc : «C'est possible.» (édredon)
M. Lefort : «Alors, nous restons à ce niveau de prix et je vous augmenterai vos commandes l'an prochain, d'accord ?»
M. Lefranc : «Encore une fois, si les commandes sont identiques, les prix seront ceux habituellement pratiqués pour les professionnels.» (disque rayé)
M. Lefort : «Mais puisque je vous dis que l'an prochain je reverrai les volumes affectés à mes différents fournisseurs.»
M. Lefranc : «En attendant l'an prochain, si les commandes sont identiques, les prix seront ceux habituellement pratiqués pour les professionnels.» (disque rayé)
M. Lefort : «Bon, ça va... Je vais me débrouiller pour transférer une partie des achats sur votre société.»
M. Lefranc : «Donc, vous pouvez me confirmer que le volume de ce mois sera bien revu à la hausse ?»
M. Lefort : «Absolument, je vous le confirme.»
M. Lefranc : «Eh bien j'en suis ravi. Cela nous permettra de continuer à travailler ensemble dans de bonnes conditions.»

DESC utilisé pour gérer une réclamation :
Client : «Bonjour Monsieur. Je suis vraiment scandalisé par la qualité de votre back-office. J'ai dû faire un virement sur notre compte en Allemagne vendredi dernier, il n'y a pas eu moyen de tomber sur un interlocuteur valable en votre absence. Non, c'est vraiment incroyable ! Ce n'est pas une banque, c'est une maison de retraite. Personne, vous m'entendez, absolument personne n'a pu prendre ça en charge. Mais à 16 heures un vendredi, j'aurais dû m'en douter, n'est-ce pas ?»
Chargé d'affaires : «Que s'est-il passé exactement ?»
Client : «Eh bien je viens de vous le dire. Vendredi dernier, j'ai voulu faire un transfert de 350 000 F sur le compte de notre filiale à Francfort, et les cinq interlocuteurs qui se sont relayés au bout du fil n'ont pas été fichus de l'effectuer.

Chargé d'affaires : «Je comprends, c'est très énervant d'être transféré de poste en poste sans avoir de réponse claire. Je crois qu'à votre place j'aurais la même réaction. En fait, c'est de ma faute, car j'aurais dû vous transmettre les coordonnées d'un interlocuteur à contacter en mon absence. Voilà ce que je vous propose. Chaque fois que vous aurez des opérations de ce type, contactez-moi en priorité. En mon absence, demandez à être transféré sur le poste 2456. Vous serez alors en contact avec mon correspondant dans la salle de marché. Je m'engage à le tenir informé régulièrement des éléments administratifs nécessaires à la gestion de vos opérations, afin que ce genre d'incident ne se reproduise plus. Qu'en pensez-vous ?»
Client : «Comment s'appelle-t-il celui-là ?»
Chargé d'affaires : «Jean-Louis Véron. Vous verrez, il est très efficace. Au fait, pouvons-nous en profiter pour parler un peu de votre filiale allemande. Bravo pour votre réussite. Elle se développe au-delà même de vos espérances, n'est-ce pas ?...»

LES POINTS-CLÉS À MÉMORISER

La gestion des litiges fait partie des responsabilité d'un commercial.

➤ *Dix recommandations pour gérer les litiges avec assertivité*

1. Traitez le différend sans délai.
2. Ne réagissez pas !
3. Négociez en direct.
4. Faites tomber la tension.
5. Appuyez-vous sur les faits.
6. Évitez l'humour.
7. Proposez un challenge
8. Calmez les excès.
9. Préparez-vous calmement.
10. Tirez profit de la bonne gestion d'un litige.

➤ *Le DESC : un plan d'entretien à maîtriser*

1. Décrire les faits.
2. Exprimer un sentiment.
3. Soumettre des solutions.
4. Conclure positivement.

À VOUS DE JOUER

SI VOUS TRAVAILLEZ SEUL

➤ *Pour rester dans la course*

1. Faites en sorte d'intégrer les dix recommandations.
2. Recensez les principaux cas de réclamation que vous êtes susceptibles de rencontrer dans votre activité.
3. Préparez ensuite des plans d'entretien adéquats le modèle du DESC.

➤ *Pour faire la différence par rapport à vos concurrents*

1. Faites en sorte d'être partie prenante dans la résolution des litiges.
2. Demandez donc à être systématiquement mis au courant par les personnes qui peuvent être contactées en direct (techniciens, administratifs).
3. Préparez des actions à mettre en œuvre après la résolution des litiges. Comment pouvez-vous manifestez votre implication personnelle au-delà de la simple résolution.
   - Appel de courtoisie ?
   - Visite de courtoisie ?
   - Réunion avec les utilisateurs ?

- Organisation d'une réunion entre les techniciens et vous pour tirer les leçons de l'incident ?
- Demande de conseils au client pour améliorer les conditions de travail en commun ?

Si vous êtes manager d'une équipe de vente

La séquence d'entraînement sur ce thème nécessite la constitution préalable de micro-situations.

1. Rédigez au moins trois micro-situations décrivant des cas de litiges à régler (réclamation spontanée du client, problème de qualité, mauvaise foi d'un client, etc.)
2. Lors de la réunion, demandez à vos collaborateurs de s'exprimer sur la façon optimum d'aborder ce genre de situations (pensez à M. Lefranc).
3. Présentez le DESC.
4. Répartissez les micro-situations de façon à ce que chaque collaborateur se trouve au moins une fois dans le rôle du client et une fois dans celui du vendeur.

Je vous recommande de compléter l'étude de cet ouvrage par au moins un séminaire d'entraînement. Je serai heureux d'apporter personnellement un conseil aux lecteurs qui me contacteront.

Remerciements

Tout d'abord, un grand merci s'impose à tous mes clients qui m'ont permis de valider les principes développés dans cet ouvrage, avec leurs collaborateurs lors de nombreux séminaires.

Cet ouvrage n'aurait pu être réalisé sans le soutien permanent et les nombreuses idées qui m'ont été transmises par mes collègues de la Division Marketing et Commercial de la Cegos. Je tiens à remercier particulièrement Philippe Korda et Pascal Debordes qui m'ont incité à me lancer dans ce projet et qui ont toujours été présents lorsque c'était nécessaire.

Merci également pour leurs précieux conseils à Bruno Kasri, Alice Lenotre, Valérie Ngom, François-Xavier Simon, Michel Garatin, Guillaume Huot, Alain Treister, Alain Fossier, Thierry Houver, Dominique Picard, Marielle Jordan et Jacques Foray.

Je souhaite aussi remercier mon ami Bruno Fontaine qui, sans faire partie de la Cegos, m'a fait profiter de ses nombreuses expériences commerciales.

Enfin, cet ouvrage a pu être réalisé *sans* faire usage des techniques de persuasion qui y sont développées. En effet, les week-ends et les soirées qui durent y être consacrés ne firent pas l'objet de négociations difficiles, grâce à la patience et aux encouragements d'Hélène, mon épouse, et de mes deux filles, Juliane et Alexandra.

Bibliographie

Bellenger, Lionel, *Qu'est-ce qui fait vendre ?*, PUF, 1984.

Cialdini, Robert, *Influence et manipulation*, First, 1990.

Corcos, Marc, *Les Techniques de vente... qui font vendre*, Dunod, Nouvelle édition, 1996.

Debordes, Pascal, *Le Coaching efficace des commerciaux*, Dunod, 1996.

Joules et Beauvois, *Petit traité de manipulation à l'usage des honnêtes gens*, Presses universitaires de Grenoble, 1990.

Korda, Philippe, *Vendre et défendre ses marges*, Dunod, 1994.

Moscovici, Serge, *Psychologie sociale*, PUF Fondamental, 1992.

Mucchielli, Roger, *Psychologie de la relation d'autorité*, ESF, 1986.

Ostrosvsky, Victor et Hoy, Claire, *Mossad : un agent des services secrets israëliens parle*, Presses de la Cité, 1990.

Robbins, Anthony, *Pouvoir illimité*, Robert Laffont, 1989.

Ury, William, *Comment négocier avec les gens difficiles*, Seuil, 1993.

STEDI, 1, boulevard Ney, 75018 Paris - Tél. 01.40.38.65.40

Dépôt légal, Imprimeur, n° 5540

Dépôt légal : mai 1998 *Imprimé en France*